ミネルヴァ日本評伝選

支倉常長

武士、ローマを行進す

田中英道著

ミネルヴァ書房

刊行の趣意

「学問は歴史に極まり候ことに候」とは、先哲荻生徂徠のことばである。

歴史のなかにこそ人間の智恵は宿されている。人間の愚かさもそこにはあらわだ。この歴史を探り、歴史に学んでこそ、人間はようやくみずからの正体を知り、いくらかは賢くなることができる。新しい勇気を得て未来に向かうことができる。徂徠はそう言いたかったのだろう。

「ミネルヴァ日本評伝選」は、私たちの直接の先人について、この人間知を学びなおそうという試みである。日本列島の過去に生きた人々の言行を、深く、くわしく探って、そこに現代への批判を聴きとろうとする試みである。日本人ばかりではない。列島の歴史にかかわった多くの異国の人々の声にも耳を傾けよう。

先人たちの書き残した文章をそのひだにまで立ち入って読み、彼らの旅した跡をたどりなおし、彼らのなしとげた事業を広い文脈のなかで注意深く観察しなおす――そのとき、はじめて先人たちはいまの私たちのかたわらによみがえってくる。彼らのなまの声で歴史の智恵を、また人間であることのよろこびと苦しみを、私たちに伝えてくれもするだろう。

この「評伝選」のつらなりのなかから、列島の歴史はおのずからその複雑さと奥ゆきの深さをもって浮かび上がってくるはずだ。これを読むとき、私たちのなかに新たな自信と勇気が湧いてきて、その矜持と勇気をもって「グローバリゼーション」の世紀に立ち向かってゆくことができる――そのような「ミネルヴァ日本評伝選」にしたいと、私たちは願っている。

平成十五年（二〇〇三）九月

上横手雅敬
芳賀　徹

クロード・ドゥルエ作「支倉常長像」

（個人蔵，ローマ・ボルゲーゼ宮所在）（本書201～217頁参照）

「支倉使節図」（ローマ・キリナーレ宮）
（本書220～227頁参照）

クロード・ドゥルエ作「支倉常長像」
（修復前）（本書213～215頁参照）

「パウロ五世像」（仙台市博物館蔵）
（本書218～220頁参照）

「支倉常長祈禱像」（仙台市博物館蔵）
（本書217～219頁参照）

目　次

目次

図版写真一覧

図版写真一覧

＊『大日本史料』などの史料引用に際しては、難読のものは現代語訳したうえで、適宜改行を入れるなどして読みやすくした。

支倉氏略系図

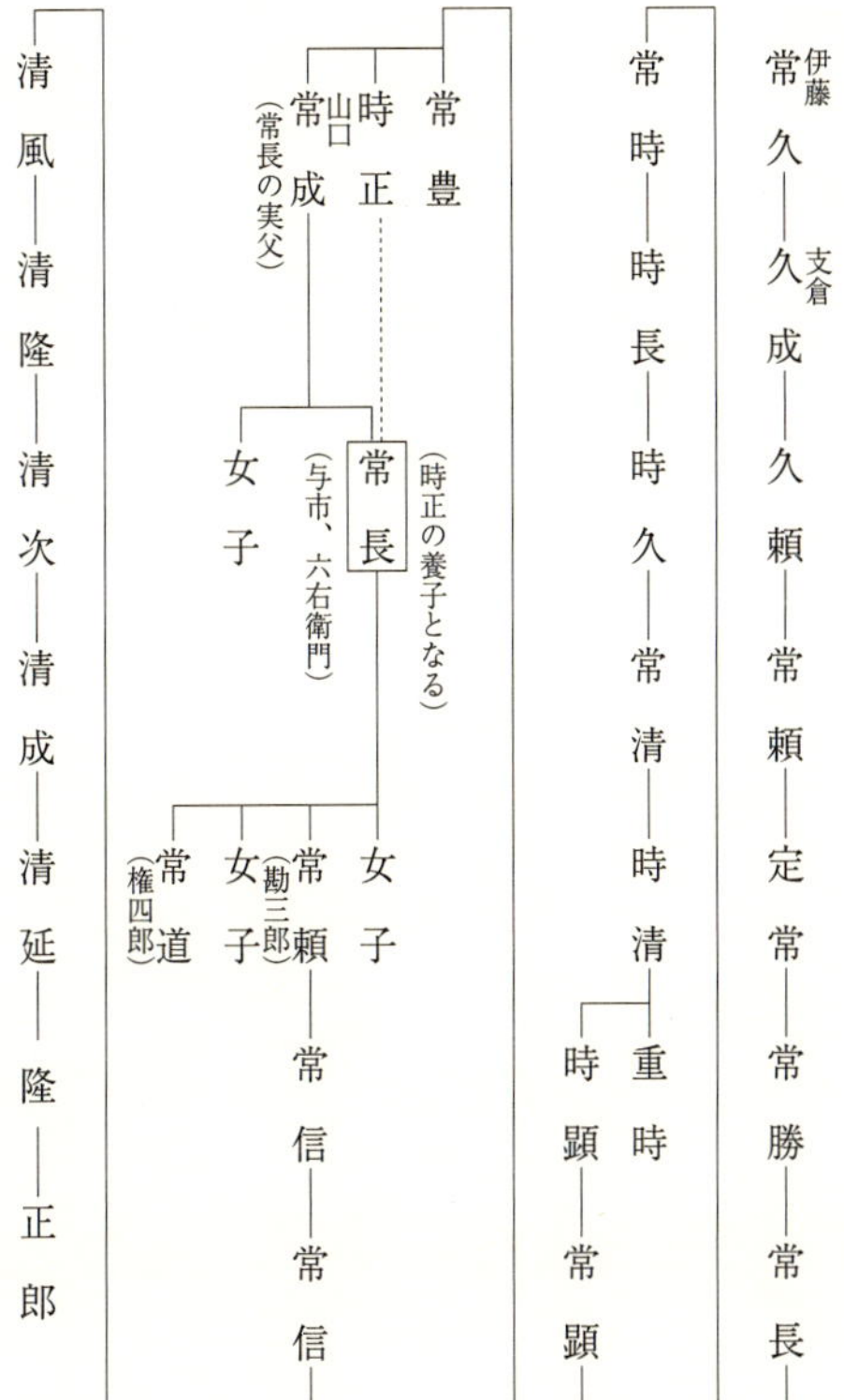

「平姓伊藤一家支倉氏系譜　六右衛門常長系」（『宮城県史』十二、所収）より作成

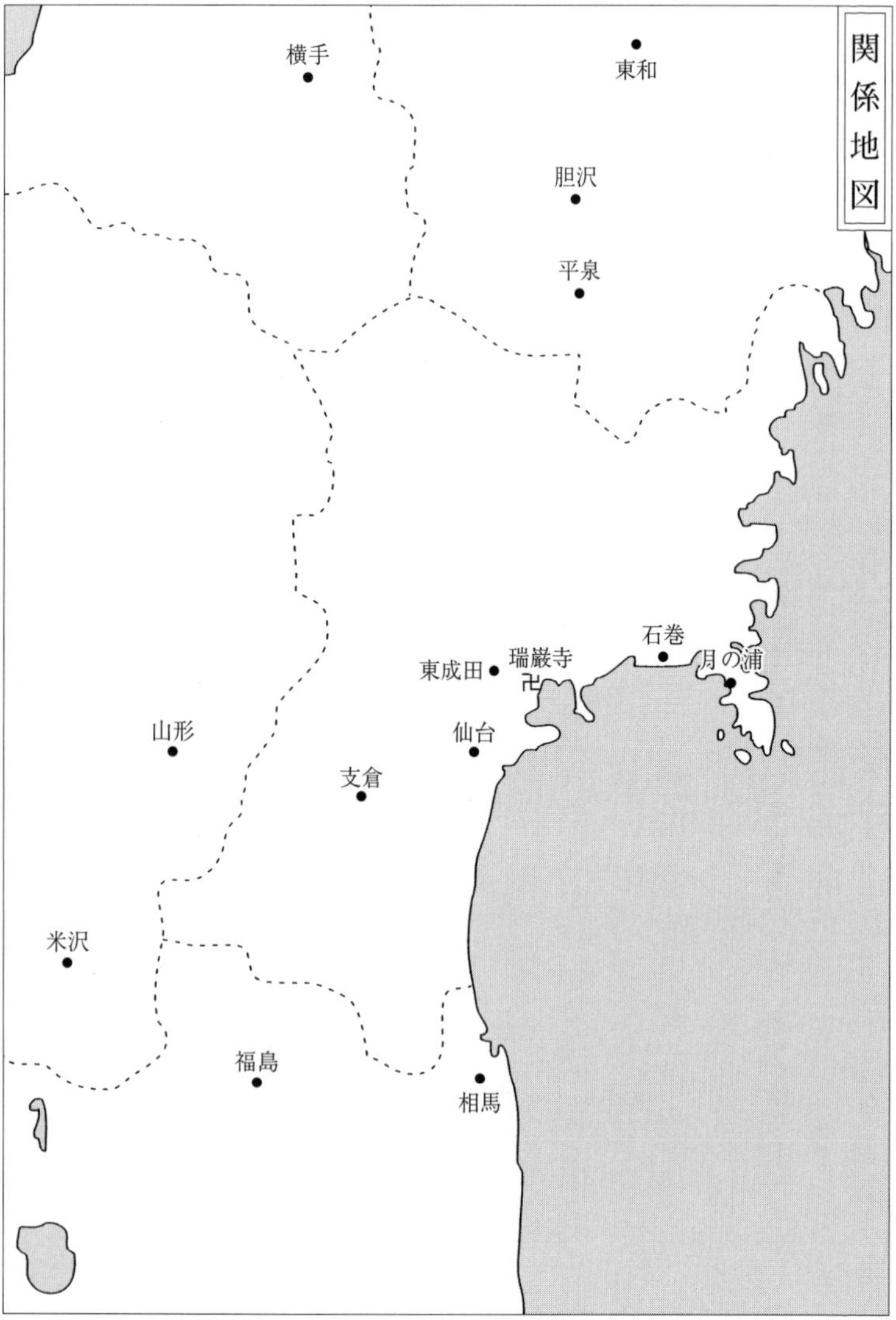
関係地図
横手
東和
胆沢
平泉
石巻
瑞巌寺
東成田
月の浦
山形
仙台
支倉
米沢
福島
相馬

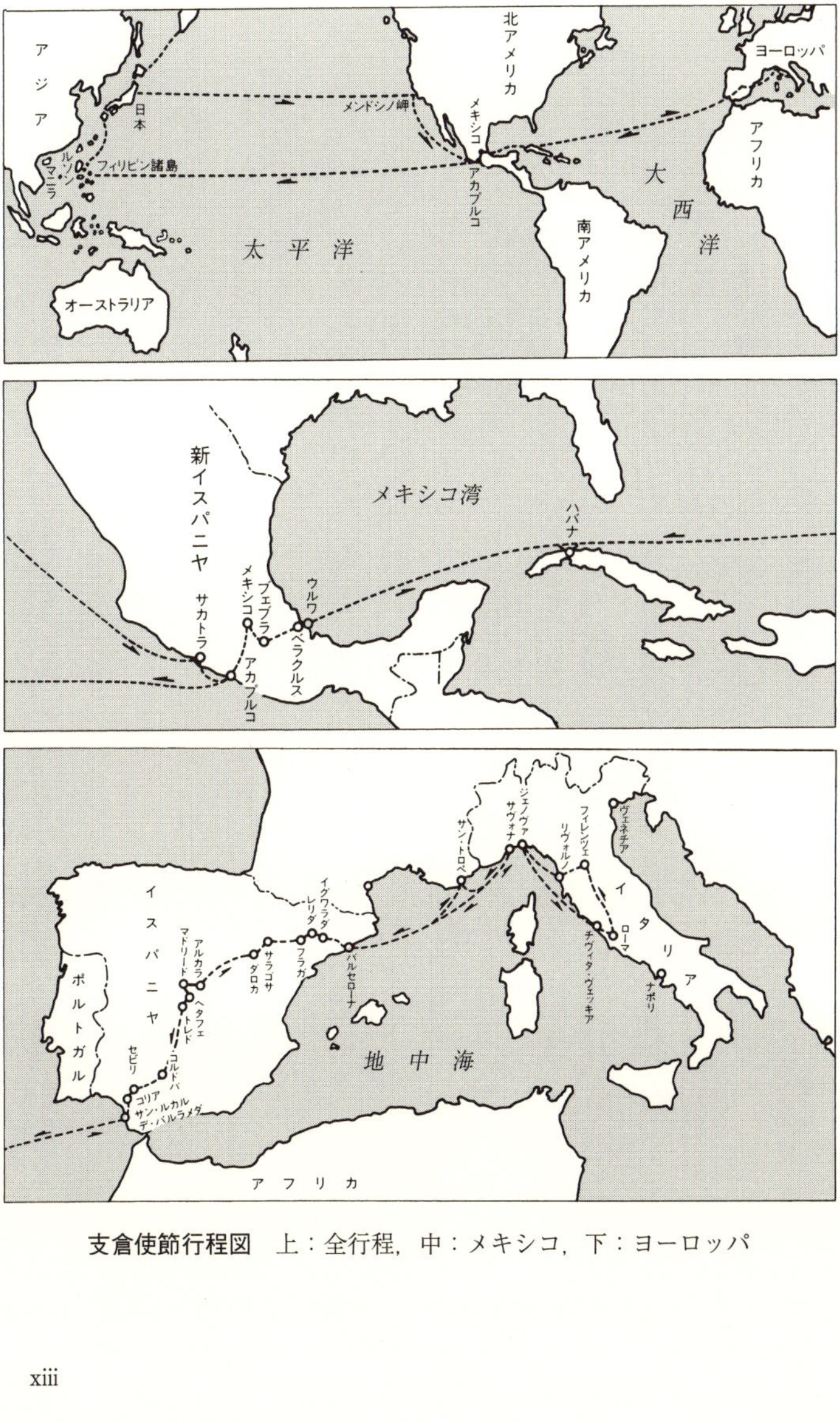

支倉使節行程図　上：全行程，中：メキシコ，下：ヨーロッパ

序章　世界に翔《かけ》る男

日本人最初の西洋使節

今日でいえば、日本人が宇宙旅行をするのに匹敵することが、十七世紀初めに起こったのである。それは江戸初期の支倉《はせくら》使節のヨーロッパ旅行のことである。よく天正少年使節が最初だと言われるが、これは文字通り少年使節であり、日本布教の成果としてイエズス会のヴァリニャーノが主導した宣伝部隊といってよかった。それに対して、支倉六右衛門常長《ろくえもんつねなが》率いる支倉使節こそが、日本人が最初に行った世界使節なのである（第三章で述べるように、本来は「支倉六右衛門」と呼ぶべきだが、通称に従って、以下「支倉常長」とする）。

また、マゼランが世界で最初に世界一周したと一般に言われるが、彼自身はスペインから、香料を産するモルッカ諸島に行きたかったにすぎない。彼は大西洋と太平洋を越えたものの、フィリピン諸島で殺害されており、彼自身厳密な意味での世界一周はできなかった。一方、マゼランと百年も変わらぬ時期に、それとほとんど同じ距離を、太平洋と大西洋を越えてローマまで行った支倉使節は、まさに西洋の世界制覇に対抗する東洋側の唯一の行動であったということができる。太平洋を往復した船は日本製であるし、ローマまでの全行程を入れると、優にマゼランを越えて世界一周しているのである。

明治以前の日本人の中で、十六世紀から十七世紀にかけて生きた支倉常長ほど、世界の中の日本人を意識させる人物はいない、といえよう。ライシャワーによってマルコ・ポーロと並ぶと言われた、九世紀の唐に渡り『入唐求法巡礼行記《にっとうぐほうじゅんれいこうき》』を書いた円仁《えんにん》（慈覚《じかく》大師）と同じように、国際的な体験をした日本人として貴重な人物であることは間違いない。支倉は中国よりもさらに遠いヨーロッパの中心まで行ったし、若いときは伊達《だて》政宗《まさむね》とともに朝鮮出兵にも行っており、当時には稀有の東西世界を知る日本人といってよいのである。同じくヨーロッパに行った十六世紀末の四人の少年使節のように、ある意味で、西洋人のキリスト教宣伝の具となって連れて行かれたわけでもない。

伊達政宗だけでなく、徳川家康によっても支持された支倉使節は、世界の中の日本人の最初の使節であったのだ。彼は円仁と同じように旅行記を十九冊の冊子に書いた（しかし残念ながら、明治時代になってそれを紛失させてしまった。これは近代の仙台藩人の無知のなせる最大の痛恨事だったと思われる）。その意味でも、明治以前の日本の最高の外交官がこのように軽視され、あるいは伝記は書かれても、ほとんど否定的にしか描かれてこなかったことについて、日本人歴史家の無見識を責めなければならないのである。

支倉常長について書くにあたって、常に世界の動きとともに書かざるをえないことはいうまでもない。つまり彼個人の性格や生き方からではなく（それは、前述の十九冊の冊子が紛失し、その人となりの手がかりとしてはただ一通の手紙しか残されていないからであるが）、その人間像を世界の動きの中で見ていくことによってのみ、支倉について語ることができるのである。

歴史の大情況の中で

支倉使節が、世界の大情況に対して日本がいかに抵抗するか、また逆にそれを利用するかが懸かった、日本側からの大きなリアクションのひとつであったことは間違いない。すなわち、十七世紀初めの西洋歴史家がいう「大航海時代」や「世界システム」化に、日本から西洋に向かって働きかける果敢なものであったことを確認しておこう。百五十人余をメキシコへ、二十余人を西欧への使節として組織し、メキシコ総督、スペイン国王、ローマ法王と次々に会見し、日本の存在を示したのである。

往々にしてこの使節は、日本におけるキリシタン弾圧という事態の犠牲となり、国内でも何ら成果を得られなかったとされる。支倉自身も、いつ死んでもいいと見なされた田舎侍であって、この使節自体、地方大名であった伊達政宗の単独行為であるかに受け取られている。大旅行そのものさえ無視され、ほとんどの中学校の歴史教科書においても、天正少年使節は取り上げても、この使節については消されてしまっている。

この全く意外な評価は、もとを正せば、明治以降の日本外交に対する歴史家自身の不信感から始まっていると考えてよいだろう。岩倉遣欧使節がイタリアで支倉使節の存在を知って驚いたときも、決してこの使節の高い評価には繫がらなかった。歴史というものも、人物評価というものも、すべて基本的には、日本の歴史の中でそれをどう評価するか、という歴史家の姿勢にかかっているのである。

遠くは九世紀の円仁の『入唐求法巡礼行記』に対する評価が日本の歴史家ではなく、ライシャワーというアメリカの歴史家によるものだったように、日本の歴史家の多くはまだまだ日本人自身の業績を客観的に評価する判断力を持っていないように見える。ライシャワーのように「世界史上の円仁」という視点でとらえる、視野も識見もないのである。「旅行家としてのマルコ・ポーロの名声は世界中にとどろいているが、慈覚大師円仁の名前は、彼の故国日本でさえもわずかに学者の間で知られているにすぎない」とまでライシャワーに言われた情況は、今日もなお変わっていない。

平板化に抗して

戦後、実証主義と称して歴史学の平板化が始まった。とにかく、たしかな事実は文献からのみ生まれると信じ、それをただ編年順に書き継いでいく。例えば、五《ご》野《の》井《い》隆史《たかし》氏は、『支倉常長』の「はしがき」で次のように書いている。

彼について知りうる手がかりは決して多くはない。彼自身に関する史料や文献が僅少であるために、彼の事蹟を克明に追究し描き出すことはむづかしい。したがって、本書では、江戸幕府と伊達政宗の対外政策の展開を叙述する中で、常長自身について考察し、彼が遣欧使節として派遣されるに至った背景と経緯について述べることになる。また、遣使として海外に渡航したのちの常長の事蹟については、スペインやヴァティカン教皇庁に所在する政宗派遣の遣使に関する史料によって、常長の動静および遣使の経過と結果等について言及することになる。
これらの基本史料の大部分は、東京大学史料編纂所編『大日本史料』第十二編之十二に収載されている。しかし、同史料集の編纂は明治四十二年（一九〇九）のことであり、すでに九十年以上の歳月が経っている。この間、多くの新しい史料が国の内外において発見され、またフランシスコ会と東北地方における宣教活動で競っていたイエズス会が所蔵する関連史料が利用できるようになった。このため、政宗派遣の遣欧使節と同大使支倉常長に関する研究が著しい進展を見せ、常長についての輪郭がかなり明らかになってきた。特に、常長の肖像画などの絵画史料に基づく研究成果が多く発表されている。しかし、これらの研究では従来重視されてきた文字史料に基づく研究がやや疎かにされ、したがって、史料に対する読みが浅く史料の解釈も恣意的であるように思われる。本書では、文字史料に忠実に従い、歴史事実をできるかぎり史料によって語らせることに努めた。

（五野井隆史『支倉常長』）

このような態度自体、史料を恣意的に解釈しているといってよいであろう。ただその史料について進展が著しいと述べ、かつこの「著しい進展」とは「特に、常長の肖像画などの絵画史料に基づく研究成果」であるとすれば、これは主に私が行なってきたものである。氏の「文字史料に基づく研究がやや疎かにされ」「恣意的であるように思われる」という批判に対し、氏の文字史料に基づく研究の一方的な判断を批判しながら、総合的な常長像をつくっていくことで応えたいと思う。

ともあれ評伝というものは、単に文献史料を並べて、それを等分に解釈し、中をとって著述していくようなものではない。引用された史料の中に、その人間の真実を見出すことである。必須のことは、事実を羅列することよりも、著述する歴史家自身が、その人物の行為がなぜ行なわれたかを常に問い、たとえ仮説でもその意志を汲みとることなのである。支倉のような、領主でも名高い武士でもなく、旅行を記録した十九冊の冊子も失われ、わずかな手紙しか残されていない人物の評伝であっても、それが行なわれなければならない。というのも、状況証拠とはいえ、彼にまつわる史料は決して少ないわけではないからである。とくにシピオーネ・アマチの『伊達政宗遣使録』（以下『遣使録』と略）や、イエズス会側によって書かれた史料は、この大きな旅行を行なった人物を判断する材料となっており、これだけの行為をなした人物に対して、歴史家自身がそれ相応の判断を下すことは可能である。

使節の意義に対する偏見

従来この使節の歴史的意義については、いろいろな偏見の眼で見られてきた。それはまず第一に、これをキリシタン関係の使節の一つと見て、キリシタン弾圧の影で忘却の彼方に置かれてきたというものである。明治六年（一八七三）に岩倉使節一行がヴェネチアで支倉関係の文書を発見したとき、それが何物なのか皆目見当がつかなかったのは、長い間の「キリシタン」抹殺の結果である。支倉使節がローマやスペインで改宗者としてどれほど歓迎されたにせよ、日本ではすでにキリシタン弾圧の中で、その動向は孤立したものとなり、帰国の段になって、まさに「悲劇」とされた。ここには、「邪教キリシタン」への徳川の弾圧以来の日本人が持つ偏見がある。たしかに豊臣秀吉以来、家康はイエズス会宣教師による日本征服の意図を見抜いていたし、またカトリックの布教に対するプロテスタント国オランダとイギリスの強い攻撃は、江戸幕府に決定的な影響を与えていた。

しかしこの使節は、第二、第三章で述べるように、宗教使節であるよりも、通商・外交使節である側面が強かった。徳川家康と伊達政宗の政策を無視して、いたずらに「キリシタン」の悲劇性を強調するのは片手落ちというものである。この傾向は、キリスト教徒作家遠藤周作の『侍』にも現れており、小説としての価値はともあれ、その内容によりますます支倉の価値は低いものになった。たとえ遠藤氏の独自なキリスト教徒としての「弱者救済」の見解があるといっても、あまりに誇張されすぎている。この小説が事実をもとにしている以上、それを押しつけるより、より客観性をもって語って欲しかった。支倉使節についてこの小説を通して知っている人も多いから、なおさらである。

次に支倉使節への第二の非難は、これが伊達政宗だけでなく徳川家康の意図によって送られたものにせよ、メキシコとの通商の希望がすべてだったというものである。宣教師を送れなどというのは、政宗の「大嘘」であり、支倉常長という人物もほとんど問題にならない「死んでも」よい人物だった、という考え方で、「南蛮学者」松田毅一《きいち》氏らの見解である。松田氏は支倉常長についての本も数冊出版しており、日本の「東西交渉史」の権威でもあるせいか、その見解に対して多くの学者もまともに反論していない。しかしそれらの本では、目的地ローマでの記述がほとんどなされず、その意義をとらえていない。また聖フランシスコ会と対立するイエズス会側による否定的な見解を取り上げることが多く、この使節の意義を閑却している。とくにイエズス会の司祭アンジェリスによる反ソテロの文書を「真実」と考え、次のように述べる。

まずこの使節は、ソテロが「東日本の司教になりたいと熱望した結果」でっち上げられた「虚構」であり、政宗はその使節に「かつて盗みの科《とが》で斬首された一家臣の息子であるハセクラとかいう男」を指名し、法王やスペイン国王への手紙を「ソテロに書きたいことを何でも望み通りに書かせ」、政宗がそれに「目をつぶって署名した」というのである（松田毅一『慶長遣欧使節』一九九二年）。このような書状は「でたらめ」であり、この使節全体が「でたらめ」というのである。

しかし現実に支倉ら多くの人々の長い旅があり、それを支えた伊達政宗、スペイン国王、ローマ法王が存在したのに、その歴史に「でたらめ」などあろうか。それだけの史実がある以上、そう解するのは歴史家の推察力不足を物語るものではないのか。少なくとも氏のこの使節に関する新しい史料発見はなく、その見解は一方的なものであることが理解されるであろう。

この松田氏の見解を踏襲したのが、前記の五野井隆史氏の『支倉常長』（二〇〇三年）や大泉光一氏の『支倉常長　慶長遣欧使節の真相』（二〇〇五年）である。これらは、支倉に同行した聖フランシスコ会の僧侶ソテロへの、それと対立するイエズス会の主導するインド顧問会議からの批判を重視しており、この使節をキリシタン関係使節としても通商関係使節としても失敗した、ととらえている。とくに大泉氏は写真史料を問題にしているが、それらに対する個々の反論も本書で述べていくことにしよう。

ところで地元宮城の歴史家はどうであろう。高橋富雄氏は、単なる宗教使節であった「天正少年使節」に比して、この使節が、より政治的・経済的側面に力点があるとし、徳川氏に取って代わろうとする「奥州の王」伊達政宗の意志を見て取り、「慶長使節」の歴史的重要性を主張している。しかし政宗にそこまでの政治的野心が実際にあったかは定かではない。さらに石巻《いしのまき》出身の写真家の高橋由貴彦氏は、豊富な写真をつけて『ローマへの遠い旅――慶長使節支倉常長の足跡』（一九八一年）と題して一行の旅程を追っている。正直な共感とともに、この使節の偉業を語っている労作だが、内容としては「悲運の人」というイメージに変わりはない。

さらにこれまで支倉使節に関するさまざまな物語やドラマが制作されたが、基本的にはその悲劇性を強調している。スペイン国王から通商を拒否され、仕方なくローマに行き、法王庁からもいい返事がもらえず、何の成果もなかった、というものだ。この使節の意義といえば、支倉常長が病気でコリア村近くに八カ月も滞在したとき、一行の誰かが現地に残って「ハポン（＝日本）」姓の家族の子孫をつくったというのも淋しい話だ。こうして支倉常長の歴史的評価は「悲劇の使節」「虚偽の使節」などと言われ、暗いイメージで扱われるのが一般的である。支倉常長が「罪人の子」などという文書が現れたのもそれに輪をかけている。しかしこうした評価は事実に反することであり、それを批判することが本書の目的でもある。

支倉使節の歴史評価にあたっては、「外交」とは交渉であること、さらにその成果は単に交渉結果だけにあるのではないことを認識すべきであろう。さもなければ、天正少年使節のような単なる親善使節だけが成功ということになる。私はこれらの説がどこから来ているか理解できるし、こうした見解が明治以後の知識人が抱いた「西洋」に対するある種のコンプレックスに支えられてきたことも推測できる。彼らには、日本人が西洋で対等に受け入れられ、堂々と主張をするなどとは考えられなかったからだ。まして「暗く貧しい」東北の人間がそれを行なったなどとは想像できないのである。そのコンプレックスが、現在、日本の経済進出に伴い、逆の優越コンプレックスに変わったからといってそれに乗ずる気持ちはさらさらないが、史料の新たな洗い直しは必要なことであろう。

支倉使節は天正少年使節と異なり、いわゆる大人の使節であり、政治・経済的な使命をもっていたのである。その背景にはオランダとスペインとの国際的な衝突、イエズス会と聖フランシスコ会との確執が重要な対立軸として存在し、それを意識的して区別しなければ、この使節の評価も徳川の「キリシタン弾圧」の動向も伊達政宗の意志さえも理解できないのである。日本人が組織した最初の西洋使節に対する評価は、あたかもこれが「キリシタン使節」であるという前提によって、最終的な悲劇としてとらえられているが、「弾圧」がもともと徳川の両面作戦によっているということが理解されなければならないのだ。そこにはオランダとスペインの戦い、すなわちヨーロッパのプロテスタントとカトリックの血腥《ちなまぐ》い戦いの反映があるという一面も忘れてはならない。

支倉常長は、たかだか六百石の侍で、「罪人の子」であり、いつ死んでもいい人物だったと言われる。しかしこの人物が、それほど軽い人物だったのであろうか。太平洋と大西洋を越え、地球を三分の二周し、何十人という日本人、スペイン人を引きつれての大旅行を敢行した人物が、はたしてそんな程度の人物にすぎなかったのか。本書で述べるように彼は十九冊もの記録も書くほどの知的な人物だったはずである。従来の研究では、不思議なほどこの記録について触れていない（文化九年〈一八一二〉にこれを見た大槻玄沢《おおつきげんたく》による『金城秘韞《きんじょうひうん》』を知らないわけではあるまい）。またパウロ五世の命によって描かれたローマのキリナーレ宮の中の壁画（口絵2頁左）や、ドゥルエによって描かれたボルゲーゼ宮の「支倉常長像」（口絵1頁）についてもあまり触れていない。唯一論じられている大泉氏の絵画史料の扱いも、その明治以降の模写コピーの問題であり、真相からはほど遠い検討となっている。

第一章　十七世紀初頭の世界——英雄を生み出した大情況

1　スペインの金銀島征服の時代

一人の英雄はその人物の才能というよりは、取り囲む歴史的情況によってつくられる。大きな才能もすぐさま英雄には結びつかない。たしかに孤独な芸術家の場合は（時期はともかくとして）、天才はひとり注目を浴びるかもしれない。しかし政治家、実業家、冒険家、あるいは科学者などの場合、歴史上、強く注目を浴びるのは、情況との巡り合わせが大きい。受け入れる時代の要求が、彼を英雄にするのである。

取り囲む大情況

ナポレオンもレーニンも他の時代に生きていたら、その才能が発揮されていたとは思われないのと同様に、支倉常長の場合も、この時代そのものの、大きく言えば世界的情況が、彼を英雄たらしめたのである。将軍家でも名家でもない一介の中堅武士であった支倉が、伊達政宗に見込まれて、その壮から出自云々とすれば、時代背景である。彼の名を高からしめたのはその時代背景である。とすれば、出自云々から始めるいつもの伝記のパターンより、彼を取り囲む国際環境や国内情勢から語った方がふさわしいであろう。

支倉が生まれたのは一五七一年であり、その活躍期は一五八八年頃からで、彼の使節が出発するのが一六一三年、そして一六二〇年に帰国し、その一年後に死亡する。彼は大使となって月《つき》の浦《うら》を出発し、太平洋を越え、メキシコに渡り、スペイン、ローマを訪ね、また帰路にスペイン、メキシコ経由で太平洋を渡り、フィリピンから日本に帰国する。その経由国を見ると、まさに世界制覇に向かって突き進んでいた西洋の基幹というべき国々であったことがわかる。スペインは十六世紀から十七世紀前半において、いわば世界の覇権国であり、ローマはカトリック布教の中心地であった。一方、オランダ、イギリスはそれを追撃し、アジアにも東インド会社がつくられて、まさに両者の覇権転換の時期であった。とはいえ、スペイン、ローマのカトリック枢軸国は最後の力を、とくにメキシコ、フィリピンのような植民地で振るっていた。支倉ら日本人は、仲間とともにそれらの国々を渡り歩いた。その間のさまざまな遠近の出来事の中に、彼を英雄に押し上げる舞台があったのである。

この物語は、かのコロンブスに関係していなくもない。日本の名は、マルコ・ポーロの『東方見聞録』（一二七一～九五年の旅行記）に「ジパング」と記述され、そこに「金銀の豊かな国」とされていたことが、ヨーロッパ人にアジア、そして日本への特別な視線を投げ掛けさせていたのである。コロンブスが一四九四年にアメリカ大陸を発見する背景にも、地球が丸いと信じて、それを西周りで到達しようという目標があった。支倉の時代もその「金銀島探し」がまだ続いていたのである。

スペインが植民地で何をしたか

スペインは、アメリカ大陸に到達したコロンブスだけでなく、太平洋を発見したと称するマゼランの庇護者でもあった。マゼランは「世界周航」途上で太平洋「発見」を経てアジア進出を具体化させた。一四九四年に、スペインとポルトガルが結んだトルデシリャス条約により、ブラジルを除く新大陸（インディアス）はスペインのものとし、さらに一五二九年のサラゴサ条約では、フィリピン諸島をスペインの領有とした。その結果、その勢力圏は、日本ときわめて接近してきたのである。

一五四二年、キリスト教僧侶ラス・カサスによってスペイン国王に宛てた報告書として書かれた、『インディアスの破壊についての簡潔な報告』がある。ここにはキリスト教徒たちのインディオたちへの最も残酷な抹殺ぶりが述べられている。インディオ達は「世界でもっとも謙虚で辛抱強く、また、温厚で口数の少ない人たちで、諍《いさか》いや騒動を起すこともなく、喧嘩や争いもしない」人たちであった。この記述は日本人に対するザビエルなどの記述と似たところがある。「インディオたちは粗衣粗食に甘んじ、ほかの人々のように財産を所有しておらず、また、所有しようとも思っていない。したがって、彼らが贅沢になったり、野心や欲望を抱いたりすることは決してない」と、その平和ぶりを称賛している。

しかしこの僧侶は、ここでスペイン人たちの行なった行為を告発し次のように指弾する。

これらの従順な羊の群に出会うとすぐ、まるで何日もつづいた飢えのために猛り狂った狼や虎や獅子のようにその中へ突き進んで行った。この四〇年の間、また、今もなお、スペイン人たちはかつて人が見たことも読んだことも聞いたこともない種々様々な新しい残虐きわまりない手口を用いて、ひたすらインディオたちを斬り刻み、殺害し、苦しめ、拷問し、破滅へと追いやっている。例えば、われわれがはじめてエスパニョーラ島に上陸した時、島には約三〇〇万人のインディオが暮していたが、今では僅か二〇〇人ぐらいしか生き残っていないのである。（中略）

スペイン人たちが町へ来た主な目的は金を手に入れることであったので、司令官《カピタン》は領主《セニョール》たちに多くの金を持参するよう命じた。インディオたちは喜んであるだけの金を差し上げようと答え、彼らがいつも使っていた金色の銅製の斧をたくさん集めた。それは幾分か金を含んでいたので、一見、金のようであった。司令官《カピタン》はその斧が本物の金かどうか調べるように命じ、銅であると判ると、スペイン人たちに向かって言った。「なんという所だ。さあ、出発だ。金がなければ、こんな町に、長居は無用だ。各自、使役しているインディオを鎖に繋ぎ、奴隷の焼印を押すように」と。

（『インディアスの破壊についての簡潔な報告』染田秀藤訳）

引用箇所の後半はグワテマラでの彼らの行状を書いたものであるが、彼らの目的が金であり、インディオたちを奴隷にしていることを示している。たとえばユカタン半島では、次のような状態であった。

そこには金はなかったが、もしそうでなければ、彼は金を手に入れるためにインディオたちを鉱山で働かせ絶滅させてしまったことであろう。金がなかったので、彼は、主イエス・キリストがみずからの生命を犠牲にして贖《あがな》われた人びとを元手に財産を築こうと考え、殺さずにおいたインディオたちを手当り次第奴隷にした。（中略）五〇人から一〇〇人の娘の中からこれはと思う娘をひとりそれぞれ選ばせて、一アローバの葡萄酒かオリーヴ油か酢、もしくは、ベーコンと交換し、また、同様に一〇〇人か二〇〇人の中から頑丈そうな少年を選ばせて、他の品物と交換した。（同前）

この酷たらしい植民地主義の出来事がスペイン人たちによって、キリスト教と文明の名の下に行なわれていたのである。これが西洋による地理上の諸発見、「大航海時代」の実態であった。スペイン人のピサロによってインカ帝国のペルーが征服されたことや、コルテスによってアステカ王国が滅ぼされたことを、日本人が知っていたかは定かではないが、少なくとも彼らが何をねらって東洋にやって来たかを察知していたことは確かだ。日本では当時、金は少なかったが、銀は多く取れたからである。

日本の銀をねらって

ペルーではポトシ銀山が発見されていたし、メキシコではサカテカス銀山が見つかっていた。それまでヨーロッパでは南ドイツを中心にして銀を採掘してきたが、その生産量の十倍もの銀が新大陸で発見されたのである。そして一五六〇年代に水銀を用いる画期的な精錬法が開発されると、一挙に生産は増加し、世紀末のピーク時には年間三〇万キロ近くになったと言われる。その銀を載せた船隊が大艦隊に守られて、定期的にカリブ海からセビリアまでの海を往復するようになっていた。それによって「日の没することのない大帝国」がその繁栄を誇っていた。一方「日出づる国、日本」にとってそれは驚異以外の何ものでもなかった。

ポトシ銀山では、もっぱら原住民のインディオたちが労働力として使役されていた。そこにはラス・カサスの報告にあるように、彼らの人口が激減した現実があったのである。大変苛酷な労働を強いられただけでなく、ヨーロッパから持ち込まれた新しい伝染病（チフスなど）によって倒れ、何よりも彼らの伝統的な生活習慣が破壊させられていた。事実、十六世紀後半には人口が三分の一に減ったとさえ言われている。その実情を、日本人が知っていたかは詳らかではないが、彼らが奴隷を引き連れてやって来ていたことを考えると、その一端は知ることになったに違いない。激減したインディオの代わりに、アフリカから黒人奴隷が駆り出されたのは、後の歴史が語るところである。

フィリピンから日本を窺う

ところでスペインは、十六世紀後半にフィリピンをアジア進出の拠点として占領し、この地の植民地支配を始めたが、この諸島にはもともと中央集権的な統一国家はなかった。ようやくバランガイと呼ばれる自給自足の村落が、地域の連合を築きはじめた段階であった。そこにつけこんだのである。スペインの遠征隊は、スペインの皇太子のフェリペ（後のフェリペ二世）にちなんで「イスラス・フィリピナス（フェリペの島々）」と呼んだ。今もなおこの名が国名として呼ばれていることは、この諸島がスペイン支配の歴史を容認しているということでもある。

一五六五年にフィリピンとメキシコの海路が発見された。ミゲル・デ・レガスピはセブに根拠地を置くと、僧侶のウルダネータらに、太平洋横断帰路の発見という任務を与え、一行はメキシコに帰着することができた。そしてレガスピは、地域間交易の中心マニラを攻撃して、一五七一年にマニラ市を設置し、植民地首府とした。これ以降、約二百五十年間、マニラとメキシコのアカプルコを繋ぐガレオン貿易は、植民地フィリピンの生命線になったのである。マニラ・ガレオン貿易は、シナの絹、生糸、陶磁器などのアジア物産をメキシコに輸出し、新大陸の銀を輸入して関税収入をもたらした。のみならず、その航路は、アジアを植民地化するための資金や官僚・兵員などの輸送、本国の指令の伝達に欠かせぬ航路となった。スペインがこの航路を日本人に明かすことを嫌ったのも当然である。

高瀬弘一郎氏は『キリシタン時代の研究』（一九七七年）において、日本のキリシタンたちの霊的救済をめざすべき布教事業そのものに、征服・植民が結びつき、航海および貿易がそのために行なわれていたことを、すでに明らかにしている。イエズス会巡察使のヴァリニャーノの一五七九年の来日そのものが、その目的を明確にもっていたのである。彼が組織した四人の少年使節は、その布教事業の成果であった。それは同時に、ローマ教会から支持されたスペインの武力征服事業と並行して進められていたことなのである。支倉使節は、そういった背景なくして理解できない性質のものであった。

布教が征服を意味するということの前例が、スペインによるフィリピン統治であった。世俗の権力による支配が、教会による支配と密接不可分に結びついていた。彼らがその理論的な武装を行なっていたことも明らかにされている。十六世紀初頭以来、スペインのインディアス統治の正当性を求める論争がなされており、スペイン国王の「新発見の土地」に福音を伝道するという使命が、支配の正当性原理とされた。被征服民がカトリシスムを受容することは、彼らの意図とは別に、スペイン国王の権威に服することを意味していた。そのためレガスピは、セブに根拠を置くとすぐ、アウグスティヌス会を使って、現地の首長とその配下に洗礼を施したのである。植民地フィリピンの総督は、教会とタイアップした最高権力者として、軍事・行政・司法の三権を握っていた。それが一八六一年まで続いたのである。

しかしスペインのフィリピン統治にとっては、現地資源の貧しさが頭痛の種であった。フィリピン諸島には、スペイン人を満足させるような鉱山、香料資源が存在せず、社会的にも、前述のバランガイを越えるような政治的統合もできず、人口も多くはなかった。収奪による利益も上がらず、そのうえポルトガルやオランダの船が周辺海域に出没し、ミンダナオやスールーのムスリム勢力の襲撃もあり、それらに対する防備に軍事費が嵩《かさ》んだのである。しかし布教による「キリスト教世界の建設と住民の改宗」のために、フィリピンは維持された。

初期のアウグスティヌス会は、諸島住民に対する布教よりも、むしろシナへの伝道に興味があって、フィリピン放棄さえ主張していたのであった。スペインがシナに根拠地をおく目論見の主眼は、明・清及びマカオ対策にあった。マカオはポルトガルに支配されていたが、フィリピンの第三代総督サンデは、フィリピン支配の基礎を固める一方、シナ大陸支配にも情熱を燃やしていた。

日本は銀の産出国であった

スペインによるフィリピン統治は、日本とも深く関係していた。日本は、彼らがねらう銀の産出量がきわめて多かったからである。その量は莫大で、推定によれば十六世紀末から十七世紀の初頭にかけての世界の平均銀産出量は約六〇万キロと考えられているが、そのうち二〇万キロを日本の輸出銀が占めていたという。世界の銀生産量の三分の一が日本で産出されていたのである。つまり、新大陸におけるスペインによる銀収奪の、まさにその時代に、日本はその産出量を上回っていたのであった。そこをスペインが狙わないということはありえない。

日本の銀の産出量が増加した理由は二つあると言われる。一つは、戦国大名が軍資金確保のため鉱山開発に力を注いでいたことであり、もう一つは「灰吹法《はいふきほう》」が朝鮮半島経由で一五三三年に日本へ伝えられたことである。

「灰吹法」とは、金銀精錬の当時最新の技法で、次のような手順である。まず銀鉱石に鉛《なまり》を加えて火力を上げて溶かして鉛と銀の合金（貴鉛《きえん》）を作り、灰と一緒に鉄鍋に入れて溶かす。すると融点の低い鉛は溶けて灰に染み込み、純度の高い銀が灰の上に残される。

「灰吹法」は石見《いわみ》銀山（島根県）に導入されたのを皮切りに、生野《いくの》銀山（兵庫県）、佐渡の金銀山（新潟県）、甲斐の金山《かなやま》銀山など他の鉱山にも伝わり、日本の金銀採取量の飛躍的増加をもたらしたという。これが頂点に達したのが、豊臣秀吉の時代である。その有様は太田牛一《ぎゅういち》（織田信長の家臣。『信長公記《しんちょうこうき》』の著者でもある）の『大かうさまくんきのうち（太閤様軍記の内）』に、「日本国々に金銀山野《さんや》にわきいで」と記されていることでもわかる（これは、メキシコにおいても一五六〇年代に水銀を用いる画期的な精錬法が開発され、一挙に生産が増加していたのと競合する結果となっていた）。

その情報はスペインに伝わっていた。フランシスコ・ザビエルが一五四九年の来日の際、ポルトガルの友人の神父に宛てた手紙の中で、スペイン人が「この島をプラタレアス群島（銀の島）と呼んでいる」と記していることからも知られる。また一五六一年にリスボンで作成された世界地図には、日本の石見《いわみ》のへりにポルトガル語で「ミナス・ダ・プラタ（銀鉱山）」と記されていたという（脇田晴子「石見銀山と大航海時代」）。日本列島の銀産出量がヨーロッパの常識をはるかに越えていたためと推察される。

一方、日本の金についても、一五六九年の刊行であるゲルハルト・メルカトールの『世界図』の中で、日本列島の箇所に「昔のクリーセ（金の島）でヴェネチア人マルコ・ポーロによってジパングと名付けられた日本」と注釈が付されている。「昔の金の島」という記述は、さらに日本列島の付近に金銀に富む別の島の存在が考えられていたことを示している。スペインでは、銀の産地は必ずしも日本そのものではなく、その近海の島にあるのではないか、と推察していたらしい。

実際、一五八七年、スペイン人のペドロ・デ・ウナムーノが日本以外の金銀島への探索航海を行なったことが知られている。ウナムーノはその島を発見できなかったが、ヨーロッパの人々はあくまで実在すると考えていたようだ。例えばアントニオ・デ・モルガは、フィリピン総督代理として植民地経営に敏腕を振るった人物であるが、金銀島を北緯三八度あたりに位置づけていた。エルナンド・デ・ロス・リオス・コロネルという天文学・地理学の専門家も、一六一〇年にスペイン国王に宛てた書簡の中で、金島を北緯二九度、銀島を三六度に位置付け、「金銀島探険はマニラを基地とし、日本を寄港地として実施さるべきである」と進言していた（岸野久「金銀島を求めて」）。

秀吉は察知していた

豊臣秀吉はスペインの動向を察知していた。文禄五年（一五九六）に「サン・フェリペ号」が暴風のために、土佐の浦戸《うらど》に入ったとき、その荷物を調査させ、乗組員すべての所持金も没収した。そこに「いんす金」が千五百もあった。「いんす金」とはよく精錬された純金のことである。その他、繻子《しゅす》、金襴緞子《きんらんどんす》がそれぞれ五万反もあったし、唐木綿《からもめん》が二六万反もあった。これは明から輸入されたものだったのである。この持ち物から、彼らの意図を十分に認識することができた。秀吉はこの事件後すぐにキリシタンを弾圧し、逮捕と処刑を行なった（後にカトリック教会によって「日本二十六聖人殉教」と言われるようになる）。それはこの「サン・フェリペ号」の積荷が、明らかにキリシタンの存在と密接に関係していることを知っていたからである。

この秀吉の果断な処置は、それまでの政治的な行動の意味をよく伝えている。秀吉は天正十四年（一五八六）に大坂城でイエズス会士コエリョと会った際に、明を征服する意図を明らかにしていた。また天正十九年（一五九一）にフィリピンへ朝貢を命じ、文禄二年（一五九三）には台湾にも朝貢を命じている。これは普通、歴史家により、単なる外交的な示威行為、国内的宣伝と見られている。しかしこれはそれほど単純なものではない。それは秀吉の主であった織田信長から受け継いだものなのだ。

2　支倉も参加した朝鮮出兵の意味

信長のシナ征服の構想

ルイス・フロイスの『日本史』によれば、織田信長は「毛利を平定し、日本六十六カ国の絶対君主となった暁には、一大艦隊を編成してシナを武力で征服し、諸国を自らの子息たちに分ち与える考えであった」という（『日本史』5、第五五章、松田毅一・川崎桃太訳）。これは日本側の史料からは確認されていないから、フロイスが所属するイエズス会側の希望でもあったことを示唆している。秀吉は、一方で宣教師を受け入れながら、他方ではイエズス会の政治的意向を察知していた。日本がシナを征服することによって、スペインの機先を制することができる、と考えた節がある。

スペインのシナ征服の先手を打つ

先のサン・フェリペ号事件が、秀吉の二度の朝鮮出兵のちょうど間に起こったことも、偶然ではない。この朝鮮出兵はシナ進出のためであった。これは日本にやって来た宣教師たちの宗教的な意図がスペインの政治的意図を誘導することを、秀吉が察知していたことの証でもあるのだ。

ヴァリニャーノがフィリピン総督に送った書簡に次のようなくだりがある。

これら征服事業は、霊的な面ばかりでなく、それに劣らず陛下の王国の世俗的な進展にとって益することである。そしてそれらの征服事業の内、最大のものの一つは、閣下のすぐ近くのこのシナを征服することである。（高瀬弘一郎『キリシタン時代の研究』）

そのためには日本が基地として、あるいは利用すべき国として必要となる、と述べているのである。ヴァリニャーノは日本には「求めるべきものは何もない」、つまり金銀はないと言っているが、これはヴァリニャーノが日本での布教にてこずり、その軍隊の強さを目のあたりにして、金銀を収奪することはできないと判断しているからであろう。もう一人のイエズス会の重要人物、日本準管区長のコエリョは逆に、日本のキリシタン大名の協力があれば、明より早く日本を征服するようフィリピン総督宛てに意見書を送っていた。つまり日本が先か、シナが先かが議論されていたのである。

フィリピンのマニラ司教であるフライ・ドミンゴ・デ・サラサールがスペイン国王に進言している点はこのヴァリニャーノの言葉と軌を一にしている。その書簡によれば、シナに対して迅速な遠征を行なえば少数の軍勢でも容易であり、長引くとかえって困難になると述べている。そしてそのためには日本を利用することが得策だ、と述べている点である。すなわち、

そしてこのこと（シナ征服）を一層容易に運ぶには、シナの近くにいる日本人がシナ人の仇敵であって、スペイン人がシナに攻め入る時には、すすんでこれに加わるであろう、ということを、陛下が了解されるとよい。（同前）

それゆえ、秀吉の明侵攻の試みは、むろんスペインのシナ征服の尖兵隊となったのではなく、逆にスペインのシナ征服の先手を取ったもの、ということなのだ。スペインのシナ征服が成功すれば、日本が次に攻め入る対象になることは必至だからである。

秀吉はイエズス会の明征服計画を、明かに探知していた。シナ大陸が白人の支配下に落ちれば、日本自体の安全が危険にさらされる。（中略）スペインが兵力の不足に悩んでいることを知っていた秀吉は、彼らの計画を先取りする方策を考えたのだろう。スペイン・ポルトガルと同盟するかたちで日本が大陸を事実上抑えれば、大陸への進出という織田信長いらいの宿願を達成できるし、日本の安全も確保される。

（村松剛『醒めた炎』）

この村松剛氏の見解に私も同意するものである。秀吉は、大坂城にコエリョを招いたときに、大型帆船二隻を船員つきで売却してほしいと依頼した。しかしコエリョがそれを断ったので、このスペインとの同盟はできなかった。すでに秀吉は彼らの日本侵略の意図を察知していたし、それに対して日本を守らねばならなかった。そしてそれは日本へのイエズス会の責任者であったヴァリニャーノの前述の言葉が裏付けている。天正十五年（一五八七）、秀吉はバテレン追放令を出し、みせしめにキリシタン大名高山右近《たかやまうこん》の追放処分を行なった。シナ大陸が彼らの餌食になったのなら、その時はスペイン・明の連合軍と対峙しなければならない。このスペインの動向を知っていたから、できるだけ早い行動が望まれたのである。これは日本単独で行なう以外はなかった。

秀吉は天正十五年（一五八七）に九州を平定し、同十八年（一五九〇）に伊達氏や北条氏を降伏させ、日本全国をほぼ平定した。そして翌十九年（一五九一）にいよいよ「唐入《からい》り」を号令する。まず文禄元年（一五九二）に小西行長《こにしゆきなが》らの部隊一万八千七百人が兵船七百余隻に乗り、釜山に侵攻する。そして加藤清正らの部隊が続き、一日平均二〇キロの速さで進軍し、漢城で合流する。総勢十五万に及ぶ日本軍は、八軍に分かれて侵攻し、三カ月も経たないうちに、平壌まで達し、ほぼ朝鮮全土を制圧したのであった。「文禄の役」である。支倉も伊達軍の一員として文禄二年に朝鮮に渡っている。

秀吉の朝鮮出兵

しかし陸戦で連勝した日本軍も、海戦で李舜臣《イスンシン》が率いる海軍に敗れ、また明軍の大部隊の参戦により和議に至り、撤退することとなる。和議では朝鮮の南半分の四道を日本に割譲することや、明皇帝の皇女を日本の皇妃とすることや朝鮮の王子および大臣一、二人を人質にすることなどの要求を秀吉は出した。しかし明の返答は「尓《なんじ》を封じて日本国王となす」という無礼なもので、秀吉は再び兵を出す結果となった。

それが「慶長の役」と呼ばれる慶長二年（一五九七）からの第二次朝鮮出兵である。日本軍は南朝鮮の全羅道を占領したが、明軍は朝鮮の要請で再び介入し、蔚山《ウルサン》で城を構えた日本軍との交戦の末、結局和議に持ち込もうとした。加藤清正はその和議に応じようとしたが、明軍の背後を毛利秀元らが突いたため、明・朝鮮軍は退かざるをえなかった。戦いはさらに続く模様だったが、慶長三年（一五九八）八月に秀吉がその生涯を閉じたため、日本軍は朝鮮から撤退することとなった。

こうしてこの二度の朝鮮出兵は失敗した形になったが、ともに十五万前後の大軍を送ったことは、日本軍の大陸侵攻が、すでに日本国内においてコンセンサスを得ていたことを示している。この明・朝鮮への攻撃の根幹には、スペインへの強い警戒があったのである。すでにシナにはイエズス会修道士が入国しており、明支配を行なおうとしていたことは、日本でも知られていたからである。

日本にやってきたザビエルが言うように、日本征服のためには、まずシナを落とすことが得策だ、という判断があった。日本にいたヴァリニャーノは、同時に明への布教を指導しており、マカオから宣教師を送りこんでいた。日本の多くの研究者は、こうした布教を単に布教だけのものとして善意に受け取っているが、その背後には南米、フィリピンと同じ侵略の意図があったことは明白である。この目的は、一般のキリシタンに知られぬよう内密にされたから、史料に乏しいのは当然と考えられる。伊達政宗や支倉常長もそのことをよく理解して出兵に参加したはずである。

徳川幕府の新たな戦略とスペインの思惑

しかし秀吉の後の徳川家康はバテレン追放令を受け継いでいたものの、一方で通商関係ではスペインとの交渉を続けようとした。日本に潜入した聖フランシスコ会の僧侶を処刑せず、マニラからメキシコへのガレオン船の日本寄港の要請を行なっていたのもその証拠である。太平洋を越えてメキシコとの通商を期待していたからである。家康は頻繁にフィリピン総督と書簡を交換しており、ヌエーヴァ・エスパーニャ（＝新スペイン。以下「メキシコ」と表記する）との通商のためにスペインとの関係を保つことを心がけていた。これは一方では、一六〇〇年代になってすでにスペインが大陸を征服するほどの力は失っており、彼らの侵略を恐れるよりも、その通商関係による利益を考えた方がいいと考えたためと思われる。

しかしこうした通商の期待に反して、スペインは強気のアジア支配をまだ維持しようとする。それは彼らの執拗な金銀島探索の試みにうかがえる。ウナムーノのように日本近海をこそこそと探索するのではなく、日本の許可をえて堂々と行なおうとした。それがセバスチャン・ビスカイーノの一行であった。まさにこのビスカイーノの存在こそ、支倉常長と世界を結びつける導線であった。

一六〇九年、マニラからメキシコに向かっていた前フィリピン臨時総督ドン・ロドリコ・ビベロの「サン・フランシスコ号」が、暴風雨に巻き込まれ、日本に漂着した。そして徳川幕府はその一行を滞在させ、翌年メキシコに帰還させた。スペインはそれに返礼の使節を送った。それがこのビスカイーノの一行であった。そのとき彼は金銀島探しの任務も帯びていた。この一連の事件の裏には、スペインによる日本陥落の作戦があったと見るべきである。ビスカイーノは新スペイン（メキシコ）国副王の肩書きをもっていた。

彼はスペイン国王フェリペ三世に次のような手紙を書いていた。

陛下が新イスパニヤ総督サリナス侯に公文書で、日本付近にあると伝えられる金銀島の発見につとめ、その中のもっとも適当な島に移民を送り、フィリピン諸島の貿易船が寄港地とすることができ、またこの付近でしばしば暴風に遭遇するため航行不能となることを助け、今日までのように避難地において大きな損失をこうむることをなくするようにとのご命令がありました。（中略）われらの神の御用と、またイスパニヤ王領の拡張に関することが多いこのたびの事業を遂行するために、最善の方法を講ずるように、航海に熟達した著名な人々を集めてしばしば討議を行ないました。

（『ビスカイノ金銀島探険報告』村上直次郎訳註）

このようにビスカイーノは、「イスパニヤ王領の拡張」という意図を隠さず記している。むろん「日本征服」が可能かどうか、どう議論されたかは窺い知れない。それはオランダ、イギリスの進出によって落日のスペインにとっては困難なことだったであろう。しかし新大陸を侵略し、「新イスパニヤ」＝メキシコを打ち立て、フィリピンまで進攻した後に、シナと日本をねらうことは、彼らにとっては既定方針のようなものとなっていたと考えられる。

一行は一月にアカプルコを出航し、六月に浦賀に着いた。日本側もそれを外交使節として迎え、江戸では将軍徳川秀忠に、駿府では大御所の徳川家康に謁見した。そして、「フィリピン・メキシコ間の交易に従事する船が嵐に遭遇した際、避難する港を知るために」という名目で、東日本沿岸の測量の許可を申請したのであった。幕府はこれを許可した。日本にとっても、メキシコとの貿易は魅力的であったし、彼らの航路を確保することは、将来の日本の通商に役立つと考えられたからである。

しかしそれはむろん「金銀島探し」の一環であった。これがもし見つかったなら、スペインは日本攻撃を決意したに違いない。彼らは「サン・フランシスコ号」で浦賀を出発し、約一カ月かかって東北沿岸を探索した。だが暴風雨にあって船は損傷してしまったので、浦賀に引き返して幕府に助けを求めた。しかし幕府はそれを拒絶した。日本に滞在していたオランダ人やイギリス人（ウィリアム・アダムスら）が、すでにその侵略の意図を暴露していたからである。

ビスカイーノの策略

ビスカイーノがやって来たのは、オランダがウィリアム・アダムスの仲介で徳川幕府から日本との通商許可証を交付してもらったまさにそのときであった。ビスカイーノはこれを妨害しようとして、日本からのオランダ人追放を進言した。それだけではなく、スペイン国王は世界最強の支配者であるから、それに従うべきだと述べ、イエズス会スペイン修道士が自由に入国する許可を願い出たのであった。さらにはウィリアム・アダムスの追放をも要求した。

徳川幕府はこれを拒絶したが、それがアダムスに反撃の機会を与えることとなった。すなわちアダムスは、スペイン国王が実は日本との貿易など歯牙にもかけておらず、ただ異教徒にその宗教を信じさせることで、日本を支配下に置くことを望んでいる、彼らは「金銀島探し」を意図しており、日本列島の測量は、日本侵略に備えたもので、どの地点からスペイン軍が上陸できるか探っていると暴露したのである。

アダムスによると、ビスカイーノはびっくりするほどの派手な姿でやって来たという。身にぴったりと密着したダブレットの上着をつけ、半ズボン、襞《ひだ》のついた襟、ケープという装いに、純金のついた羽飾りの帽子をかぶっていた。豪華なローブをまとい、足元はボタンのついた白い靴で、金色の剣を携えていた。御供の二十四人の従者は、マスケット銃をもち、いかにも楽しげに銃を撃ち、一時間で火薬を一樽使い切るほどだったという（マイケル・クーパー、会田雄次編『南蛮人戦国見聞録』泰山哲之訳注）。これは単にスペイン人の服装ではなく、相手を威嚇するような、当時のスペイン人植民地侵攻者の態度を示していた、ととられても仕方がないであろう。これまで成功してきたように、彼らの優越した姿を示したかったのであろう。しかしそれが日本では通用しないことに気づくことになる。

ビスカイーノからソテロへ

『金銀島探険報告』によると、ビスカイーノ自身は年が六十歳ぐらいで、その丈高く、面赤く、鼻高い人物だったという。彼らは浦賀港を出帆して金銀島探しを行なったが、乗っていた船「サン・フランシスコ号」が損壊してしまい、なすすべを失った。船を修復しようにも費用がままならず、徳川に援助を請うたものの、その返済を約束できなかった。彼らは持っていた商品や所持品や黒人奴隷などをことごとく売り、荷物を運ぶことを約束してその前払いで、その費用を捻出しようとした。だがそれも成功せず、この誇り高い男も病気になってしまった。

そのとき通訳を務めたのが、後の支倉一行の導き役となるルイス・ソテロであった。『探険報告』でビスカイーノは、ソテロの誠実さと、その優れた通訳の能力を評価している。この『報告』からわかることは、ビスカイーノが、ソテロが日本人に親しいことを利用してメキシコに戻るための船を作ることを伊達政宗にすすめたことだ。政宗はそのすすめを引き受けた。それは政宗が、これを逆手にとって日本側が、西洋探訪を行なうよい機会と見たからと考えられる。政宗は早速、建造のための木

図1－1　ルイス・ソテロ
(『ドン・ロドリゴ日本見聞録』より)

材を伐採すること、そしてビスカイーノの窮状を知って、もし一行がいいと言うのなら、それに乗せていってもよい、と言ったという。

そして船の建造がなされ、ソテロが司令官となり、ビスカイーノは一乗客として乗り込むことになった。この建造のことは後に述べることにして、ここではこの建造には、ビスカイーノが関わっていない、ということを指摘するのにとどめよう。八月二十一日にビスカイーノが浦賀よりやって来て、伊達政宗に対面しているが、それは使節の出発のわずか二十五日前のことだったからである。

この「金銀島探し」の失敗が最後となって、それ以後、スペインの動向は変わってきたと言ってよいだろう。オランダ人、イギリス人たちの日本進出が、その交替を示していた。ただそれでスペインがすぐさま手を引くようなことがあったわけではない。すでにメキシコを手中にしていたスペインにとって、この「新スペイン」と呼ばれた植民地を基地として、巻返しを図ることも可能と考えた。つまり日本とメキシコとの通商を有利にもっていくことを新たな武器としはじめたのである。

メキシコとの通商

ソテロは一六一三年に次のような文書をメキシコ総督に認《したた》めた。これはスペイン国王やインド顧問会議に送られる公式文書であった。

新イスパニヤ（メキシコ）においては精錬に錫《すず》を使う鉱山が多いが、それが大いに不足しているので、その不足分を日本に求めるべきである。錫の鉱山は長崎、平戸、薩摩、その他の諸港の付近において発見され、なお新たに発見されつつあり、新イスパニヤにおいてその需要が多いことがわかれば、各諸港よりさらに多量に輸出されるであろう。価格もイスパニヤよりもはるかに安く、輸出が多くなればさらに安くなるであろう。（スペイン・シマンカス文書館文書／『大日本史料』第十二編之十二）

これは一六一三年という歴史の分岐点における、外から見た日本情勢に関する第一級史料である。オランダに対抗してスペイン側が何とか日本に入り込むべきだとする意志を必死にスペイン国王に伝えようとするソテロの、政治・経済観を理解する上で大変興味深い。

陛下（スペイン国王）としては、貿易によって金銀の流出を防がねばならない。支那との貿易では金銀が流出しているが、日本の貿易においてはこれと反対で一レアルたりとも流出することはないし将来もないのである。というのも日本には金銀が多いので、自分のところにない商品だけを求めているからである。（中略）このような問題をよく考え、国家の利益を図るべきである。多くの銀が新イスパニヤ（メキシコ）より支那に流出してしまうことを防ぎ、支那の商品がなくなることがないように、それらを日本を経て新イスパニヤに輸入し、その代金として、銀貨を使わず、羅紗《らしゃ》、粗羅紗《さらさ》、カルサイ、ペルペトアン、駱駝《らくだ》の毛織物、薄い毛織物、オランダの麻織物、ルーアンの綿織物、イスパニヤの麻織物、毛布、絹織物、カスティリャやミランの織物、葡萄酒、乾葡萄、アーモンド、薬種類、鏡、製革、その他フランドル地方の珍しいものなどを支払いに使うべきだ。これらの商品は日本では高いので、貿易商人は日本ではこれらを売って、その代金で絹やその他の支那の商品の購入にあて、それらを新イスパニヤで売れば、二重の利益を得ることが出来る。これによって国外に一レアルの流出もなく、イスパニヤの税関では輸出税の収入を増やし、新イスパニヤにおいては売買が盛んになるため国庫の収入が増加する。

また日本との貿易に従事する商人は自ら船を造るようにし、日本において支那の商品の需要が増えるにつれ、これを輸入するマニラの人、及びマカオのポルトガル人の利益もまた増えるはずである。この買入は日本の金銀で行なえば、イスパニヤの貨幣を使うことはない。もしこの貿易だけではマニラを維持することが出来ない場合には、マニラを経て、モルッカ諸島の胡椒、丁子《ちょうじ》、及び薬味類をイスパニヤに輸入すればその利益は大変大きいであろう。ポルトガル国王はこれをその艦隊や、東洋諸国を維持し、オランダ人もまた少ないが、その戦費に使った。またモルッカ諸島からオランダ人を追放する機会となるように、両地の距離は近く、航海も容易であるので、この貿易はマニラのためにも大変有利になるだろう。このように陛下及びその支配する国々のために利益が大だけれども、まだそれを実現していない。依然マニラと新イスパニヤとの貿易を継続すべきだといっても、日本との貿易はこれに対して少しも害を及ぼさないのである。（同前）

ここではかなり具体的に、日本との取り引きの物産を挙げており、ソテロ自身が布教する僧侶というより、国益を代表した一人の大使のような立場を演じているのである。むろん彼は聖フランシスコ会の宣教師としての立場を忘れているわけではない。

以上、国家の利益を主として述べたけれども、この他に神のため、またキリスト教に帰依しようとする多くの霊魂の幸福のためにも、この貿易は多いに利益があることを次に述べよう。

第一に、イエズス会の宣教師及びポルトガル人らが初めて日本にやって来た時以来、八十年の間、キリスト教はしばしば激しい迫害を受けたけれども、日本の諸侯は貿易の利益のために、かつて全く宣教師を国外に追放したことはないから、福音の可能性は常に残っている。すぐにその損失を回復し、前にも増していることは、法王サン・レオンの言葉に、教会は迫害によって減じるのではなく、かえって増大するとある如くである。

けれども貿易のことがなければ、キリスト教は日本から追放させられたことは疑いない。われわれイエズス会以外の宣教師が日本にいるのも、マニラと日本との間に貿易があるからであって、皇帝（徳川家康）が聖フランシスコ会の宣教師をひいきにするのも、その仲介によって、メキシコと日本との間に貿易を行ないたいと希望しているからなのだ。それゆえに先年、彼らがイスパニヤ（スペイン）に使者を送り、通商条約を結ぼうとしたが、その返事が遅かったので、今回僧侶ソテロを派遣したのである。もし希望どおりの返事をえて、この貿易が開かれれば、聖フランシスコ会の宣教師のみならず、他の宣教師を厚遇するだろうことは疑いないのである。

なおキリスト教徒一般に幸いなことは、かつて迫害があったときの事情で推し量るべきだ。当時日本のキリスト教徒の中で、最も高貴なる二人、有馬の王と、皇帝の書記の部下が、重大なる罪を犯して、皇帝の怒りをかったことがあった際、彼はキリスト教を禁止しようとしたが、僧侶ソテロが覚え書きを提出し、陛下（スペイン国王）との通商条約のことを思い起こしたので、条約は決してこれを破ることを欲しないと答え、ただその部下の武士がキリスト教徒となってはならないことは、イスパニヤに使節をしない以前、すでに決定していたので、この命令を遂行させ、許可なくしてその直轄地に建てた教会堂を破壊し、キリスト教は以前のままに自由にさせることとした。はじめはその怒りが大きかったので、その結果がどのようになるか恐れていたが、これだけに止まったのは、陛下からよい返事を得たいと望んでいたからである。一度だけでも返答を得れば、さらに寛容なる態度をとり、我々の希望をことごとく叶えようとするだろうことは疑いない。（同前）

貿易によって布教が可能になる、というソテロの判断は、まさに徳川家康や伊達政宗の貿易の意志を察知しているからである。貿易という日本にとって重要な課題は、まさにスペインの東洋征服の意志を利用することによって、その均衡関係において可能になることを徳川も伊達も知っていたのであった。彼らがキリシタン宣教師を受け入れるかどうかは、その均衡の上で許容することが可能であった。

第一に日本皇帝(徳川家康)がイスパニヤ(スペイン)と通商を開きたいと希望し、すでに使節を遣わしていたが、まだその返事を得ていないので、このたびソテロを遣わせた。(中略)イスパニヤとの貿易はマニラを妨害すると反対する者があるがそれは当を得ていない。マニラからの商品を輸入しないよう日本人に厳命すればよい。日本人は勇猛にして争いを好むから通商しない方がいいというが、武士を来させず、商人だけ数を限って許可すればそんな心配はいらない。また日本人と通商をすれば航海術を習得してしまい、南洋の我が領土を襲うこともあろう、という危惧に対しては、これは反対の理由にもならない。そもそも日本と親交を結んでいない時は、日本の海賊が、支那の船乗りとともに、フィリピン諸島を襲い危害を加えていたが、宣教師ヘロニモ・デ・ヘスースの仲介で日本とフィリピン諸島とで平和条約が締結されると、皇帝は日本の諸港にいた多数の海賊を処刑して、それ以後出没しなくなったのである。一六一三年には海上で盗みをした日本人と支那人が長崎において火あぶりの刑にされたことを、私とヘスースは目撃した。恐るべきことは、皇帝が新イスパニヤ(メキシコ)との交通を望んでいることに(スペインが)応じなければ、オランダ人、イギリス人らが特使を派遣して来て、盛大な儀式を執り行ない、多くの贈り物をして、ついには皇帝が許可を与えてしまうことである。これに関して注意すべきは、彼らが航海士や水夫、砲術士、船員を連れて来、大砲や船を造らせてしまい、（日本船が）容易に南洋の島々を襲い、マニラ、モルッカ、新イスパニヤ、ペルーなどを襲うことである。イスパニヤ側にはそれに対する防備がないことを知っていても、今日まで、皇帝はこれに応ぜず、ひたすらイスパニヤ王と敵となるよりは友となって、通商を望んでいるのだ。（スペイン・シマンカス文書館文書／『大日本史料』第十二編之十二）

ここでソテロは日本について興味深いことを述べている。

日本の君主たるものは世界最大なのであるから、さらにこれ以上何もいらないのだ、と言っている。皇帝が外国を征服するのを望んでいないことは確かである。というのも、周囲にはシャム、カンボジア、ボルネオ、交趾、琉球、台湾などがあり、日本の船はこれらの地方に航海しているが、今日まで戦争をして占領をしたことはなく、ただ貿易を行いたいと望んでいるだけである。またそれらへの航路は短いので、イスパニヤやポルトガル、支那の航海士に頼っており、日本には一人の航海士もいない。したがって日本から新イスパニヤに至るほどの長い航海をすることはない。だいたい日本は豊かで自分の国を愛し、これ以上の国はないと思っている。貧しい人を除いては外国に住みたいと望んではいないのだ。（同前）

そして秀吉の朝鮮戦役のことにも次のように触れている。

先の皇帝太閤様（豊臣秀吉）が朝鮮を征服したとき、そこは大きく強く、日本と隔てること三十レグアにもならないのに、諸侯のうち誰も朝鮮に住み、治めようとするものがいなかった。それで対馬という小島を治める領主に政治を委ねたが、その領主も朝鮮に行かず、その島にいて治め、時々皇帝に納める税を徴収するために行くだけであった。そのことを見ても彼らの態度がわかるのである。現在の皇帝（徳川家康）が死んで誰が継いだとしても、日本の幸福と利益のために通商を維持するだけである。日本人を軽蔑し、侵略するわけでなければ、外国と戦争を起こすことはないことは、この国の大変古い掟といったものである。（同前）

このソテロの見方は、日本人が、西洋人的な攻撃性をもっていないことを指摘したもので、なかなか示唆的である。太平洋戦争が無謀だったのも、日本人自身もともとの気質を忘れてしまったことにあるし、また日本が侵略されたと考えたことによる。たしかに日本人には外国を統治するために、そこに骨を埋めようとする者はほとんどいない。今日の海外勤務の日本人会社員のように、ひたすら帰国するためにのみ働いているのである。それもひとえに日本の風土を好んでいるからであろう。

このようにすでにこの時期に、一人のすぐれた外国人によってその性格が見られているのだ。日本の今後の外交もこれに正直であるべきであろう。「日本の将軍は一度結んだ条約は決して破りはせず、あらたにその地位についても以前の条約を維持するだけでなく、新たに平和の条約を結ぶことを好む」といっている。その結果として日本と貿易を行なうことの有利さを説いているのである。

次にメキシコ側の有利さについて論じている。

日本人が自らの費用で、危険を冒して太平洋を越えてくる時は、陸下の船を新イスパニヤから出す費用の節約になるだけでなく、アカプルコの倉庫に必要な船具、弾薬、釘、鉄、銅その他の金属などをスペインのセビリアから、サン・ファン・デ・ウルワへ送り、さらにアカプルコに送る諸費用を省くことになる。そうしたものは日本で安く手に入るし、それと交換するために、新イスパニヤでは廉価だが日本では高価な羅紗その他の商品も取引出来る。（同前）

ここでソテロはこの申し込みが伊達政宗だけのものでなく、徳川家康のものでもあることを示し、彼らの条件は、スペイン国王のために大変有利であることを伝えている。

マニラとかモルッカ諸島の船が日本に来ることがあるので、それを厚遇するという約束は、この両地にとって利益のあることで、また日本からの食糧や軍需品の供給によってその維持も可能になるし、また貿易によってその困難な費用を宛てることも出来る。しかもマカオ市はまったく日本との貿易によって成り立ち、マカオ市に大きく依存するインド貿易（東洋貿易全体）もそうである。日本がもしオランダ及びイギリスと同盟すると、この事情が一変してしまう。もし陛下がこの要求に応じなかったら、皇帝（徳川家康）は必ずそうするであろう。（同前）

ここでソテロが日本の動向をよく察知しているのは、その後、すっかりオランダ、イギリス側についた徳川幕府の動きでもわかる。もしスペインがこの申し出を受け入れていたら、徳川も別の方向に動いていたであろう。その意味でもこのスペイン国王宛ての文書は重要なのである。

このオランダとの関係については次のように言っている。

オランダ人もまた平戸《ひらど》に商館を持っており、毎年日本よりその必要なものを供給されていた。彼らは皇帝から保護を約束されているのだが、一六一三年にオランダ人がモルッカ諸島の城砦守備のため日本人八百人を雇い入れたいと望んだ時には一人も許されなかった。（中略）したがってイスパニヤ王に不利になると皇帝に告げれば、あるいは輸出を禁じて、オランダ人をモルッカ諸島から追放することも出来る。また奥州の王（伊達政宗）と条約を結べば、イスパニヤ（スペイン）の敵を領内に入れず、来るものがあれば罰したり殺したりすべきだと要求も出来る。もしこの君（政宗）が次の将軍を継ぐことになれば、その方針を日本全体に及ぼすことは疑いない。（同前）

ビスカイーノの批判

一方これに反対する意見は、ソテロに敵意を持っていたビスカイーノのそれである。彼もまたメキシコでスペイン国王に対する上奏文を認《したた》め、次のように述べている。その文面を引いてコメントをつけてみよう。

（伊達政宗の）船で大勢の日本人が、（ローマ）教皇および陛下に対する使節の名義で（メキシコに）渡来したが、その実は貿易のためである。

（松田教一『慶長遣欧使節』）

まずこの断言は正しいというべきであろう。徳川も伊達もスペインとの貿易を何よりも欲していたことは前記のソテロも言うとおりである。

陛下は日本とますます深い関係を結ぼうとされるが、我らの信仰、およびキリスト教会のことは（日本では）根底が薄弱であり、皇帝（家康）および皇太子（秀忠）が最も嫌うところは、新宗教および新習慣を説くことである。

（同前）

これは徳川のキリスト教に対する態度を言ったものであるが、これは必ずしも正しくなく、まずは貿易を第一に考え、その風向き次第では、徹底した態度はとろうとしなかった。

（ソテロは）火刑の宣告を受けたが、日本の法律に従って執行されず追放に処せられた。そこで彼は身分の高い前記日本人（伊達政宗）を説いて船を造らしめ、皇帝および皇太子の命令によらず、また、許可を受けることもなく、その修道会の上長、その他日本にいる宣教師たちに通知することもなく、宣教師の派遣を乞うための使節を派遣させることとし、自ら赴いてその交渉をしようとしている。彼がもし好い成果を収め、宣教師を率いて（日本に）帰れば、皇帝および皇太子が彼らを日本国内に入れることを望まぬことは確実で、かの地に残存している少数の宣教師およびキリスト教徒に大いなる不幸をもたらすことを予期せねばならない。（同前）

ビスカイーノのこの言葉は、幕府が「サン・ファン・バウティスタ号」建造のために船手奉行《ふなて》の向井将監《むかいしょうげん》を送っていることからも、この使節が徳川政権によって公認されていることを彼が知らないことを暴露している。したがって宣教師を連れて帰っても、少なくとも出発の時点では、まだ受け入れる可能性もあったのである。ビスカイーノは憎さのあまり、支倉使節を伊達政宗の孤立した使節のように述べているが、「サン・ファン・バウティスタ号」は関西の商人を含む大がかりな使節であることを見知っていたはずであろう。

日本からは機会のあるごとに（托鉢修道会の）宣教師は退去しており、現に本船にもフィリピン管区長の許可を得て日本を去った者が三名いる。（布教の）成果があがらぬ故に、希望者は皆、日本から出ることを許され、日本に滞在している少数の者も、フィリピン、またはマカオに去ろうとしている。宣教師を求めるために赴くこと、その他、前記宣教師（ソテロ）が企画し、黄金の色を付したことが詐欺であることは、時の経過とともに明白になるであろうし、また、日本のイエズス会の宣教師が陛下に報告するところによって明瞭であるから、陛下はこのことについては大いに意を

用いられたい。（同前）

ここでは日本の聖フランシスコ会の僧侶について、もう撤退しはじめていることを語っている。しかしビスカイーノは、ソテロが伊達政宗と組み、徳川政権の了解を得て、スペイン国王の貿易の許可を得る目的で、マドリードを訪れ、それからローマまで行き、宣教師を依頼しようとする、その冒険の旅の重要性を理解できないでいる。彼の考えは聖フランシスコ会と対立しているイエズス会の考えであり、その会が支配するインド顧問会議（新大陸の植民地行政問題を取り扱う国王の諮問機関）の意見ともなって、その後の使節に関する情報を一方的なものにしている。ビスカイーノは、キリシタン弾圧が幕府のオランダとの関係によって引き起こされた面があることをわかっていないし、スペインの貿易がオランダなどによって脅かされていることについても理解がない。

ソテロが考えているのは、日本をカトリック側に繋ぎとめておくためには、このような西洋使節を大々的に行なって、起死回生の行為をなさねばならないというものであるから、単に聖フランシスコ会とイエズス会の対立の問題ではないのである。

第二章　江戸時代初頭の日本——英雄を生み出した中情況

1　伊達政宗の立場

ソテロと政宗の出会い

これまで支倉使節が登場するまでのスペインとの関係を中心とする世界の大情況を述べてきたが、今度はこの使節が送り出される日本の情況を述べてみよう。それは使節が送り出される中情況とでもいうべき日本の舞台環境である。

大情況の中で述べたように、表面的な問題はともかく、スペインはイエズス会の修道士を尖兵に、虎視眈眈《こしたんたん》と日本やシナの植民地化をねらっていた。しかし一方で、その動きは、軍事的、経済的な先進性をもっていたから、それと接触しその内実を知ることは日本にとって必須のことでもあった。キリスト教文明との接触は、日本にとって、警戒だけでなく、大きな好奇心の対象でもあった。南蛮屏風におけるような、南蛮人の新しい風俗は、日本人に大きな影響を与えたのである。支倉の西欧使節

馬上少年過
世平白髪多
残軀天所赦
不楽是如何

図2−1　伊達政宗
（狩野安信筆・酒井伯元賛, 仙台市博物館蔵）

はある意味では、その警戒と好奇心の結晶となったものだ、ということもできる。

欧州への使節は伊達政宗の仙台藩から派遣されたが、それがこの仙台藩が豊かな資金力をもっていたというだけでなく、政宗をとりまく政治情況がそれを作り出したと言わなければならない。まず藩主政宗と、スペイン人僧侶ソテロの出会いがこの使節の発端であるから、それから述べてみよう。

両者の出会いは、この使節がヨーロッパに行ったときのアマチの『遣使録』に書かれているもので、ソテロからの聞き書きであろう。『遣使録』とは、アマチというイタリア人の神学僧がヴァチカンの要請により、一行のセビリアからローマへの旅の間にソテロから話を聞いてイタリア語で書いたものである。ソテロの願望そのものを反映したものやアマチ自身の想像も加味されているので、すべて信じるわけにはいかないが、その中には真実がある場合もある。

そこでは、二人の出会いを次のように述べている。伊達政宗が江戸に滞在していたとき、侍女が病気になった。その際ソテロの紹介で聖フランシスコ会のブルギリヨスという医僧にかかったところ、すぐに治ったことから、その交際が始まったという。伊達政宗の家臣の奥方もこの医師にかかったところ病気が治ったので、政宗がそれを聞いて、聖フランシスコ会の長老であるソテロを招いたと書かれている。このエピソードで注目されるのは、この侍女が外国人だったから特に愛したと書かれていることである。この外国人の侍女とは朝鮮の女性だったと考えられているが、西洋の医僧に依頼していることから、白人だったかもしれない。政宗の西洋への使節派遣はこうした接触にも遠因があるように思える。家臣でさえもこの宣教師たちの病院を利用していたというから、彼らとの関係が密だったのである。

伊達政宗がお礼として「金銀衣服及び絹の巻き物」を贈ったところ、ソテロは「利益のために治療をしたのではなく神のためである」と言って受け取らなかった。政宗は感心して、ソテロと医僧を歓待の宴に招いたという。ここで政宗は、スペインやキリスト教について尋ね、日本語をしゃべるソテロがそれに答えた。このとき政宗は世界情勢をソテロに聞いていたと考えられる。徳川がオランダの情勢判断を重視したのに対し、政宗がスペインから聞いていることが、使節のスペイン、ローマ行きを決めたといえる。その場でソテロが仙台藩にやってくるのを受諾したのである。

ソテロが仙台に着いた時、政宗は猟に出るところだったので、帰ってきてから大歓迎をしたとの記述は、政宗の狩好きを彷彿とさせる。またその歓迎の宴でソテロがご馳走や肉を食べず、魚のみを食べているのを見て、理由を問い正したりする好奇心も政宗らしい。それはキリスト生誕前の五十三日の精進期間だからと答えると、政宗はさらに詳しく聞きたがったという。

『遣使録』によると、政宗はソテロに、キリスト教の教えが何であるかを聞いたという。政宗はその教義を聞いて、それが正しいと考え、キリスト教徒になりたいと思っているとソテロに述べている。ただ、彼がキリシタンとなるのは周囲が許さないし、それでは将来、将軍になれないから、ということで洗礼は受けられないと述べたという。この言葉は、たしかにパウロ五世への正式の書簡の内容とも一致し、決して嘘ではないと思われる。当時の政宗は、キリスト教を評価し、西洋の文化や物品の輸入にも熱心であった。彼にはそれらが世界を支配しつつあるという認識があったと理解できる。政宗は偽善的にそのように言ったのではなく、自らはキリスト教徒になれない、と述べることにより、その立場を明らかにしたのであろう。

図2－2　仙台城（青葉城，仙台市青葉区川内）

信長に近い政宗

この態度は織田信長に近いように思える。信長は永禄十二年（一五六九）にポルトガル人司祭のルイス・フロイスに会っている。フロイスは、京都の新しい指導者となった信長に会うことで、そこでの布教許可を期待したのであった。信長は二条城建設の途中であったが、フロイスと快く会い、日本語で会話をしており、そのことが彼の『日本史』に記されている。年齢はいくつか、いつから日本にいるか、などの応答だけではなく、ヨーロッパから日本までどの位の距離か、いかなる動機でフロイスが日本に来たのか、どれだけ勉強したのか、など興味深く聞いている。そしてフロイスは信長からキリスト教布教の許可状を得ているのである。

周囲はこのキリスト教宣教師と会わない方がよい、という空気が一般的であった。将軍足利義輝《あしかがよしてる》を殺害した松永久秀《まつながひさひで》などは、宣教師を京都から追放し、信長にも「会わない方がよい」と忠告さえした。だが信長はそれを一蹴し、「かくも遠方から当地にその教えを説きにやってきたことは、当地にとって名誉なことだ」と述べて歓待している。

信長がキリシタンに好意的だったことと、後に一向宗徒の殺害を行ない、本願寺を批判したこととは直接関係はないだろう。彼自身、キリシタンになる気は一切なかったからである。ただヨーロッパの文物への関心の深さは人一倍あった。彼が「黒い南蛮笠」（黒いビロードの帽子）をかぶっていたことは『信長公記』に記されているし、袴ではなくズボンをはいていたことも知られている。

信長はまた安土セミナリオの設立を許し、そこにしばしば訪れ、修道士から話を聞いたり、オルガンやビオラなどの音楽を聞いたりしていた。信長とオルガンティーノ師との対話は、あたかもソテロと政宗との対話を思い起こさせるようである。司祭がヨーロッパから日本に来たことを、地球儀によって示したところ、信長は驚き、次のように述べたという。

かくも不完全で危険に満ちた旅をあえてするからには、彼らは偉大な勇気と強固な心の持主に相違ないと言い、司祭と修道士に向かい、笑いながら、貴公らはかくも危険を冒し、遠く長い海を渡って来たからには、その説くことは重大事に違いない。

（フロイス『日本史』5、第四八章、松田毅一・川崎桃太訳）


地球が丸いという説が日本で認識されはじめるのは一六五〇年以後であるから、信長がそれを認めていたことは先駆的なことである。むろん伊達政宗は、少年使節のように東周りではなく、西周りでローマに向かうことを考えていたのであるから、当然地球が丸いことを知っていたであろう。

「彼は善き理性と明晰な判断力を有し、神および仏のいっさいの礼拝、尊崇、ならびにあらゆる異教的占卜や迷信的慣習の軽蔑者であった。形だけは当初法華宗に属しているような態度を示したが、顕位に就いて後は尊大にすべての偶像を見下げ、若干の点、禅宗の見解に従い、霊魂の不滅、来世の賞罰などはないと見なした」（『日本史』4、第三二章）というフロイスによる信長の観察はそのまま、伊達政宗の態度を彷彿とさせるのである。

侵略に対抗できる

さらに重要なのは世界情勢への判断である。信長はこれらバテレンたちの危険性を知っていた上で受け入れていたのである。イエズス会のアントニオ・プレスチーノの書簡によると、信長は「バテレンたちの母国はあれだけ遠いのだから、日本を征服するのに必要な軍事力を派遣してくることは不可能だ」と述べていたという（岡本良知『十六世紀日欧交通史の研究』）。これは信長が世界の地理を知っていたことによるものであろう。この考えはソテロの判断とも同じで、この国を外国から攻めることは困難だと語っている。また、日本自身の軍事力をもってすれば、外からの侵略も撃退できるという考えも根底にあった。これが当時の時点で可能か不可能かを判断することは難しい。

しかし信長自身も海軍を持っており、当時無敵であった瀬戸内海の毛利水軍（海賊衆）との戦いでは、巨大な鉄船六隻を造り、彼らを撃破したのであった。この鉄甲戦艦は長さ二二・四メートル、幅一二・六メートルもあり、厚さ二〜三ミリの鉄板で装甲し、船首には大砲三門が装備されていた。宣教師のオルガンティーノは「この船は伊勢の国で建造した日本最大の華麗なるもので、ポルトガル船に似ている。日本がこのようなものを建造するのは驚きである」と語っている（『イエズス会士日本通信』上、村上直次郎訳）。鉄板の使用はヨーロッパでは十七世紀のことになるので、その先駆性はよく認識できる。

いずれにせよ、信長の日本の地理的認識は、日本が南米やフィリピンのように植民地化されはしないだろう、という判断を導いていたと考えられる。この判断は、江戸時代にどの西洋諸国も日本を軍事的に征服しに来ることができなかったことを考えると、正しかったと言わねばならない。もしそれが可能であれば、「鎖国」していようが、いまいが、問題にはならなかったのである。ロシアのバルチック艦隊が三世紀後にやって来て、そして日本海軍に敗れたことを信長や政宗は予想できていたことになる。

信長と政宗の宗教観

アマチの『遣使録』には、政宗がキリシタンを保護したのみならず、仏教を弾圧したとあるが、フロイスの『日本史』の信長に関する記述にも似たところがある。というのも、前述のように信長は二条城の建築現場でフロイスに会ったが、そこで彼らを遠巻きにしていた人々のなかに仏僧がおり、それを見た信長は「あそこにいる欺瞞者どもは、汝らのごとき者ではない。彼らは民衆を欺き、己を偽り、虚言を好み、傲慢で僭越のほどはなはだしいものがある」と悪罵を投げかけたとあり、宣教師の仏僧批判に信長が共感していたように書かれている。

先ほども触れたように、信長が浄土真宗を攻撃し、いかに一向一揆を弾圧したかは、よく知られている。天正二年（一五七四）の伊勢長島の戦いでは二万人を焼き殺し、越前では三万から四万人を虐殺したと言われている。このような石山本願寺への異常なまでの仕打ちは、それを知っていたキリスト教宣教師にとっては、信長はある意味では味方と映ったであろうし、そのような記憶が、政宗による仏教弾圧への期待と重なり合っていたのであろう。

政宗の父輝宗《てるむね》は、信長が天下を制覇したときから誼《よし》みを通じており、天正三年（一五七五）政宗七歳のとき、輝宗が贈った馬と鷹の返礼に、信長から虎の皮、豹の皮、緞子《どんす》・縮羅《しじら》などの織物が送られてきた。それは南蛮物であり、政宗はその渡来の品々に目を見張ったに違いない。その頃から彼は西洋の存在を知っていたのである。彼の家臣の一人、鈴木元信は南蛮文化を受け入れていた信長の京都時代を過ごした人物であり、政宗の財政を担当することになる。

伊達政宗の長女いろは姫（五郎八姫）がキリシタンであったという推測も、これを裏付けることであろう（土生慶子『伊達政宗娘いろは姫』）。男の名をつけられたこの姫は六歳で徳川家康の六男の松平忠輝《ただてる》に嫁いだものの、後に大坂夏の陣における不祥事のため夫は配流されてしまい、孤独な生活を送るのだが、残された彼女の肖像（瑞巌寺宝物殿蔵）はキリスト教信者としての姿であった。

仙台藩がキリスト教に寛容であったことは、他藩が慶長十八年（一六一三）の段階から弾圧を行なっていたのに対し、支倉使節が帰る元和六年（一六二〇）の段階まで、徹底的な弾圧を行なわなかったことでもわかる。このことは一方でキリシタンの家臣後藤寿庵《じゅあん》（ジュアンは聖ヨハネのポルトガル名）との関係でも理解できる。奥州のキリシタンの代表的人物であった寿庵は、まさしく政宗の庇護のもとにキリスト教を広めた人物である。政宗は寿庵を六百石あるいは千二百石とも言われる高禄で召し抱え、胆沢《いざわ》郡（現・岩手県奥州市）を知行地として与えた。彼はそこで教会を建てて布教を行なった。

政宗は最初は寿庵を海外使節として考えていたとも言われるが、寿庵はイエズス会であったため、聖フランシスコ会のソテロとうまく行くことができなかったのであろう。使節が出発した後の慶長十九年（一六一四）に伊達政宗の家臣として寿庵を、大坂冬の陣に六十挺の鉄砲隊を率いて参加させている。これは慶長十八年十二月の幕府による「キリシタン禁教令」の後であり、政宗はキリシタンであることを意に介さなかったことを示している。寿庵は引き続き大坂でアンジェリス神父と会い、仙台藩まで案内し、彼の奥州での布教を助けている。これも政宗の黙認があったがゆえのはずである。

ソテロとの争い

このアンジェリス神父は一六一九年にソテロや支倉に対する誹謗の手紙を書くことになるが、彼らとソテロが同じ会派であったら、政宗のもとで協力関係にあっただろうことは十分考えられる。しかし、彼らと支倉使節は一貫して対立関係にあった。その彼らが元和四年（一六一八）頃から見分《みわけ》村の灌漑整備に尽くすこともできたのも、伊達家の庇護があったからである。元和九年（一六二三）になると三代将軍家光から政宗に厳命が下され、しぶしぶ寿庵を処置せざるをえなかったが、殺さずに追放しただけで、藩内での潜伏を密かに許したのである。一方で政宗は寿庵の仲間のカルヴァリオ神父と十数人の信徒を元和十年（一六二四）に捕えて広瀬川畔で処刑し、寿庵もそののち捕らえさせたが、それは最後の処置であった。寿庵が捕まったところは登米《とめ》郡の東和町であったが、そこは永禄年間（一五五八〜七〇年）に備中（現・岡山県）からやって来たキリシタンの千松大八郎《せんまつだいはちろう》兄弟のいた所でもあった。

この地では西洋の製鉄技術を用いて上質の鉄を生産しており、その鉄は大坂城や江戸城、さらに伊達家自身の岩出山城の築城の際に供されたほどであった。政宗が彼らの有用さを知っていたのも、その点である。すでに天正十五年（一五八七）の豊臣秀吉のバテレン追放令によって、宣教師や信者が東北地方に逃れて以来、伊達家は金山や鉱山の多い山間地域での布教を許していた。ここに政宗の判断が働いていたのである。

ソテロ自身が慶長十八年（一六一三）に江戸の浅草で迫害を受けたときに政宗のとりなしで救《たす》けられ、八月に仙台にたどりついたことも（九月十五日が支倉使節の出発日であった）、政宗がカトリックに好意的であったことをよく示している。これを必ずしも徳川が非難しなかったことは、こうした天秤をはかる幕府の判断があったと見るべきであろう。たしかにオランダ、イギリスなどプロテスタントのカトリック批判に徳川幕府は同調していたが、徳川と伊達の見解の分裂というわけでもなく、世界はまだまだカトリックが支配し、また通商や文化交流の相手としても力を有していたことも知っていたからである。江戸や上方、そしてキリシタンの多い九州の諸大名よりも、北方の仙台藩にそれを許す方が安全とみた判断が隠されていたように見える。

たしかに仙台藩はメキシコとの通商に有利な位置にあった。石巻港から出発すれば、太平洋の海流にのって、メキシコへは他の港よりも早く到着することができる。その意味で、使節を送ることは、仙台藩にとっても好ましいことに見えたに違いない。ソテロが、布教に必要な大きな教会堂を建てるために法王の認可が必要であり、使節を派遣すべきだという提案をしたことを政宗が引き受けたのも、深謀遠慮があったと考えられる。

アマチの『遺使録』が語る、政宗が仏教に対し反対の態度を取り、仏像の破壊を命じたということ、ましてや支倉に対して寺院への放火を命じた、などということは、むろん事実ではない。それは宣教師たちの異教徒を改宗させる際の常套句である。カトリック教徒には、異教徒というものは「偶像崇拝」の徒であるという認識があり、その偶像を破壊することが、異教否定の第一である、という言い方はモーゼ以来の言い方なのだ。

政宗とソテロ

一方、政宗が使節の労をソテロに依頼したことは事実であろうし、少しの費用も惜しまず、旅に要するいろいろな品々を調えようとしたことも確かであろう。アマチの『遺使録』をソテロの誇張として簡単に否定すべきではない。オランダ人が日本に来て、航海士、造船技師に大砲の進んだ技術を与え、スペイン勢の駆逐を図ったことも事実だろうし、江戸幕府のオランダ偏重を批判しているくだりも真実らしい。

『遣使録』（第十二章）では、スペインがメキシコやペルーではまず宣教師を送り、多くの人々がキリスト教徒になるのを待って、その国を征服し虐政を行なっていると、オランダ人たちが非難していると述べている。これはたしかに真実で、これまでのプロテスタント側の反カトリックの宣伝だけの意味合いではない。徳川幕府もこの非難に呼応するかのように、慶長十八年の段階であらたなキリシタン弾圧（キリシタン禁教令）を始めていた。しかし一方で、幕府は、メキシコとの貿易や文化の交流については、簡単にスペインを排除する気はなかった。支倉使節が伊達家だけではなく徳川の認可の下で行なわれたことは事実で、このことは徳川の巧妙な戦術である、と見たほうがよい。そのためには弾圧をゆるめることも考慮にあったに違いない。

2　徳川家康の立場

徳川の両面作戦

徳川は一方で豊臣同様、キリスト教布教を禁じながら、他方で通商を促進している。とくにスペインとのメキシコ貿易を望み、またその銀の精錬技術の移入を期待していた。すでに慶長三年（一五九六）十二月、聖フランシスコ会士ヘロニオ・デ・ベススに対して、マニラからアカプルコに通うスペインの船が浦賀に寄港するように要請していたし、またメキシコの鉱山技師を日本に招待したいと、マニラ総督に希望を伝えていた。マニラ総督はこれを聞いて逆に徳川に、マニラ近郊に出没する日本の海賊の取締りを依頼してきたので、徳川はすぐにそれに応えて、薩摩の船六隻をとらえ乗員を処刑させる処置をとった。そして重ねてメキシコとの通商を要請した。この点においても徳川は、伊達と同じ発想をもっていたのである。メキシコ貿易の路が開かれれば、関東・東北がその港となるので、共同歩調を取ることができる。

関ケ原の戦いに勝利し天下を取った徳川家康は、三年後の慶長八年（一六〇三）に江戸幕府を開いた。彼は南蛮との通商、そこからの技術導入に力を入れた。彼が朱印船貿易を奨励していたことはよく知られているが、さらにメキシコのスペイン植民地政府とも交易を望んだのである。それは必ずしも取り決めまでいかなかったが、その積極的姿勢は宣教師にも知られていた。

　彼は甚だ貪欲であった。だから彼らの尊重する黄金・銀・絹その他の宝物を、あらゆる将軍や先祖よりも多く集めた。この貪欲のため、またマカオやフィリピンのキリシタンとの貿易への希望から、神の教えに対する憎悪を匿《かく》し、ある時期に諸パードレ（司祭）に好意さえも示した。それは彼らを通じて貿易が確実にできると考えたからである。

（ペドゥロ・モレホン『続日本殉教録』野間一正・佐久間正訳）

たまたま慶長七年（一六〇二）に、メキシコに向かうスペイン船「エスピリトゥ・サント号」が故障のため土佐の清水港に寄港したときにも、家康は助けている。土地の住民と衝突するという事件が起こっても、家康はスペイン側に対して遺憾の意を表している。朱印状を発行して、以後マニラからのスペイン船が日本の港に着いたとき、丁重に扱い攻撃してはならないと記している。

慶長十四年（一六〇九）九月、マニラ臨時総督だったロドリゴ・デ・ビベロの船「サン・フランシスコ号」が、メキシコへ帰港中に、房総半島に漂着した。そのとき家康は、助けたロドリゴを駿府に招いてさえいる。ロドリゴが傲慢な態度をとり、あつかましい要求をつきつけても、家康はにこやかに対応し、そのほとんどを承認している。その代わり、銀の精錬のために五十人の技師を派遣してくれるように、その斡旋を要請していた。日本は独自にスペインと同等な技術開発をする準備があったのである。その時ロドリゴとの間の通訳をしたのがソテロであった。ロドリゴは徳川と鉱夫派遣を含めた「平和協定条項」を審議し、それを持って「サン・ブェナヴェントゥーラ号」に乗って一六一〇年八月にメキシコに帰っている。この協定は結ばれなかったが、このことでスペインは徳川の支持をあてにすることができると信じるようになった。

徳川家康は諸外国に出した書簡でも、早くから通商と布教の分離を声明している。一六〇五年マニラ総督アクーニャに宛てた書簡の中で、家康はマニラとの順調な通商を喜びながらも、キリスト教に対しては、日本の神々が古くから信仰されてきたものゆえ、「いかなる形においても、あなたがたの宗教が日本で布教され説かれることは好ましくない」と明言している（アントニオ・デ・モルガ『フィリピン諸島誌』神吉敬三・箭内健次訳）。徳川もやはり、スペイン人やポルトガル人の布教の背後には政治的意図があると察知していたのである。それにはイギリス人の側近ウィリアム・アダムス（三浦按《あん》針《じん》）やオランダ人たちの言葉が影響を与えていた。

このことは徳川が、慶長十七年（一六一二）八月六日に「伴天連門徒《もんと》御制禁也《ごせいきんなり》」という、江戸幕府最初のキリスト教禁止令を出したことにもよく示されている。これは長崎奉行が汚職事件を起こしたとき、彼がキリスト教徒であることがわかり、また旗本や大奥の女中にもキリスト教徒が十数名いることが発覚したことが直接の原因であったが、しかし徳川政権の一面を表すことになった。

しかし家康の時代は、このようにキリスト教を禁止しても、流血の弾圧はまだなかった。それどころか家康は、貿易に関してはまだ可能性を追求していた。それは秀忠の時代も、家光の時代にも根本的には変わりはなかったといえる。たしかに寛永十年（一六三三）の禁令や、寛永十三年まで毎年出された法令では、キリスト教徒の取締りと貿易管理は年ごとにきびしさを増していったが、しかし通商そのものは承認されていたのである。結局キリシタンの全面的追放に踏み切ったのは、寛永十四、十五年に島原の乱が起こったからであった。

徳川と伊達の相談

ところで、前述のように、難破船「サン・フランシスコ号」に乗っていたフィリピン臨時総督ロドリゴ・デ・ビベロと徳川との間の通訳をしたのがソテロであった。ここにソテロと徳川の関係が強まり、ここから西洋使節の話が始まった可能性がある。というのもその後、慶長十六年（一六一一）あたりから伊達と徳川家康・秀忠がかなり頻繁に出会っているからである。もっともこの使節について具体的になるのは、慶長十八年（一六一三）になってからであろう。

伊達政宗はそれまで三年続けて江戸で正月を迎えている。三月二十八日、将軍秀忠を自邸で饗応し、四月には駿府へ赴いて家康に拝謁している。そのときには徳川幕府の船手《ふなて》奉行、向井将監を使って「サン・ファン・バウティスタ号」の造船を始めていた（三月十日付のお礼の手紙がある）。七月には仙台に帰るが、このときまでに、徳川との打ち合せのみならず、堺の伊丹宗味《いたみそうみ》や京都の滝野嘉兵衛、名古屋の野間半兵衛らの商人たちとも連絡をとり、使節の準備をしていたと考えられる。

伊達政宗と関係したもう一人の重要なスペイン人がいる。第一章で述べたスペインからの使者ビスカイーノのことである。一説によればこの人物が、使節の「サン・ファン・バウティスタ号」の建造を指導したという。「金銀島捜し」に失敗したビスカイーノの窮状を知って政宗がそれを引き受け、使節のために準備した船に乗せていっても良い、と言ったという。そしてソテロが司令官のもとで、ビスカイーノは一乗客として乗り込むことになった。八月二十一日にビスカイーノが浦賀よりやって来て、伊達政宗に対面した。それは出発の二十五日前のことであった。この顚末を見ると、彼は「バウティスタ号」の建造には直接関係していないことがわかる。

慶長十八年（一六一三）四月一日、政宗はソテロに返事を書いている。南蛮国すなわち西欧へ船を派遣するについて、幕府の船手奉行が仙台へ船の建造のための大工を派遣することを承諾してくれたこと、そしてその船に積む荷物の手配についても心配ないことを伝えている（『伊達貞山治家記録』二十三）。この手紙が示すことは興味深い。すなわち、使節の船は政宗の意志により、向井将監ら江戸の人間が中心になって建造されたこと（ここに江戸の徳川家康の承認がある）、ソテロを使者として派遣することを決め、前年に幕府が派遣しようとして失敗した「サン・セバスチャン号」に乗船していた伊達家家臣二人に加え、新たに支倉を使節に考えていたことがわかる。

家康と政宗の共闘

松田毅一氏は、徳川家康はすでに前年から「キリシタンの布教は厳禁する」という命令を出していたから、伊達政宗がこの使節を出し、「幾通もの海外への書状を書いて、自分はキリシタンになるつもりであるとか、宣教師を続々派遣してもらいたい、教会も建てさせ援助もするなどと書いているのは全く不可能なことである」として、政宗を「虚言者《うそつき》」と書いている（松田毅一『慶長遣欧使節』）が、はたしてそうであろうか。

まずこの使節が明らかに徳川家康の意志を反映しており、また伊達政宗の意志でもあったことを見なければならない。家康の方はメキシコとの通商の希望を捨てていないため、この使節を黙認したのであり、政宗の方は仙台藩でそののち元和六年（一六二〇）までキリシタン弾圧を行なわなかったことを想起すれば、決して政宗が「虚言者」ではなく、最後までそれに抵抗し、可能性をさぐっていたことが認められるのである。また家康が禁令を出したのは同年十二月であり、出発当時の九月はまだ決定的ではなかったことも考慮されなければならない。

徳川家康のキリシタン弾圧はたしかにスペイン側の無頓着さによるところが大きい。ビスカイーノが日本近海の測量をするという名目で「金銀島」を探した行為そのものが、オランダ側からの非難の口実になったことはすでに述べた。しかしソテロは、表向きにせよ、それを貿易重視に変換し、その方向でスペイン当局に進言していたこともまた、これまで見てきたとおりである。そして、それが彼らの遣欧使節の主だった理由となった。

3　サン・ファン・バウティスタ号

日本で初めての巨大船

前述のように支倉使節は伊達と徳川による企画であり、そのための船造りも両者の同意でなされた。仙台藩から出発したので、伊達家だけで造ったように言われるが、徳川の許可と援助がなければ造船できない本格的なものであった。とにかく太平洋に乗り出すためには、大きな船でなければならない。ヌエーヴァ・エスパーニャ（メキシコ）に行くにはやはり、これまで東南アジアへの航行に利用された和船ではなく、スペイン人が使っていたような大きな南蛮風の船が必要だった。これは当時、ガレオン船と呼ばれたものであった。

ガレオン船は「海に浮かぶ堅固な城塞」と呼ばれたように、軍艦の役割をもっていた。これを建造するのは簡単なことではなかった。幕末に勝海舟に率いられて太平洋を渡った「咸臨丸《かんりんまる》」はオランダに発注して出来あがったものである。幕末において日本の力では西洋の船は造れなかった。しかしそれより二百五十年前はどうだったであろう。当時スペイン人たちはフィリピンで、チーク材を利用して船を造っていたから、そこへの発注も可能だった。しかしそれを日本で造ろうとしたのであった。

このような大きな船だから、スペイン人、それも大使だったビスカイーノの指導でその輩下がつくったものだと従来よく言われてきた。たしかに政宗の命でスペイン人が建造した、というオランダ人の記述もある。しかしすでに第一章で触れたことだが、日本の沿岸を測量していたビスカイーノの「金銀島探し」の船は嵐にあって傷み、帰国にあたって修理を必要とした。しかし誰も援助をしようとしなかった。そのとき伊達から、すでに船を建造しているので、それで帰航しないかと言われたのであった。伊達がビスカイーノ抜きで船を造っていたことは、これからもわかる。そのビスカイーノの傷んだ船のことを知っていたら、それを利用すれば修復だけですむし、新たに船を建造する必要もなくなる。しかしあえてそれをしなかったのである。ビスカイーノ自身が「政宗殿が一人の宣教師の命で造った船」と述べているのである。

その宣教師とは、ビスカイーノと対立する聖フランシスコ会のソテロであった。政宗は日本でそれを造ることこそ、伊達の誇りでもあるし日本の誇りともなると考えたに違いない。ソテロをはじめ、日本に来た宣教師たちは、同時に船乗りであった。ウィリアム・アダムスが一二〇トンの船を造ったように、彼らの存在はそれを可能にした、ということができるであろう。すでに日本の造船技術は高く、朱印船では百人から四百人も乗れる船があった。ガレオン船をつくる指導さえあれば、日本人の造船技術でそれを造ることができたのである。

しかしソテロが直接その任に当たったのではなく、その同僚が行なったと考えられる。その同僚とは、フライ・アロンソ・ムニョスという僧侶である。そのことは後の、ソテロからスペイン国王への一六一四年十月一日付の手紙に書かれている。このスペイン人ムニョスがこの「サン・ファン・バウティスタ号」建造の真の指導者だったということができる。

造船には仙台藩の大工だけが参加したわけではない。すでに指摘したように、江戸から船手奉行、向井将監が遣わした公儀大工、与十郎が来て、中心的な役割を演じたと考えられる。慶長十八年（一六一三）三月十日の政宗の向井将監への手紙では、「舟のことで仙台へ大工とともに来てくださり、満足している」旨書いている。しかし大部分の大工は伊達の輩下の人々だったのである。その材木の杉板は気仙《けせん》郡や東山（岩手県東磐地方）から伐りだされ、曲木は片浜通りや磐井、江刺などから伐採した。帆柱には松の木が使われた。すべてこの地方の木材であった。

「政宗君記録引証記」によると、この船は「長さ十八間、横五間半、帆柱十六間、弥帆九間一尺五寸」と書かれているので、長さ三五メートル、幅一〇・八メートル、主帆三一・五メートルということになる。これはガレオン船の型としても大きく、ヨーロッパの一般的な遠洋航海船と比しても立派なものであった。クロード・ドゥルエ作「支倉常長像」（口絵1頁）の背後にある船は、まさにこの型の船であり、形も規模もこのようなものだったと推測できる。それは高い船尾楼をもち、二本の高いマストに横帆がはためく、堂々とした船であった。船尾には伊達家の紋章が、旗には支倉家の紋章がつけられている。

つまり、「サン・ファン・バウティスタ号」は、まさに日本人によって作られ、最初に太平洋を往復した船であった。ウィリアム・アダムスが徳川家康の命で建造した一二〇トンの船が一六一〇年に初めて太平洋を越えたが、それは片道だけであった。伊達のこの船は五〇〇トンもあり、太平洋を二往復しただけでなく、最後はスペイン艦隊に編入されたほどの立派な船であった。この船がなければ支倉常長の使節も出発できなかったに違いない。この「サン・ファン・バウティスタ号」こそ、使節の隠れたもうひとりの主役だったと言えるであろう。

マストに家紋が

ところで私が、この絵画の中の船に伊達家と支倉家の家紋があることを発見したのは、平成元年（一九八九）の仙台市博物館における「ローマの支倉常長と南蛮文化」展の準備のときであった。このことは絵画の記録性を明確に示すものであった。写真のなかった時代に写真の役割を果たしたのである。この絵画は単に、異国の大使をエキゾチックに想像したものでなく、そこに現実性を付与していた。画家は、誰がこの船を所有し、誰がこの船に乗っていたかを、この家紋の描写によって示したのである。

私は宮城県の「文化の波起こし・風起こし」の会合で、この船の再建を提案した。これまで知られなかった「サン・ファン・バウティスタ号」の姿がここに現出していたからである。それまでは文書によって、この船の様子が推測されていたが、その姿は判らなかった。画家の平山郁夫氏はそれを和船のように想像して描いたが、この絵画では当時のスペインの軍艦に一般的だったガレオン船であったことがわかる。それは側面から大砲を発射していることからもわかる。その船が、この二つの家紋によって飾られていることから、日本で最初の洋風の船として記録されるべきだ、と考えるのは当然であろう。それが現在、石巻市郊外にある「サン・ファン・バウティスタ号」再建の発端であった（ただしこの船を造ることを実行された当時の宮城県知事が汚職事件で失脚し、この経緯がすっかり隠されてしまったのは残念なことであった。むろん私のことも経過説明には登場していない。この船の公園も沢山の訪問客を得ている現在、この真相を語っておくことは不遜なことではないだろう)。

4 ソテロというスペイン人僧侶

イエズス会と聖フランシスコ会の対立　ここでソテロの属する聖フランシスコ会とイエズス会の対立についてやや詳しく述べておこう。この対立を理解しておかないと、この使節のすべての史料を誤解することになるからである。

聖フランシスコ会はアッシジのフランシスコ(一一八一〜一二二六)が創始した会派で、清貧・愛・勤労を旨とし、所有の放棄、奉仕による自己の陶冶と隣人への救済を目指し、托鉢を行なった。法王から修道会の認可を受けると、海外布教も行ない、カトリックの主流をなしていった。

一方のイエズス会は、貴族軍人であったイグナチオ・デ・ロヨラ(一四九一〜一五五六)により設立され、清貧、貞潔、法王への絶対服従を旨とする会派である。一見同じく布教を行なうカトリック会派に見えるが、そのもともとの創立理念が異なっている。イエズス会がその軍隊的な組織により、急激に勢力を伸ばしたのも、折からのポルトガル、スペインの海外侵略の動きとともに、「より大いなる神の栄光のために」海外布教に積極的にあたったからである。まさにイエズス会の教会の祭壇に武器が置かれていた所以《ゆえん》である。日本でもよく知られているように、一五四九年にやって来たザビエルもこの会に属し、かつて布教の主流であった聖フランシスコ会を圧倒し、その主導権を得た。

たしかにイエズス会はスペイン、ポルトガルの植民地支配の先行隊といわれるだけあって、その組織力においては強いものをもっており、史料も圧倒的に多い。これまでの支倉論は、ほとんど一方的にイエズス会の史料だけを重視する傾向にあった。これはひとえに、外国の史料を選択できず、日本がキリシタン国にならないイエズス会の苛立ちを、単に西欧の意見と受け取ってしまった日本の歴史家の人の良さに帰せられるところが大きい。戦後の支倉使節論をリードしてきた松田毅一氏をはじめ、五野井隆史氏、大泉光一氏らの最近の研究もこれを踏襲している。また天正の少年使節が、その植民地化の一端であるという認識に欠け、何やらロマンチックな西洋との触れ合いと考える本の多いのも、イエズス会を支持することと結びついている。若桑みどり氏の『クワトロ・ラガッツィ』もその例である。私のこれまでの批判の要点もここにある。

イエズス会の特権

とくに、法王グレゴリウス十三世が一五七六年に発布した「大勅書（Super Specula）」において、日本に対してはポルトガルがあたることが指示され、一五八五年にはさらに小勅書が出された。「日本における伝道は、イエズス会員に限る。これに違反する者は、その位階、身分の区別なく重破門に処する」というものであった。このことは、聖フランシスコ会の布教が禁じられたことを意味する。すでに一五八一年にポルトガルはスペイン国王フェリペ二世によって併合されており、スペインから来たイエズス会が支配することになった。このような背景のもと聖フランシスコ会は対策に苦慮し、この勅書の撤廃運動を行なった。ことにポルトガルのインド顧問会議を支配するイエズス会の力は強く、その了解をとりつけることは困難であった。

一六〇〇年に法王クレメンテ八世は勅書を公布し、イエズス会のみに限られていた日本での布教をようやく他の修道会員にも許可した。ところがその布教を行なう者は、ポルトガルのリスボンからインドのゴアを経て日本に渡る者だけに限るという条件付きであった。これは、スペインからメキシコを経て来る宣教師たちは活動できないということを意味し、事実上スペイン経由の聖フランシスコ会は日本で布教できないことになった。しかしそれにもかかわらず、聖フランシスコ会は続々フィリピン経由で日本にやって来た。この会派はヨーロッパではイエズス会よりもはるかに伝統のある大きな組織であったから、イエズス会にとっては、この進出が憂慮そのものであった。

この二つの会派は同じカトリックとしてお互いに協力するよりも、勢力争いをやっていた、と言ってよい。日本の教会、修道会を指導する立場にあった司教セルケイラがマニラのイエズス会に宛てた一六〇二年の書簡には、次のようにある。


日本の諸侯は日本の武力について自負心を持ち、他国から侵略されることはなく、むしろ他国を征服できると思っているが、それでもスペイン人やマニラから来る宣教師については深い猜疑心を抱いている。フィリピンから続々托鉢修道士たち（聖フランシスコ会など）が来れば、ますますその疑いを深め、教会に対して迫害が始まるに違いない。（中略）フランシスコ会員については、内府様（家康）は彼らに少しも土地を与えていない。彼らは、京都に教会をもつというが、小屋に住んでいるだけで、なんらそういう資格のあるものではない。（中略）関東に教会があるというが、ほんの小屋に過ぎず、それ以外にはなんの設備も許されていない。

（一六〇二年十月二十二日付の手紙／松田毅一『慶長遣欧使節』）

ここでは他にドミニコ会、アウグスティヌス会についても批判し、日本では受け入れられていないことを指摘しているが、とくに聖フランシスコ会について強く警戒していることが受け取れる。「フランシスコ会員らが日本に在住しているのは、内府様（家康）が通商を希望し、その人々を利用して、ルソンの船を関東に誘致しようとするためにほかならない」（同前）と、彼らの勢力拡大を恐れているのである。

この恐れは、この二会派間の対立点を浮き彫りにしている。イエズス会はあくまで世界支配のために、スペイン・ポルトガルの野望とともにその組織を拡大していったが、十六世紀末になってその勢いが止まり、そのほころびが聖フランシスコ会による介入を許したといえる。一方、すでに述べたように聖フランシスコ会は布教を中心に活動しており、イエズス会的な軍隊的組織よりも自由さを持っていた。むろん貿易による利益の追求や、植民地化にも加担はするが、それはすでに二次的な問題になっていた。

しかし、すでに日本やシナなどの東洋の大国を除くと、アメリカ両大陸やアフリカ、アジアの大半はすでにイエズス会によって手がつけられていた。イエズス会はある意味で世界を席捲していたといってよい。その文書が多いのはよく組織化されていたからでもあったが、それだけに後続の聖フランシスコ会に主導権を握られることに苛立っていた。聖フランシスコ会のソテロが主導する支倉使節に対してイエズス会が批判的なのもそこから来ていたのである。

ソテロへの非難

例えば、ジロラモ・デ・アンジェリスというイエズス会司祭が、一六一九年十一月三十日付でローマのイエズス会総長ムチオ・ヴィテレスキに宛てた書簡がある。ここでは支倉使節について直接触れているので、多くの研究者が大変重視している。このイエズス会司祭は支倉らが出帆したあと一年半ほど経った、慶長二十年（一六一五）三月に仙台に来ていた。そして政宗の臣下でキリシタンの後藤寿庵に会っているが、このようなキリシタンの重臣を従えていたことからも、政宗の度量の大きさがうかがえる。すでに慶長十八年に「キリシタン禁教令」が徳川から発せられても、仙台藩ではまだ布教は黙認されていたのである。

一六一九年にアンジェリスが書いたこの書簡によれば、「かの使節は、ルイス・ソテーロの虚構」であり、ソテロは「（東）日本の司教になることを死ぬほど熱望し、ポルトガル人に我慢がならない」ので、利益があることを説いて政宗に「ノビスパニア（新スペイン＝メキシコ）」に向けての船を造らせ、さらにスペインとローマへの使節の派遣を説得した。だが、政宗の家臣で、キリシタンの後藤寿庵が使節になることを躊躇すると、ソテロは政宗に「もし殿が派遣なさらぬならば、私は乗船いたしません」と言ったので、政宗が「かつて盗み（の科《とが》）で斬首された一家臣の息子であるハセクラとかいう男を使節にすることに同意し」た、という（松田毅一『慶長遣欧使節』）。このような記述は、ソテロに対する悪意で書かれていることは明らかである。「サン・ファン・バウティスタ号」は、政宗の意志や徳川幕府の公認がなければ造れない大型船である。にもかかわらず、「ハセクラとかいう男」を使節にし、支倉に贈り物をもたせ、ソテロには彼が書きたいことを何でも望み通り書かせた、とあるのも、ソテロへの憎しみのあまりの言葉というべきであろう。政宗が彼らを追放しないことだけでも、キリシタン理解の意思表示であったし、ソテロの司教云々については関知しなかった。アンジェリスはさらに「政宗はキリスト教の求道者とは（およそ）程遠く、現世のことしか信じておりません。それに彼と同居していない妻以外に三百人の側女と多数の（男色のための）童児をかかえております」と非難し、彼がキリスト教の求道者などとは到底言えない、むしろ悪魔だ、などと言っている。このソテロ憎悪と政宗批判は、イエズス会だけでなくその配下のアンジェリスまで一貫しており、スペイン国王への彼らの上奏文でも、ソテロを「誠実な人物ではなく、偽りが多い」などと述べているのである。

それに反して、実際の支倉使節は西洋各地で常に歓待された。植民地ならともかく、ヨーロッパでは聖フランシスコ会の方がはるかに根強い地盤があったし、ソテロがスペインの有力な修道士であることが作用したのである。むろんスペインでの大歓待は、植民地化の可能性と、東洋への文化的な好奇心とで錯綜していたといってよい。ソテロの後押しがあったにせよ、このような使節が、二十人もの多数、日本から自力でやってきたことに驚くと同時に、独特な着物を着た一行の華やかさに眼を奪われたであろう。ソテロの書簡や、アマチの記述の方にイエズス会に対する批判が少ないのは、彼らにとっては対抗の意志よりも、むしろ既成のこの組織を利用することが多かったからであろう。

ソテロの来歴　ソテロについてはロレンソ・ペレス著『ベアト・ルイス・ソテーロ伝』（以下『ソテーロ伝』と略す）の記述が詳しいが、一六一四年にセビリアに着いたときに書かれた『セビリア年代記』には次のように書かれている。

この人は、当市（セビリア）参事会員ドン・ディエゴ・カヴァリエロ・デ・カブレラ、そしてその妻ドニヤ・カタリナ・ニニョ・ソテロの次男として、一五七四年九月六日に生まれた。父方の祖父はディエゴ・カヴァリエロといい、（西）インド地方征服の功により、皇帝ドン・カルロス（神聖ローマ帝国皇帝カール五世）よりエスパニョラ島のマリスカル（総監）になった。この人の代に初めて当市に来て、市参事会員となった。その妻はドニヤ・レオノーレ・デ・カブレラという名である。母方の祖父はドン・ルイス・ソテロといい、宗教審問所の警務長であった。ソテロ神父はこの人の氏名をとっている。その妻はドニヤ・イサベル・ピネロという名である。

ソテロ神父は、宗教に熱心だった母の徳に感化され、幼時より学問を好み、教会に入る志をもった。後にサマランカ大学に入り、その家柄の良さと学識の高さによって期待された。だが、その前途をなげうち、世を捨てて、聖フランシスコ会跣足派（デスカルソ派）の僧侶となり、カスティリヤのサン・ホセ管区に行った。

その後、異教徒の教化に従事し、殉教者たる誉れを得ようとして、フィリピン諸島のサン・グレゴリオ管区に渡った。そして一六〇三年に日本へ渡り、後に奥州の王（伊達政宗）の知るところとなった。

（『セビリア年代記』／『大日本史料』第十二編之十二）

またソテロは次のように言っており、彼の布教への熱気があふれている。

一般の平易な言葉で説教すると、日本人は軽蔑する。特に物事の真髄や実質にあまり注意しない人々は用語のみを重視する。日本人は重要なことを話す際には、この優雅な言葉を用いるのを習わしとしているので、高尚な言葉で話されないことに対してはあまり敬意を払おうとしない。この優雅な言葉を完全に習得するためには、漢字を知らねばならぬが、それは（外国人）宣教師《バテレン》が長年かかっても到達できるものではない。したがって、宣教師自らが説教すること、特に日本人の疑念を解決し満足させることは不可能である。なぜならば、彼らの疑問は優雅な言葉で書かれた仏典のいずれかに基づいているので宣教師がそれを理解しなければ、無学者、または野蛮人として嘲笑されるからである。宣教師は文字すら知らぬのであるから、教えることはなおさらできることではないと日本人は考える。

（松田毅一『慶長遣欧使節』）

ソテロがこのように日本人の言語に対する感覚を知り、仏教用語の浸透ぶりを認識し、それを使わないと対抗できない、という見解に至っているのは興味深い。かえって難しい言葉の方が深遠に聞こえるというのも、現代の日本人にも共通する。ソテロは日本語を「優雅な言葉」と考え、それを外国人が習得することの困難さを自覚し、日本人をキリスト教に導くには日本人を日本語で教育し養成する他はないという認識に至る。それはかつてのイエズス会のヴァリニャーノが少年使節をローマに送って、彼らをヨーロッパ語で育てるという趣旨と正反対であった。

そしてソテロは江戸に出て、「奥州の王」伊達政宗と知るところとなった。この出会いについてはすでに述べたが、アマチの『遣使録』によると、ソテロは慶長十六年（一六一一）に仙台に行き、キリスト教を伊達領全域に布教することを許可され、約一年間で千八百人に洗礼を授けたという。一六一三年には渡欧の前にイグナシオ・デ・イエズスとディエゴ・イバニェスという二人の神父を奥州に連れて行った。五人の伝道師と一人の司教を置くことを考えたのである。それほど政宗のソテロへの信頼が厚かった。

この信頼は最後まで変わらなかった。ソテロがメキシコからスペインに、そしてローマで法王の信任を得、帰路勇躍スペインへ、そしてメキシコからフィリピンに渡るまでの経緯は、のちに支倉の帰路とともに詳しく述べる。彼と支倉の使節には、イエズス会による非難や妨害があったが、ほとんどの行程が成功の連続だったということができる。彼の抜群の判断力、機敏な行動力は、支倉の決断力とともに、二十人の日本使節をローマまで導いたことを考えると、誰もが認めるところであった。日本にやって来た宣教師の中で、もっとも優れた人物の一人だったということができる。

ただソテロの本当の困難さは、旅路の最後にあった。これについても第七章で述べることにしよう。

ソテロはこの使節の主人公のひとりである。そして最後まで日本への布教の情熱と、伊達や支倉への友情を忘れなかった。彼なしには使節も、伊達の世界観も生まれなかったのである。私は、ソテロの日本への深い愛情は、単なる布教のための修道僧の義務感を超えていると感じる。聖フランシスコ会によるソテロ伝は、単にキリスト教的殉教の精神を讃えているが、私たち日本人はそれを超えた一人のスペイン人の、日本への熱き眼差しを感じる。彼は帰化してでも、日本に永住するつもりでいたであろう。

第三章　支倉・西欧使節の出発——英雄を生み出した小情況

1　伊達政宗の時代の支倉常長

小情況と大情況の齟齬

スペインの世界支配の野望は、一五八八年にスペインの無敵艦隊がイギリスに敗北したことによって打ち砕かれていく。イギリス、オランダのアジア進出は、スペインの後退を意味していた。そしてこれら新興の植民地主義国によって、宗教を抜きにした経済支配の傾向にとって代わられていく。まさにウォーラスティンの経済の西洋中心「世界システム」化が進んだのである。

しかしむろん、大情況がすぐさま小情況に反映するわけではない。トルデシリャス条約によって一度つくられたスペイン、ポルトガルの植民地主義による世界制覇の野望は、簡単に消えるものではない。祭壇に武器を置いた宗教団体イエズス会と組んだこの動きは、少なくとも十七世紀初めまでは続いたのである。その変化の時代に、日本の支倉使節がそれを見届けることにもなった。

その齟齬こそが実をいえば、支倉常長自身が「悲劇の主人公」にされた原因になったのである。「なぜ使節が送られたか」について語るためには、大情況からさらに接近してその小情況を語る必要がある。慶長十八年（一六一三）九月に出帆することによって始まる支倉使節の物語は、この世界の変化の上に乗っていた。すなわち聖フランシスコ会のソテロという、イエズス会とは異なる宗教団体の一員によって導かれた、新たな時代に対応する動きに乗っていたのである。

ソテロの情況判断

支倉使節がどのような情況のもとに送られたかは、このソテロからメキシコ総督に提出された、スペイン国王やインド顧問会議宛の書簡によって明らかにされた。これは第一章ですでに触れたが、この文書はさらに小情況に関しても検討されなければならない。これは一六一三年という歴史の分岐点における日本情勢に関する第一級史料であり、この使節の成立に直接関わりがあるからである。

次に今度、奥州の王、伊達政宗が派遣する使節について一言いっておきたい。彼は日本の諸王の中で最も強大で武力も優れた一人であり、その娘（いろは姫）は皇帝（徳川家康）の息子（松平忠輝）と結婚をし、皇帝も最も彼を信頼している。その領土は日本国で最大で、すでにこれを領すること六百年以上である。この王はキリスト教の言うことを聴き、霊魂の永遠なる救済のためだけでなく、国の善政、平和、及び永続の唯一なる真の道であることを知って、キリスト教が国内で広く宣伝され、多くの人々がキリスト教徒になるようにと希望し、船を造り、威厳のある人を選び、容儀を整え、使節として派遣することを決し、これのために多くの資金を出した。しかし宣教師及びキリスト教徒に対してのみならず、イスパニヤ（スペイン）人に対して、彼の領地にやって来るものは誰でも大いに厚遇したことは、世に知られていることで、そこから来たものはみな言っていることである。

（スペイン・シマンカス文書館文書／『大日本史料』第十二編之十二）

ソテロは政宗の判断をあくまで彼の宗教的な希望によると書いている。それはソテロ自身が僧侶であり、彼自身の希望であるからだ。もっともそのキリスト教への支持がスペイン人への厚遇まで示唆していることは、そこにイエズス会と同じく、植民地化への期待が入り込んでいるといえなくもない。しかし彼には、仙台藩におけるキリスト教布教の可能性を限らざるをえないという現実認識がある。そして通商によってスペインの利益を図ろうという現実性が感じられる。

王（伊達政宗）が使節を派遣して、陛下（スペイン国王）に望むのは、その領地がローマより遠く、船を直接送ることができないので、聖フランシスコ会の宣教師によりまず新イスパニヤ（メキシコ）まで送られることである。そうなれば同地まで使者を遣わして彼らを迎え、その領地において神の教えを伝えさせ、彼らに対してできるだけの便宜を与え、教会を設立し、その他必要なものを供給するであろう。またイスパニヤの航海士及び水夫を雇い入れ、船は自費をもって航海させるため、日本の商品を船に積み、これを売って航海の諸費を払い、もし余裕があれば、新イスパニヤの産物を買入れて、その家（伊達家）のために使うことを望む。これに関して陛下の利益となる平和条約の案を提出したことは、前に述べたとおりである。

法王に対しては、彼（政宗）は大変謙遜なる書簡を認《したた》め、法王の御足に接吻させるために大使を派遣することを述べ、また自らキリスト教徒となるために神に祈ることを希望しており、その臣下をみなキリスト教徒にさせるために、特に敬慕する聖フランシスコ会の宣教師の派遣を求め、また布教のために必要なことをしてくれるよう、法王に願い出ている。（同前）

ここでは、政宗が聖フランシスコ会の宣教師を求めているという事実は、彼自身がキリスト教徒になりたいという意志だと取っているが、政宗が決してキリシタンにならなかったことでわかるように、それは貿易を行ないたいがための方策だったことはすでに述べたとおりである。この時代、すでにスペインによる侵略の危機は去っているというのが、政宗の認識であったと考えられる。そこが揺れ動いている徳川との違いでもあった。徳川の方は両天秤にかけていたのである。

一方、ソテロが政宗に注目したのは、政宗の態度にまだ隙がある、と見込んでいたためであった。キリスト教徒になりたいという政宗の口実は、ソテロにとっては布教の可能性を、スペイン国王にとっても通商の上での利益の可能性を意味するものと思われたのである。

今日まで日本において起こった事件のうち、キリスト教布教のため最も重大なのは、この使節派遣である。これを派遣する国君（伊達政宗）は勢力があり、勇気、武力もあり、多くの人が皇帝（将軍）となるであろうと認める人である。日本において継承権はなによりも武力によってなされるものであるから、彼が皇帝となれば、わが布教に対しこのように好意を持ち、すでにこの使節を出したので、自らキリスト教徒になるか、少なくともキリスト教に幸いし、数年内に日本全土が信仰で被われるようになることは明らかである。またもし皇帝とならなくても、強大な領主であるから、彼の保護するキリスト教にあえて反対するものはないであろう。これに加えて奥州の国民は、真面目に救済を求めているから、教義は何ら抵抗なく受け入れられるであろう。彼らは日本のキリスト教徒の中で、特に熱心なのであるから。（同前）

イエズス会が海外布教によって植民地化のために貢献する役割を担っていたのに対し、聖フランシスコ会はすでに東方布教に長い伝統をもった教団であった。すでに述べたように、たしかにイエズス会と同じく布教を行なっていたものの、彼らが、イエズス会と違って断念することがなかったのは、植民地化まで至らずとも、通商によって関係を維持すれば、その可能性を探れると考えていたからである。

しかしスペイン国王に対しては、「領土の拡張」という言葉を入れざるをえなかった。

イエズス会の僧侶などが、日本の四人の王に法王への使節を送らせて、これによって法王及び陛下（スペイン国王）より、修道会及び教会の維持の寄付金、その他の宣教の便宜を得たいと考えている。同会より一人の司教を挙げ、日本において利便を得るだけでなく、これを通じて、容易に日本において起こる諸事件を法王に報せることが出来、また法王の親翰、特赦権など、同会の利益となり、また日本における教化の便宜となるものを得ている。

だが現在聖フランシスコ会は収入及び兵力においてその四人に勝る一人の大国王（伊達政宗）の使節を送るようにさせ、ローマの法王庁や陛下の政府において同様の便宜を与えることを、自派並びに日本にいる他の諸派のために希望する。これによって日本での霊魂の幸福と右の諸派の利益とを得ることが出来るし、陛下の利益が生じ、その領土を拡張し、平和を得ることが出来る。（同前）

ここでソテロはイエズス会の活動によってすでに得た四人の九州のキリシタン大名と異なる、伊達という大名に新たなキリシタン大名の役割を期待しているのである。それはイエズス会との対立を露呈させている。イエズス会が明らかに、ヴァリニャーノらによって宣教とともに侵略という二つの共同作戦を行なうのに対して、聖フランシスコ会は布教と貿易という手段でキリスト教信仰を広めるという立場を鮮明にさせて、新たな可能性を探っていることになる。

イエズス会の僧侶などがすすめる使節は、キリスト教徒である国王（キリシタン大名）が派遣したものであるが、今度の使節は異教徒である国王（伊達政宗）の遣わしたものであるといって反対するものがあるが、これがために前の使節と同じく法王庁にとって重要であることは変わらない。なぜなら新たに教会の檻に入れて、羊ともなろうと希望する子たちが、生命のパンを求めて来ることは、己れが教会にいる羊が敬意を表すために来ることよりも、軽く見てはいけないだけでなく、むしろ最も神聖なる教えの父の愛と憐れみの情を動かし、寛大なる手を差し出して教会の宝庫を開き、その遠い国から来るものを、愛と慈悲の門から入ることを許すべきだからである。諸派の宣教師たちもまた法王の庇護によって、主の葡萄園において働こうと望み、また宣教のために必要である喜捨や補助を得たいと望んでいる。その補助は日本におけるキリスト教徒の数が、現在よりもさらに増えるまでは必要である。この補助を教会の中心地から与えられることは、最も容易であるのみならず、またキリスト教徒である王侯を励まして、このような敬虔なる事業を助けるようにするであろう。

はじめマニラから漸《ようや》く三つの教会を維持するに足る寄付金を与えたが、昨年マニラの聖グレゴリオ区の管長以下の重職などは、今から右の補助金をも与えることが出来ないようになって、日本に在留している同派の宣教師は、たった四人を長崎の聖フランシスコ会教会に留め、他はマニラに帰り、またメキシコあるいはインドに行くように命じている。長崎は市全体がキリスト教徒であるから、これらの宣教師たちはスペインにいるのと同じく喜捨によって自ら維持することが可能である。この命令は日本語に通じている同会の宣教師が大変悲しむものであった。初め、この使節派遣を要請する意見があった時、これを望まなかったし、またマニラに不利益であることを聞いて、これを妨害しようとしたものの、右の決議により神霊上の収穫がこのように大きいもので、また確実である日本を去り、希望に応じて、いずれの国へでも行くことを命ぜられるに至って、その意見を変えたのみではなく、熱心に使節の派遣を求め、またメキシコにおいて宗務総取締に願い、聖エヴァンリョ区より、日本に宣教師及び補助金を送らせ、陛下（スペイン国王）及び法王の庇護を仰いで、大きな困難と血とをもって、かち得たものを維持しようと希望した。今私たちを招こうとする王国においては、国王が諸費を支給してくれるが、招きがないところではこれを補助することが必要である。（同前）

またソテロは、伊達が徳川幕府と組んでいることを知っている。これはこの使節が、伊達ひとりの使節ではなく、日本の幕府が公認したものであり、その正当性を認識していることでもある。徳川家康と秀忠がこの使節をともに許可していることは、この後の布教が有利に働くことを期待するには十分であろう。

また国王（伊達政宗）が皇帝（徳川家康）の承認なく、その（家康の）好まないキリスト教の便宜をはかるための使節を私的に派遣したことにより、あるいは皇帝の不興を買い、その態度に変化をきたすこともあるかと懸念するものがいるが、これはもとより、この使節に反対の理由とはならない。

第一に、この船と使節との派遣は、皇帝及びその太子（秀忠）が知っていることであり、またその許可を受けているものである。現に新イスパニヤ（メキシコ）の総督に宛てた書と贈り物をこの船に託していること、また僧侶ルイス・ソテロがその使者となり、この船に乗り込み、前の使節に対する返答を求めることを命じているからである。ならびに、僧侶ソテロが江戸において神の道を説いていたために、他のキリスト教徒らとともに捕縛されたときに、政宗はソテロを使者として派遣するために、その解放を要求したところ、太子は他のキリスト教徒は殺したにもかかわらず、すぐにソテロを釈放したことが、その証拠である。

第二に政宗がその使節で求めることにより、皇帝は新イスパニヤとの通商を開くことが出来るので、政宗の希望に応じれば、一石二鳥の成果を挙げることが出来る。また皇帝がキリスト教を保護してもしなくても、また日本にいる諸派のひとつに幸いするか否にかかわらず、他の諸侯がその領内において取る処置に干渉しないことは、八月九月に江戸においては太子がキリスト教徒を迫害し、斬首の刑に処したにもかかわらず、鍋島王の領地である肥前においては、ドミニコ会の宣教師に二つの教会の敷地を与え、長崎においては、聖フランシスコ会の教会の一つと聖アウグスティヌス教会の一つとを新築し、また奥州においては多くの受洗者があった。また宣教師を迎えるために、この船を造り、すでに述べたように、太子が僧侶ソテロを釈放していることでも明らかなのである。

以上に述べたことにより、日本の皇帝が望むところのメキシコとの通商を妨害するための国家的な理由はないこと、これを許可することは陛下（スペイン国王）およびその支配地、またその領民のため、現在と将来において大なる利益となるであろう。もしこれを許可しなければ、多くの回復が期待出来ない損害を蒙ることは明らかである。また奥州（伊達政宗）の使節を重要視せずに希望を聞かないのなら、同じ結果になるであろう。奥州の王の希望に添うならば、一つには皇帝の希望をかなえ、また日本での宣教の便宜と、多くの霊魂の幸福がもたらされるであろう。使節の要求は何らの困難もなく、実を結ぶことも出来るし、もし他の宣教師たちがやったとしても、必ず大いに称揚されることであろう。したがって日本のキリスト教徒全体に代わって、閣下（メキシコ総督）に求めることは、この使節に参加するものの力のなさ、世の支持を欠く点は、その要求の正当であることによって補い、キリスト教に熱心であり、このためにその尽力を惜しまない閣下の庇護により、必要なる旅費を得て、陛下のもとに行くことを可能ならしめて下さることをお願いし、この使節に関して以上述べてきたことの中で、重要な諸点を記した紹介状を下されることをお願いしたい。神もしくは閣下の御健勝と領土の保護をお祈りします。（同前）

ここには単なる宣教師としての理解だけでなく、まずは世界の中の日本の重要性を認識している一人の知識人の判断がある。それは世界最強の国であったスペインが、この国をもっと評価し、そこと通商することが重要である、という認識なのである。それはキリスト教のためにもきわめて重要であり、オランダやイギリスの進出を防ぐためにも必要なことであった。

もしスペイン国王が日本にメキシコとの通商の許可を与えていたら、江戸時代は全く異なったものになっていただろう。キリシタン弾圧はなかったし、「鎖国」ではなく「開国」されていたはずである。太平洋が通商の場所となっていたし、スペインの後退とともに、日本がメキシコを次第に圧倒していったことはおよそ見当がつく。場合によってはアメリカ進出が日本人により行なわれたかもしれない。そして国内ではこのようなキリスト教への嫌悪はなかっただろうし、西洋理解もより進んだことだろう。

これは、日本がつきつけた最後通牒の形で、スペインおよびメキシコとの通商を期待した使節だったのである。ただ徳川は伊達政宗のこの行為を是認しながら、一方でしびれをきらしていた。ソテロの願いは、その情況判断をスペイン国王に伝え、日本という国の重要性を、つまり彼らの宣教という点でも、この国を開国させておくべきだという点でも、理解させる必要があったのである。

しかし前述したように、これはスペインがすでにオランダやイギリスに敗れはじめ、世界を支配する能力を失いはじめていた時期でもあった。たしかにスペイン国内ではまだその大国ぶりは変わらなかった。この使節のスペインでの歓迎ぶりはそれを示している。だが国力としては、ソテロのような優れた外交官の言葉を聞き、実行に移す力はなくなっていたのである。つまり支倉の使節は、スペインに要望を聞いてもらえなかった、外交に失敗した使節ではなく、スペインそのものが、すでにオランダ、イギリスに押されて自由にならなかったことが問題なのであった。のちに見るように、スペイン国王はソテロの要求通り受け入れたが、それをインド顧問会議が遅延させ、その間にオランダがそれに止《とど》めをさす攻撃をアジアで行なったのである。

この覚書はメキシコで提出されたものであるが、これへの回答や、ソテロ自身に対する批判は後に述べるとして、ここに使節の最も注目すべき目的や情況判断が記されていると見ることができる。

支倉の登場

伊達政宗が支倉常長を使節の長として選んだのは、その経験と才覚を知っていたからである。支倉は出発の少なくとも半年前には、その指名を聞いていたに違いない。四月一日に政宗はソテロへ書状を認《したた》め、その中で、南蛮に遣わす使者については「以前に申し付けた者共に決めた」ことを述べ、さらにもう一人「相添える」旨を伝えている。それは前年の慶長十七年九月九日に幕府が出したメキシコ行きの船(「サン・セバスチャン号」)に、家臣二人がソテロとともに乗船しており、その船が座礁してしまった経緯がある。「以前に申し付けた者共」がこの二人であり、新たに一人付け加えたことになる。それが支倉だったのである。新たに指名された支倉だけはメキシコよりも遠くの「奥国」、ヨーロッパのスペイン、ローマに向かい、後の二人はメキシコから戻ることになっていた。

支倉の英雄的な遣欧使節のことは、元禄十六年(一七〇三)に完成された仙台藩の公式記録ともいうべき『伊達貞山治家記録』にはほとんど何も書かれていない。支倉自身について、わずかに朝鮮戦役に参加したことだけが記されているだけである。寛永十七年(一六四〇)の一時お家断絶によってキリシタンと見なされ、支倉家についての記録史料が消えたからであろう。この使節もキリシタン使節と考えられ、その本質が忘却に付されたのである。

しかしこの大航海は事実である。地球の東西を往復したこの日本人使節の中心にいたのが支倉六右衛門常長であり、彼が英雄の一人であることは間違いない。なぜ彼が選ばれたか、個人的な記録から述べてみよう。彼がこの使節の大使に選ばれる背景があったからである。

『支倉家譜』によれば、その遠祖は桓武天皇の曾孫高望王《たかもちおう》から七世の子孫、伊藤孫右衛門尉景常であり、天喜四年（一〇五六）に伊勢国司に任じられた。その曾孫・伊藤常久は、平清盛に仕えて従六位下壱岐守《いきのかみ》に任じられた。治承三年（一一七九）常陸国の西方の目代になって赴任したが、翌年、源頼朝が関東で挙兵すると、伊藤はその地位を失って、山林に隠れて暮らすことになったが、その後文治元年（一一八五）、伊達氏の元祖である常陸国奉行朝宗《ともむね》こと中村常陸介念西《ねんさい》の下で筑波郡の中村に住むようになった。

文治五年（一一八九）、源頼朝が平泉の藤原泰衡《やすひら》兄弟を攻めにやって来たとき、念西は源氏方に廻って藤原方を討ったが、その先陣を切ったのがこの伊藤常久であった。そして念西は頼朝から土地を賜ったが、そのうち信夫《しのぶ》郡山口村、伊達郡梁川村、そして柴田郡支倉村の計五百余丁の土地を常久に与えた。彼は同年の末、五十三歳で病死したが、ここで源氏方として亡くなったのである。

その後、この土地へ伊達氏が進出し、十四世紀に八代伊達宗遠《むねとお》が支配して、支倉家も八代丹後守常時がその下で、山口村と支倉村の土地を継いでいた。小林清治氏によると、十六世紀中ごろの支倉家十四代の忠常という支倉村領主が、『支倉家譜』の中での紀伊守常正と同一人物であるという（「常長と政宗」『支倉常長伝』）。上盾《かみたて》城はこの常正によって築城された。彼は千二百石の土地を保っていた。

この支倉常正の子が時正《ときまさ》で、その養子がこの支倉常長である。

支倉常長の出生と六右衛門

さて、本書の主人公支倉常長は時正の弟、山口飛驒守常成《つねなり》の第二子として、元亀二年（一五七一）に現在の信夫郡山口村で生まれた。第二子なのになぜか五郎与市と名づけられた。もっとも一歳違いの長男も三郎助治郎であった。しかし常成の兄の支倉時正に子どもがなかなか生まれなかったので、七歳のときにその養子となった。

従来、彼は常長《つねなが》という名で呼ばれてきたが、それは『支倉家譜』に出ているだけで、実際は、長らく与市と呼ばれた。また彼自身、長経の名は使っても、一度として常長という名を独立して使ったことはない。遣欧使節の際に、伊達政宗から「六右衛門」の名が与えられているが、それ以後この名のみ使用している。したがって、私はこの使節を顕彰する意味でも、本来は彼のことを「支倉六右衛門」と呼ぶべきであると考えている。「常長」とは、彼の功績を軽んじる風潮の中でつけられたものかもしれない。樫山巌氏は、養母の実家砂金家に育てられ、学問守と呼ばれた龍宝寺の門了和尚に常正寺というお寺で学んだと推測している。政宗のために絵図面を書いたので絵画も学んだと述べている（樫山巌『支倉常長の総て』）。

常長が時正の養子になったことは、ある意味で幸運であった。時正は伊達政宗の武将であり、天正十六年（一五八八）の相馬盛胤《そうまもりたね》との合戦や、文禄の役（文禄元＝一五九二年）の豊臣秀吉の朝鮮出兵にも常長共々参加している。関ケ原の戦い（慶長五＝一六〇〇年）では伊達軍の一員として戦っている。

このうち支倉が十八歳で初陣を飾ったのは相馬軍との戦いの時だったが、この時すでに鉄砲隊長として「支倉五郎左衛門与市」の名で戦っている。当時、伊達家には鉄砲総数五千挺はあったとされるが、これは、かつての織田信長と同じぐらいの所持数だと言われている。この戦いの宇津志城攻防戦で「昼夜止ムコトナク、互イニ四、五千ノ鉄砲ヲ以テツルベ撃懸カル体、殊ノ外面白シ」と戦記に書かれているほどである（樫山巖『支倉常長の総て』）。

伊達勢は関ケ原の戦いも大坂夏の陣のときも、鉄砲三千挺で出陣している。この頃はおそらく総数一万挺はあり、日本一の鉄砲隊であったと推測されている。ともあれ、伊達家の仙台藩は、財力面でもその献上の量からも黄金所有量が日本一であり、兵力面でも鉄砲数が多く、その兵数も日本一、二で、非常時には十五万人は出せる規模であったという。豊臣家からも徳川家からも侮られなかったのは、この強大さがあったゆえである。

支倉は十九歳のときの天正十七年（一五八九）、伊達政宗の命で、氏家氏と鳥島氏の間の調停のために派遣され、その調停者にその委細を述べている。こうした使者役をこの年、他にも担っており、すでに政宗から信頼を得た近習の一人であったことがわかる。さらに翌天正十八年に政宗が豊臣秀吉に召集されて小田原に参陣したが、その際も支倉は行路の偵察任務を引き受け、近習として伊達成実《しげざね》とともに、太閤の前に出ている。また大崎葛西一揆の際は、鎮圧のために政宗の使者として真山継重《つぐしげ》のもとに派遣されている。こうして何度も使者として派遣されていることで、いかに政宗の信頼を得ていたかがわかるのである。とくに偵察の任務が多かったことは注目される。それが使節の長としての支倉抜擢の大きな要因となったと考えられる。

文禄元年（一五九二）の朝鮮出兵に際して伊達政宗は、御手明衆《おてあき》二十人の一人として支倉を参加させている。これは文字通り先頭に立って夜に松明《たいまつ》をもって進む役である。ここで支倉が、ローマでの華麗な服装を思わせる「伊達男」の行列に加わった。

公御人数、昇三十本、紺地ニ金ノ日丸ナリ。昇持ノ者共、ムリヤウノ下着ニ、具足黒塗、後前ニ金ノ星アルヲ着ス。鉄砲数百梃、弓百五十張、鑓《やり》百本、此足軽共モ、下着具足ハ御昇持ニ同シ。（中略）馬上三十騎、何レモ具足ハ拝領ニシテ、手花麗ナリ、三十騎共ニ、黒母衣ニ金ノ半月ノ出シアリ、馬ニハ面々ノ物数寄ヲ以テ、太總ノ鍬、豹皮、虎皮或ハ孔雀ノ尾、熊皮等ノ馬鎧掛サルモ有リ。何レモ金熨付ケノ太刀大小ヲ佩《は》ク（中略）。公ノ御通リニ至テハ、見物ノ輩、声々ニ褒美賛歎シテ、人ノ言語ヲモ聞得サル体ナリ。京童ノ諺ニ、伊達者ト云ヒ習ハシ、此ヨリシテ、伊達ヲスルト云フ詞ハ始マレリト云フ。

（『伊達成実記』）

ここには伊達の一行が、その豪華さで、いかに京都の人々を驚嘆させたかが書かれており、「伊達（な）」という語が、この行進の印象から発していることがよくわかる。支倉もこの中にいたのである。彼らは京都から博多へ行き、ついで名護屋《なごや》（現・佐賀県唐津市）に着陣し、そこでしばらく待機して、翌文禄二年に朝鮮へ向かった。

すでに第一章で述べたように、大きな意味では日本が対スペインの防衛に関わっていたことを、総勢十五万人に及ぶ朝鮮出兵によって、この九州の名護屋でよく認識したに違いない。キリシタン宣教師に出会ったのも、この名護屋であっただろう。彼らが、禁教令が出ていたにもかかわらず、秀吉や徳川家康に会いに来ていたからである。そのとき、伊達政宗だけでなく、支倉自身も彼らを見ていたと考えられる。そして、彼らといずれは対決しなければならないということを、政宗はこの頃自覚したであろう。

しかし朝鮮出兵においては、伊達勢は最前線に出るのではなく、後陣を守る戦いであった。政宗一行は四月に釜山に上陸し、さらに蔚山《ウルサン》から梁山《ヤンサン》に移動した。支倉もまた鉄砲を武器として戦った。この年は戦線が後退しており、伊達勢は九月には釜山を離れ帰日することになった。この戦いの経験は、伊達ばかりでなく、支倉自身にとっても、初めての海外体験として、遣欧使節に先立つよい経験となったに違いない。このとき支倉は与市の名で二十三歳になっていた。

そして帰国後、慶長元年（一五九六）に養父時正に子供が生まれたこともあって、彼は胆沢郡小山や加美郡一関村の土地も分与され、支倉家の分家として独り立ちすることになる。この頃、松尾木工《まつおもく》の娘と結婚し、一男一女をもうけた。その長男が勘三郎で、慶長三年頃に生まれている。支倉が二十八歳の頃である。もっともその後、支倉は、松浦家の女性とも結婚して一女を、また富塚重頼の妻女から一男を得ており、都合四人の子どもがいたことになる。現存する支倉自筆の唯一の私信（勘三郎宛。二五〇～二五一頁参照）の頃、勘三郎はまだ少年だったが、寛永十七年（一六四〇）にキリシタンとして死んでいる。そして二男常道も一足早く寛永十五年（一六三八）に死没しているが、彼もまたキリシタンとなって一度は出奔している。このことは最後でまた語ることになるであろう。

父親の切腹

ところで実父常成は記録上は芳しい生涯を送った人物ではない。財産目当てで讒言《ざんげん》をして逆に幽閉の身になったり、最後は「不届きの義」（昭和六十年に発見された年代不明の伊達政宗書状）により切腹を申しつけられている。

支倉飛騨のこと、去年以来召し籠め分（おしこめること）にて指し置き候、しからば、此のうちいよいよもって不届きの義候の条、唯今申し付け候とて、腹をきらせ可く申し候、奉行に四竃《しかま》新介・中村備前に申し付く可く候、早々油断無く申し付く可く候、子に候六右衛門尉事も、親子之義に候間、命はたすけ、追失《ついしつ》申す可く候、謹言、

子細の義は、直に申し聞こゆ可く候、子に候者もけつしよに仕る可く候、但し、女子は子細無く追はなし申す可く候、以上

八月十二日　　　　政宗

茂庭石見綱元殿

（年代不明の伊達政宗書状）

この書簡の日付は何年の八月十二日か分からないので議論を呼んでいる。この書状で政宗は、常成の不届きに対して、腹を切らせることを命じ、その嫡子の支倉常長を追放しているのである。しかし常長も慶長十三年（一六〇八）においては、その「知行充行状」から、下胆沢に小山村に土地を六十

貫余得ていることがわかる。するとこの事件は、この年からかなり前だと推測できる。

しかし書状の自署と花押が、慶長十五年（一六一〇）のものと近似しているから、それに近い頃書かれたという推測もある（佐藤憲一「『支倉常長追放文書』の年代について」）。するとこの使節への抜擢が慶長十八年（一六一三）であるから、慶長十五年とすれば間近ということになり、慶長十三年の土地が再び没収されたことになる。五野井隆史氏はイエズス会のアンジェリス司祭の手紙を取り上げて、その記述が正しいとしている。すなわち、所領を没収した後、支倉を罰則の意味で使節にしたのだという説である。この文書はすでに第二章でも取り上げたが、聖フランシスコ会のソテロと支倉使節への憎悪に貫かれている。それに基づき、これが使節出発の数カ月前の出来事であったとし、その所領も没収されたがこの任命で急遽返還されたと、アマチの説と辻褄を合わせている。

五野井氏はアマチの『遣使録』から次の言葉を引いている。

国王は、彼の妻子が従者と共に、藩庁（仙台）から三日の距離にある所領から市（仙台）に来るように命じた。この理由は、彼らが市の近くに収入を得て奉公できるように藩庁から三里隔たっている一つの町と二つの村を彼に与えたからである。そこに彼らは自分たちの思うままに居ることができたが、それは、大使が得心して（ヨーロッパに）やって来ることができるよう、国王が計らったことである。

（アマチ『遣使録』第十二章／五野井隆史『支倉常長』）

これが意味するところは、追放された後、あらたに土地をあてがわれたのではなく、大使として任命されて、かつての土地から新たに仙台に近いところに所領を移させたという意味ととるべきである。むろんここには、追放されたなどとは書いていない。

五野井氏は政宗の書状の八月十五日が、アンジェリスの「数カ月前」という記述から、慶長十八年（一六一三）のものだ、と考えている。すると彼の追放は九月十五日の出発の一カ月前のことで、支倉がそれ以後に任命されたことになり、無理な想定となる。しかし氏は「常長は使者任命から出帆までの一月の間に土地を取り上げられた上に追放され、そしてまもなく所領を回復した。この間、彼の消息は不明である」と述べる。ソテロが彼の追放の件は知らなかったというが、もし一カ月前のことなら、ソテロが知らないはずはない。しかしすぐにこの無理な想定は打ち消して、その前年ではないかと述べているが、一年前のことでも、ソテロが知らないとは思われない。ソテロの政宗との交流は、もっと前からだったのである。

それよりも、この事件はすでに遠く過去のことと考えるべきである。しかもそれは特別に重要な事件だとは考えられなかったからであろう。支倉が「罪人の子」である、などというイメージが忘れられているからこそ、彼が大使に任命されたはずである。それに「罪人」の親と、その子は別であり、一度は追放はされたが、佐々木和博氏の研究にあるように、切腹させられた父の土地を、支倉はもらっているのである（「宮城県大和町西嵐所在の五輪塔」）。佐藤氏の言う花押が似ていることは決め手にはならない。

五野井氏は、支倉が追放されたにもかかわらず抜擢されたのは、この使節が航海による苦労が多く、それ自体、追放と同じことだという解釈をしているが、それもおかしなものである。徳川幕府の大工を呼び寄せて、あの巨大な「サン・ファン・バウティスタ号」を造らせ、百五十人もの多数の日本人をのせた使節の大使にしたことが、追放と同じ罰則の意味をもっているのだろうか。アンジェリス司祭は、支倉使節が出発した後、幕府のキリシタン弾圧の中で、伊達政宗を頼って仙台にやって来ている。そしてイエズス会系のキリシタン後藤寿庵《じゅあん》にも会っているのであるが、この後藤寿庵も支倉使節を非難していた。

これまでの支倉の研究が、使節の意義や成果に否定的なのは、多くはイエズス会の史料を鵜呑みにしているからである。これはイエズス会が日本で創立した上智大学系の研究者、松田毅一氏や五野井氏らの共通するところといってよい。このアンジェリスも、同じ手紙で、政宗がキリスト教徒とは関係のない現世主義者であることを非難していることはすでに述べた。この使節が、反イエズス教的な活動をしていることに我慢がならないのである。

政宗による抜擢

支倉は仙台藩では家格が百七十番目程で、中堅の武士であった。アマチの『遣使録』によると、支倉の先祖は都から来た由緒ある家で、格式も高く、所領も多いと書かれ、また鉄砲隊長を務め、知恵ありて、軍事にも政治にも長じていた、彼を選んだことは当然である、と述べられている。この記事も長く旅を共にして支倉自身から聞いたものであろうが、そのような人格を彼の中に実感していたのであろう。そして注目されるのは、ここまで、彼がキリスト教と関係したことは一切書かれていないことである。彼の使節への抜擢は、キリスト教とは無関係であったことが推測される。セビリア市のバルテ商業会議所長は、支倉が「尊敬に値し、落ち着いていて、智慧があり、談話に巧みで、謙譲な人物である」と書いており、またソテロも、ローマでの支倉の話は大変好評で、だれもがそれを理解し能力のあることを認めた、と語っている。つまり、この使節の代表になるにふさわしい能力を持ち合わせていたことを認めているのである。

行方不明の記録

ここで何度でも強調すべきなのは、支倉常長の十九冊の記録のことである。文化九年（一八一二）、大槻玄沢はこれらの冊子について、次のように書いている。

日本紙へ書いたもので、六右衛門らの覚書や聞書と見られる本である。決まりもあるので慌ただしく取り上げて読むこともしなかった。もっとも読んでも理解できることでもないであろう。しかしよくじっくり見れば、遍歴してきた国々のことがらのあらましを知ることができるであろう。奇怪なことをただ書いたものとも見えない。

（『金城秘韞』）

この冊子は仙台藩評定所切支丹改所にあったもので、支倉家にあったものが、寛永十七年（一六四〇）頃に没収されて保管されたものという（大槻文彦「伊達政宗南蛮通信事略」明治三十四年）。この記述以後、この十九冊の存在は確認できないが、明治十二年頃まで支倉の和洋暦対比の年譜と手記が大小十九冊あったという。

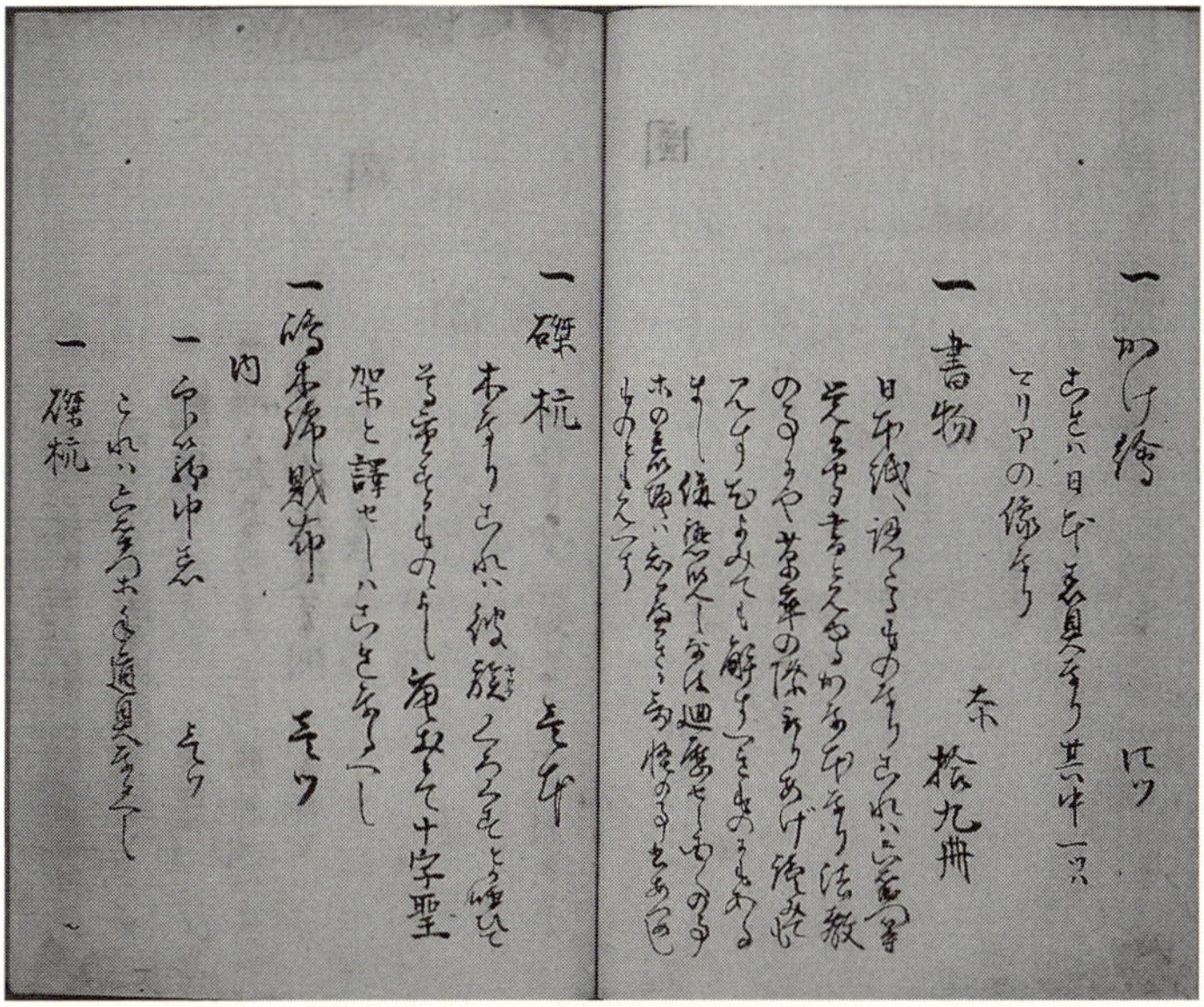

図3−1　大槻玄沢『金城秘韞』部分（早稲田大学図書館蔵）

繰り返し言うが、もしこれが残っていたとすると、日本人が書いた世界見聞記の最初の書となるばかりでなく、東洋人が書いた「大航海時代」の貴重な書物になることは間違いない。そこには、現存している彼の手紙同様に簡潔なものであっただろうが、彼が直接見聞したこと、各地での折衝の模様、人々の動向などが書きとめられていたであろう。また、たゆみなく書き続けたその持続力は、それだけで支倉の知性と好奇心、そして責任感を示すものであろう。あるいは、そこには秘密情報もあって、それが、この冊子の行方不明の原因だったかもしれない。

武士道を示した支倉

一方、支倉常長の自筆の手紙は、帰路のメキシコで受け取った長男勘三郎からの手紙への返事としてフィリピンから書き送ったものであるが、それは支倉の人となりを知る上で興味深い。これについて詳しくは第七章で紹介する（二五〇〜二五二頁）。ただここで言えることは、これまでの血筋が一貫して武士の家であった彼の手紙には、日本人の「武士道」の体現が感じられる、まさに世界に雄飛したこの人物が、「武士道精神」で貫かれていた、ということである。すなわち、「武士道といふは死ぬことと見つけたり」（『葉隠』）という精神である。主君の命を受けた支倉が、困難な船旅と未知の世界に果敢にうち進むことができたのも、この「死ぬこと」を決して厭わない精神があったからである。支倉常長は「罪人の子」として死罪の運命にあったのを、その命を救うために選んだのだという説があるが、もともと支倉自身に死を賭ける精神があったのである。むろん『葉隠』は十八世紀初頭に書かれたものだが、この「武士道」はすでに鎌倉時代から戦国時代を通して貫かれていたものであり、支倉常長は武士道の何たるかを十分承知していたはずである。ローマで描かれた武士姿の肖像画群を見ると、外国画家が描いたものでありながら、彼らの落ち着きぶりからは「死」を覚悟した武士の姿という印象を受ける。

版画を含む数多くの肖像画が描かれたことは、この使節が一時的にせよ、大きな成果を挙げたと評価されたし、その重要性が認識されたことの証である。西洋ではっきりとその使節を記憶に止めようとして多くの記念画が残された。その内容からも、支倉自身の個人的な資質や勇気が讃えられたことを物語っている。

ところがすでに述べたように、日本では、支倉使節はキリシタンだったから帰国後は評価されなかったと見なし、「失敗の使節」とも「悲運の使節」とも言われてきた。使節の目的であった法王庁から仙台藩への宣教師派遣もスペインとの通商の許可も得られなかったから、とされる。しかし、第一章で述べた「大航海時代」という西洋の東洋侵略の大情況を考えると、これが日本、ひいてはアジアからの反抗ののろしだったことが理解できる。それも直接、外交交渉という手段で訴えたことは、日本の文明国としての存在を明確にしたものといってよい。その大きな仕事を成し遂げようとしたこの使節は、もっと評価されなくてはならないのだ。

松田毅一氏は伊達の書状の「宣教師を奥州に派遣されたい、大いに布教を歓迎する」という記述の虚偽に言及し、「日本人の恥を海外に曝《さら》し、日本人為政者の言は信用がおけぬということを立証したことになる」(松田毅一『伊達政宗の遺欧使節』)など道徳的に責めてさえいる。そして使節が帰国した時にはキリシタン弾圧が激しく、キリシタンとなった支倉は何の慰労もされず失意の中で死んだとしている。おそらくこの評価は姉崎正治《あねさきまさはる》氏の『切支丹伝道の興廃』における評価を受け継いでいるのであろう。そこでは「政宗の壮図などといふ人もあるが、事実の真相を考へない空言、廉価の英雄崇拝に外ならぬ」などと批判されていた。その批判はイエズス会のソテロ非難をそのまま受け入れているものであり、狭量な批判というべきものである。

支倉は、政宗の抜擢により、明治以前の唯一の遺欧使節の長となって、世界の歴史に雄飛することになった。日本では視野の狭い歴史家たちによって、誤って「悲劇の」もしくは「失敗した」使節として等閑視されてきたが、彼が二十人もの日本人を率いて、二つの大洋を渡り、スペイン・ローマを訪れた、という世界史的な事実は高く評価されなければならない。この西洋人の「大航海時代」に、東洋から勇躍、西洋に訪れ、時の最高権威であるスペイン国王やローマ法王と会談し、日本の存在を知らしめたことの意義は、決して軽視してよいはずがない。そもそも、この非西洋人の使節が、無事二つの大洋を渡り、日本に帰還したこと自体、この時代にあっては奇蹟的なことだったのである。

2　関西・江戸からの参加

これまで支倉使節といえば、悲劇の使節であり、西洋からの布教、通商の目的をすべて遂げられず、帰国後もキリシタン弾圧の中で、歴史上からも忘却されたというのが定説である。しかしそれはほとんどこの使節の歴史的事実を看過した、日本の歴史家の未熟な解釈にすぎない。

国家的使節

これまで述べてきたように、この使節は、伊達だけではなく、徳川の使節でもあり、ある意味で国家的規模のものであった。この使節のために全国から選ばれた商人が参集し、支倉自身、軍事の精通者であったし、向井将監のような船の専門家なども参加し、ひとつの西洋偵察部隊を構成していた。出発のときの百五十人（他にスペイン人三十人）のうちメキシコで折り返した者が多かったが、ローマまで至った日本人は、支倉だけでなく十五人もいたのである。これによって西洋により支配されつつあった世界に、逆に日本から積極的に働きかけるという目的をもつ大部隊であったことが確認できる。

少年使節の四人と比べてもこれにかかる費用が、いかに多かったかは想像に難くない。なるほど彼らがどのような目的で行ったかについて明確に書かれた史料は必ずしも多くはない。ただ史料の乏しさは歴史には普通であり、歴史家はそこから推理しなければならない。

この使節への否定派というべき研究者の共通点は、イエズス会のアンジェリス神父の一六一六年や一六一九年の手紙を重視する点である。その手紙はイエズス会の立場を明確にしたもので、同じ会派の後藤寿庵の言葉を引用し、この使節の無益を強調する。まず支倉が罪人の子であると言い、ソテロの行為を最初から非難している。また後藤がソテロを政宗に引き合わせたにもかかわらず、秘かに政宗にナベッタ（連絡船）を造らせ、それでスペイン国王とローマ法王の下に遣わすことを決めてしまったと述べている。

しかしソテロはすでに江戸で政宗に会っていたからこそ、後藤の知らないところで船の建設ができたのであり、明らかにこの後藤の言葉は虚言であることがわかる。彼の紹介で出会ったのではないのである。この時にすでに徳川の許可を得ていなければ、「サン・ファン・バウティスタ号」の造船は不可能であり、四月五日に政宗が江戸へ発ったのも、あくまで徳川方との話し合いが目的であり、またローマ法王への贈り物を受け取るためだったのである。

ソテロの行動

ソテロは、四月以降、江戸の聖フランシスコ会の教会の再建のために江戸に戻り、政宗との出会いのきっかけとなった病院（浅草鳥越にあった）の敷地に小教会を建設した。このことも、ソテロが今回、この使節のことで徳川、伊達と協力したおかげであり、本来ならキリシタン弾圧の中ではできなかったことである。事実その前年、その教会は幕府によって撤去されていたものであった。

ただし五月十二日に落成式が行なわれた後、他のキリシタンの再興を恐れた幕府が、ソテロを改めて捕らえて牢に拘禁したことも事実である。そして江戸のキリシタンの中心であった笹田ミゲルほか七名を処刑したのであった。しかしソテロは処刑を免ぜられている。アマチの『遣使録』にあるように、徳川や伊達から使節を依頼されていた、その特権を利用したと言ってよいであろう。

伊達と徳川の打ち合わせ

伊達は徳川との打ち合わせを終わって七月十七日に仙台に帰っている。それ以後、ソテロとたびたび会っており、この使節の準備を着々と行なった。

八月一日に「南蛮人阿牟自牟《あむじん》（按針）」が伊達に「猩々緋《しょうじょうひ》」（船来の陣羽織）を献上していると、『伊達貞山治家記録』にある。この南蛮人が誰であるかわからないが、ビスカイーノがすでに来ていた可能性がある。というのも八月二十一日にソテロ（『真山記』では「そてろ」、『伊達貞山治家記録』では「楚天呂」）が、伊達に会見したことが明記されており、ソテロの存在がクローズ・アップされているのである。年の頃六十歳余りで従者二十四、五人を伴っていたというのも、ソテロがそれだけ年取って見えたのであろう。また、その従者の多さは、その中にビスカイーノ一行も入っていたと考えることもできる。彼はソテロの主導にいまいましく思っていたが、それ以外にメキシコに行く手立てがないので、従わざるをえなかったのである。この情況の中に、第一章で述べたスペインの日本侵略の試みが終焉し、融和政策に代わらざるをえなかったという経緯を見ることができる。

ソテロは九月一日にまた伊達と会い、書状を日本語、ラテン語の両方で書くことの最終的な打ち合わせをしており、その結果、四日付で、スペイン国王やローマ法王に宛てた書状七通が作成されている。その和文、ラテン文の両方を突き合わせてみると、実に正確な翻訳を行なっており、ソテロの日本語理解が深いことがわかる。

おそらくこの頃、それまで単に「黒船」と呼ばれていたこの船は、ソテロらによって、「洗礼者ヨハネ」にちなんで、「サン・ファン・バウティスタ号」と名づけられることになった。キリストの先駆者という意味である。しかし日本側の記録文書にその名はなく、日本人にとってはあくまで「黒船」であり、西洋へ向かう南蛮風の大船であった。

集まった人々　こうして慶長十八年九月十五日（一六一三年十月二十七日。以降、日本に帰国するまで断りのない限り西洋暦）という出発の日まで、月の浦には「サン・ファン・バウティスタ号」に乗ろうと沢山の人々が集まった。

史料として『真山記』と『伊達貞山治家記録』を総合すると、まずは支倉常長とその一行、今泉令史、松木忠作（この二人はメキシコまで）、西九助、田中太郎右衛門、内藤半十郎、その他に九右衛門、内蔵丞、主殿、吉内、久次、金蔵がいた。またソテロとその随行者マルティネス、船の建造を監督したと思われるマティアスもいたし、これらに記されていない仙台藩の人々もいた。次に幕府の船手奉行、向井将監の一行十人、スペイン人ではその他、ビスカイーノ一行が四十人ほどいた。さらに、推定では百人ほどの商人たちが荷物数百個を持って全国から来ており、総勢は百八十人余であった。

また使節がローマで提出したキリシタンの連名の書簡があるが、この船の出帆が関西にまで知られていたことは、摂津国の堺から伊丹宗味《いたみそうみ》、山城国の京都から滝野嘉兵衛、尾張国の名古屋から野間半兵衛が加わっていたことによりわかる。それに小寺外記《げき》という人物がおり、これら四人はローマまで行った人々であり、最後の小寺は支倉の書記であったと考えられるが、彼を除くとすべて「南蛮」商人であった。

図3-2　復元船「サン・ファン・バウティスタ号」
（宮城県慶長使節船ミュージアム蔵）

図3-3　月の浦湾（宮城県石巻市）

とくに伊丹宗味は朱印船貿易を扱う堺の豪商であり、慶長九年（一六〇四）には家康から朱印状を下付されている。彼はペドロの洗礼名をもつキリシタン商人であるが、堺はキリシタンが多く、彼もその影響を受けていたのであろう。このような人物がいることは、この一行が全国規模のものだった証である。このことは強調されなければならない。

この陣容を見ると、まず西欧との通商に関心をもつ各地の商人たちが加わり、大半を占めている支倉をはじめとする武士たちが、軍事的、政治的な調査を担当していたことが考えられる。とくにローマ市公民権証をもらった五人の内の一人となっている小寺外記は、商人ではなく武士であり、軍事調査を主目的としていたのではないかと推測される。ただ、この武士は仙台藩に該当する者はなく、いまだ謎となっている。

幕府からの贈り物

徳川幕府からは具足《ぐそく》（道具類）や屛風が、贈り物としてこの使節に与えられている。また幕府の船手奉行、向井将監の一行十人が乗船しており、彼らが「サン・ファン・バウティスタ号」の整備をするとともに、メキシコにおいて、スペイン人の造船技術をさらに習得することを期待されていたのであろう。むろん支倉自身、朝鮮への遠征に加わり、鉄砲隊にいたから、当然軍事技術の視察を担わされていたであろう。失われた十九冊の記録には、その情報が書かれていたことであろう。彼らをまとめてソテロとともに、大旅行を主導するだけの大きな裁量が見込まれていたと考えられる。ローマまで行ったのは二十人であったが、そこには幕府と仙台藩、そして当時の日本という国の意志によって送られたものであることがわかる。ソテロの要望でキリシタンの装いはすれども、単なる宗教使節ではなかったのである。

ボルゲーゼ宮にあるクロード・ドゥルエの「支倉常長像」（口絵1頁）には、その右に「サン・ファン・バウティスタ号」の雄姿が描かれているが、その下に、この船を見送る日本人の男女の後ろ姿が描かれている。いかにもこの壮挙を讃えるかのようである。日本人だと分かるのは、彼らが着物を着ているからであるが、ドゥルエが日本人を想定して描きこんだに違いない。実際には見送る一行の中心に、伊達政宗自身もいたに違いない。これは私が見出したのだが、画中の船尾には伊達家の九曜紋、そしてマストには支倉家の「逆さ卍《まんじ》に違い矢」の家紋の旗がはためいているのである。キリスト教の船であることを示すものは何も描かれていない。船腹の大砲には白い煙が見え、出帆の祝砲を打っていることがわかる。その情景には文明国・日本の自信があふれているように見える。何しろ短期間で、太平洋を邁進できる、この日本史上最大の五〇〇トンの船を作り上げ、そして全国からの冒険者を集め、勇躍出発するのであるから。

3 太平洋を渡ってメキシコへ

月の浦を出発

船は早朝三時半、満潮時に月の浦から出帆した。月の浦は北緯三八度二五分にあり、航海の緯度は三一度から四四度までの範囲が太平洋横断に都合がよいので、まさにうってつけの港だったのである。航海はしばらく天候に恵まれ、順調に行った。「金銀島探し」に日本にやって来て帰れなくなったビスカイーノは、その夢を未だ捨て切れず、この船が「金銀島」の発見に向かった、などと『探険報告』に書いている。しかし宣教師ソテロが「好むだけの日本人を船に乗せて、自ら司令官を以て任じた」ので、自分は単に「船客として乗り込んだ」にすぎないとも書いている。侵略者の一端を担った彼自身の役割はもう無く、嫉妬の目で見る傍観者にすぎなかった。

その後暴風雨に遭い、三カ月の船旅の後十二月二十六日、メキシコのメンドシノ岬の沖にたどり着いた。ペストや壊血病も発生しなかったのは、食糧や水を十分に準備していたからであるが、すでに太平洋航路の体験がスペイン人だけでなく、日本人にあったからである。慶長十五年（一六一〇）徳川家康の命でイギリス人ウィリアム・アダムスの指導で建造した一二〇トンの帆船が日本船として初めて横断したが、それは片道だけであった。また徳川秀忠が建造した船も慶長十七年にメキシコに向かおうとしたが出航直後に擱座《かくざ》（座礁）してしまった。それゆえ五〇〇トンもあるガレオン船「サン・ファン・バウティスタ号」の横断はまさに快挙と言ってよい。この船は二度も往復するのである。

この船はさらに、海岸沿いに南下して一月二十二日にサカトラ港（現存せず）に入り、そこから三五〇キロのアカプルコ港に二十五日到着した。

スペイン人の航路発見

この太平洋航路はスペイン人によって開発されていたものである。その歴史を見ると、地球の三分の一を占める大海原は、すでに触れたように、まず一五二〇年にポルトガル人のマゼランによって二万二千キロの距離が横断されていた。スペインは一五一九年にメキシコを占領をし「ヌエーヴァ・エスパーニャ」（新スペイン）と命名したあと（「メキシコ」の名になったのは一八二一年のことである）、一五二九年にスペインとポルトガルの間で結んだサラゴサ条約により、太平洋上に一線を画し、西がスペイン、東がポルトガルとした。西周りのスペイン人はメキシコ側から太平洋を越える試みを行なった。すでに述べたように一五六四年レガスピの艦隊がフィリピンのセブ島に到達し、その後一五七〇年にマニラを占領して植民地化した。

「サン・ファン・バウティスタ号」はまさに、その逆に航海したのである。フィリピンからメキシコへの航海路は難しく、スペイン国王とメキシコ副王はその航路の発見者にはどんな報酬も出すと約束をしたほどであった。一五六五年七月レガスピの艦隊を脱走した船が北緯四〇度あたりを帆走しメキシコのナビダードに入港した。食糧も水も欠乏し、ペストや壊血病も発生して、やっとのことで到着したという。また同じレガスピの艦隊のウルダネータは同じ年西北西の風を求めて進み日本の犬吠《いぬぼう》崎《さき》をかすめて北進し、やはり北緯四〇度に至って北西風に乗り、四カ月の航海の後、アカプルコ港に到着した。この二つの成功の達成はわずか二カ月の差にすぎなかった。その後もスペイン船が往復していたが、台風などの危険もあって苦労が多かった。この航路を「サン・ファン・バウティスタ号」は進んだのである。

アカプルコでの歓迎

さてアカプルコに着いた支倉一行が、大歓迎されたか、そうでなかったかについては二つの史料がある。まずアマチの『遣使録』には、次のように書かれている。

図3－4　アカプルコ港（18世紀の版画）

アカプルコにおいて、壮麗な船が入港するのを見、そこにキリスト教徒の聖なる父、法王、並びにイスパニヤ国王陛下への使節がそれに乗りこんでいることを聞いて、港の管理当局は出来るだけの歓待を尽くすことを決した。船が岸に近付くと、祝砲が数多く打たれ、平和の意志を示し、港より大砲や、多数の長銃を発射された。一行が上陸すると、喇叭《ラッパ》と太鼓が迎え、盛大な儀式を取り行われた。離宮に泊まらせ、闘牛やその他の催しにより歓迎の意が表されたので、一行は大いに喜んだ。

要塞の司令官はすぐにメキシコの総督に一行の到着を報じ、総督は旅の諸般の便宜を与え、一行をメキシコ市に送るよう命じた。また司令官はまず船の係官に船の中の売るべき商品の目録を作ることを命じた。そして多数の馬に引かせた馬車で、使節一行を陸路でメキシコ市に送った。その途中の町村においては一行通過の際に、凱旋門を作り、あるいは沿道の家より美麗なる金襴の織物、及び毛氈《もうせん》を飾り、騎馬の紳士、および警護の兵士、喇叭及び太鼓を鳴らして一行を迎え、先導となって進行せしめた。どこでも離宮に宿泊させ、丁重に待遇し、一行はこのように安全にメキシコ市に到着した。

使節の一行がメキシコ市に近づくと、総督は聖フランシスコ教会の近くの大きな家を旅館にして彼らを泊めるのを命じた。到着のときは盛大に歓迎し、貴族、紳士、大司教、高等法院裁判官、その他爵位のあるものは皆訪問した。一行がメキシコ市に入った時には、聖なる週間にあたり、「キリストの埋葬」の行進があり、その他の儀式を見、人々が大変宗教的なのに打たれて、随員のうち七十八名が洗礼を志願し、聖フランシスコ教会で盛大なる儀式がとり行なわれた。大司教が堅信の礼を執り行い、上級の貴族が教父となった。日本の大使も洗礼を望んだが、大司教や宗務主任の勧告により、マドリードに行くまでこれを延期した。

（アマチ『遣使録』第十六章、第十七章／『大日本史料』第十二編之十二）

警戒された使節

この記述に対し、ソテロ自身の次のような言葉がある。それはスペイン国王に出されたもので、スペインにおける名誉ある待遇を望んだものである。その最後に「このように述べるのはメキシコにおいて、この使節に対しふさわしい待遇をしなかったからです。（中略）メキシコにおいて待遇がよくなかったのは、フィリピンの商人やその関係者が、自分らの利益のために、日本との交渉が開かれるのを嫌っていたからで、しきりに妨害をしたことを国王も知っていて欲しい」と書かれている。

おそらく両方の状態があったのであろう。大歓迎は受けたが、しかし警戒されたのである。まず着いて早々事件が起きた。それはメキシコ総督の一六一四年三月五日付の文書が伝えるもので、現地人がアカプルコ港で日本人たちと衝突し、日本人を虐待しようとした、というものである。これは先のソテロの話と対応しており、日本人一行が商品を持って来たのを見たフィリピン関係のスペイン商人たちが、取り上げようとしたと考えられる。まだメキシコと日本の通商は公認されていなかったのである。

そこでメキシコ総督は次のような命令を出している。

本年、新イスパニヤ国（メキシコ）に一艚《そう》の日本船が多くの日本人と商品を積んで到着した。この船は使節を乗せて来ているので、メキシコ市および国内の諸地方に赴くことを許可する必要がある。（中略）総督はここにイスパニヤ人だけでなく現地人およびその混淆人、黒人およびその混淆人を問わず、如何なる地位のものといえども、行為または言葉をもって、日本人に対抗し、彼らの意志に反してその商品を奪ったり、彼らが売りたいときにはいつ・どんな方法でも売る自由を奪ったりしてはならず、また日本人を虐待したり、不当な扱いをしてはならないと命ず。

（スペイン・セビリア市インド文書館文書／『大日本史料』第十二編之十二）

これは、一行が単に通商を求めて来ただけではなく、宣教師派遣など、スペインやローマまで赴き外交関係を確立する目的をもっていることを知り、外交的に保護する必要性を感じたのであろう。

伊達政宗はメキシコ総督宛に慶長十八年（一六一三）九月四日付の書簡を書いたが、ソテロがそれを手渡している。そこには仙台藩領内でキリスト教を布教させることを約束し、ソテロに三人の武士を付け、そのうち二人はメキシコから帰し、一人をヨーロッパまで遣わすことを述べている。またイエズス会の僧侶ではなく、メキシコにいる聖フランシスコ会のなかで「地方・聖福音書記」（プロヴィンチャ・デ・サント・エヴァンヘリオ）派の「戒律」（オプセルヴァンシャ）派の僧侶を送るように要請している。これはイエズス会と対立したソテロの指定であることは間違いない。教会を建てること、メキシコから遣わされて来た司令官ビスカイーノを乗せて帰すこと、スペイン国王フェリペ三世にも手紙を持たせ、日本の道具類のお土産を持たせたことも記している。そして航海の安全のため航海士を要求している。

この書簡はスペインのシマンカス文書館にスペイン語のものが残っているが、これにより総督もよく事情を理解したと思われる。そしてすでに詳しく引用した総督宛てのソテロによる長い覚書も提出したのである。この使節は緊急のものであって、スペイン国王が早く日本との貿易を許可すること、そうすれば決してキリシタン弾圧はないであろう、と日本の情勢を伝えてその早い回答を迫った。しかしメキシコ総督はそれを判断することはできなかったし、その覚書ほどの強さで、スペイン国王に伝える必然性を持たなかった。その優柔不断な態度を見たソテロは、さらにスペインまで行かねばならないと判断したに違いない。

武器の取り上げ

日本の使節がもつ武器は六人分にかぎり、それ以外の取り上げた武器は保管して帰国の際に返すという一六一四年三月四日の決定は、この一行とメキシコ人との間に争いがあったことを裏付けている。さらに日本人が多くの商品を積み込んでやって来、それを売ろうとしたことに対し、公の場所でそれを行なうことを許可していることも示唆的である。この船が沢山の商品を積み、直接メキシコで取引をしたいがためだったのである。三月五日の総督の言葉でも、この船には商品を搭載しており、使節のことは、その後にたまたま乗り合わせたにすぎないような書き方をしているように見える。このことは百五十人という大量の日本人がすべてヨーロッパまで行くつもりではなく、このメキシコへ商売をしに来たことを示唆するものである。

ようやく一六一四年五月二十二日付でスペイン国王宛てのメキシコ総督グワダルカサル侯の書簡が書かれた。そこにはソテロに対する敵意が見られ、彼の意見に対して懐疑の念が見られる。

　日本の事情に関してはすでに長文の報告書が提出されたが、その写しを同封します。日本の事情を詳しく知るにしたがって、ますます当地（メキシコ）と開こうとする通商に関して、特に熟考を要するのを感じました。特にアカプルコ港において起こった事件により、この事がいよいよはっきりしてきました。（中略）このような事件が再び起こることがないように、当国人（メキシコ人）には、日本人を厚遇することを命じ、日本人の武器を取り上げ、また持って来た武器の販売に関する命令を発し、アントニオ・デ・モルガ博士にこれに関する訴訟の審理を委任いたしました。

　フィリピン諸島より、日本に宣教師を送り、以前のように同地との交通を維持することはいいけれども、その他はまずこれを断るのが適当であると思います。

大使は同行の聖フランシスコ会ルイス・ソテロとともに、本年の艦隊に乗って、スペインに渡るでしょう。私の見るところでは、ソテロは分別のある人物ではないし、必要以上の行為をする人物です。ベラクルスの官憲に一行の便を図ることを命じました。つまりこの一行に対しては大歓迎はしなくても、相当の待遇をすべきだと認めましたからです。なお当地に残留する日本人、及び船の処分については陛下の命を待ちます。

（スペイン・セビリア市インド文書館文書／『大日本史料』第十二編之十二）

この見解は、すでに述べたビスカイーノの意見に影響を受けているもので、ソテロの活動が必要以上のものとしてとらえられている。

アカプルコで起きたメキシコ側と日本人の争いを見ると、もし日本との通商が許可されれば、現地の商人とますます競争せざるをえないことを懸念したのであろう。しかし、この日本使節を追い返すようなことをしなかったのは、やはりこれが一国の使節であり、宗教使節の側面も持っており、スペインとローマこそが目的地であることを承知していたからであろう。

4　メキシコ市へ

メキシコでの歓待

メキシコでの一行の姿を伝える史料としては現地の聖職者による「チマルパインの日記」（パリ国立図書館蔵）が知られているが、これはアステカ語のナウア語で書かれており、それをポルティリャ教授（メキシコ国立自治大学）がスペイン語に訳し、さらにそれを林屋永吉氏が和訳されている（「アステカ貴族の青年が見た支倉使節」）。チマルパインはアステカ王国チャルコの首長の子で、メキシコの聖フランシスコ会の修道院でキリスト教徒になり、スペイン語とナウア語で著作を残している（一五七九〜一六六〇頃）。ここに初めて支倉が日本国の皇帝の「特派大使」として記録に登場している。この皇帝とは徳川家の将軍のことであり、地方大名伊達の大使ではないと認識されていたことがわかる。

むろん支倉の十九冊の日誌が残されていないので、メキシコにおける情況を支倉がどのように見たかは分からないが、このチマルパインが明らかに現地人でありながら、キリスト教化されていることに、非キリスト教徒の支倉は違和感を感じたことであろう。ラス・カサスの『インディアスの破壊についての簡潔な報告』にあるように、スペイン人たちのインディオたちへの残虐な行為の結果は、この頃ではキリスト教化だけでなく、メティス（混血児）化や人口減少にも見えていたに違いない。日本人もこのようになってはならない、という思いがよぎったことであろう。支倉がメキシコで洗礼を受けなかったのには、その思いがあったから、という可能性も否定できない。

チマルパインの見方

チマルパインの日本の一行への見方には、何やらまぶしいものを見る思いを感じさせる。

一六一四年三月四日火曜日　本日、このメキシコ市にはじめて日本の貴族達が我らと近づきになるためにやってきた。太陽中天に在って十二の鐘の音がひびきわたる中を、彼らは馬上姿で町に入った。貴族達は徒歩の従者を先に立ててきたが、従者達は細長い黒い棒のようなものを手に高くかかげていた。見たところどうも槍のようだが、日本ではこのようにして主君を先導するのであろうか。彼らは、彼地で自分の家や道を歩く時に着ているような衣装を身につけ、長袍《トーガ》をはおってその上に帯をしめ、髪をうなじのところでくくり上げていた。

今回メキシコ市へ到着したのは僅か二十名で、日本国の皇帝が特に派遣された特派大使は途中にとどまり、やがてゆるゆると威厳を保ちながら、約一〇〇名の日本人の従者を伴いやってくるとのことである。

聖フランシスコ会派の我らの親愛な裸足の神父が、彼らの通訳を務めている。

これは二度目のことであるが、アカプルコの浜では日本の船から、彼らが将来した金属製品や、机や衣類が降ろされ、やがてこの地で売却されるとのことである。

またこの日本の船には、メキシコの住人であるスペイン人セバスティアン・ビスカイーノが乗ってきたが、彼はチーナのマニラ市総督として彼地に渡ったロドリーゴ・デ・ビベーロを送り届けてきた日本人達をつれ、約三年前に日本の様子を調べに彼地に赴いていたのである。

（「チマルパインの日記」／林屋永吉「アステカ貴族の青年が見た支倉使節」）

ここでは先程のメキシコ総督の言葉と異なり、支倉使節が日本の武者行列と同じように堂々とメキシコ市入りをしたことがわかる。その数は二十名ほどで、また商品の多くをメキシコ市まで持って来ていることを記している。これらローマへ向かう一行を除くと、日本人百二十人ほどが一六一五年四月まで一年以上メキシコにとどまることになる。

ビスカイーノの振る舞い　他方、ソテロと対立するビスカイーノの振る舞いは、ある意味でスペイン国王側の見解を代弁していた。しかしそれよりもソテロの交渉力が上回っていたと見るべきだろう。

一六一四年三月十七日、四旬節の月曜日　はじめて当国へ来た日本人達を送り届けに彼地に渡ったメキシコの住人セバスティアン・ビスカイーノが本日メキシコ市に到着した。セバスティアン・ビスカイーノは三年振りに帰ってきたが、彼は日本の偉大なる君が当国に送られた特派大使並びにその従者をはじめて案内してきた。（同前）

ここでビスカイーノのことが触れられている。いわゆる「金銀島探し」のことは知られていたのである。そして彼がこれら「特派大使」支倉を案内して来たことを伝え、ソテロは通訳にすぎないと見られていた。表面的にはビスカイーノはこの使節と仲よく振る舞っていたのであろう。しかし第一章で述べたようにビスカイーノは、ソテロと使節についての非難の手紙を国王フェリペ三世に宛てて出しているのである。

五野井氏は「使節一行に対する評価がメキシコにおいてははなはだ低かったことには決して理由がなかった訳ではなかった」として、日本では「キリスト教徒達に対して迫害がなされていたために、彼らは何も得ることがなかった」という言及を公式記録『メキシコの統治者達』から引いている（『支倉常長』）。だが支倉一行が問題にされたのは、日本とメキシコとの交易が始まるとメキシコ―フィリピン間の貿易に実害があるというスペイン側の利害においてであり、決して日本のキリスト教布教の迫害からではなかった。

この日本とメキシコの貿易にしても、スペイン国王はすでに家康の派遣したアロンソ・ムニョス神父が携えた書簡を受け入れ、メキシコから毎年一隻の船を派遣することと、両国の通交貿易を認める書簡を出していた（一六一三年六月十七日付）。しかし半年後には、日本でのキリスト教の禁教政策を理由に船の派遣をとりやめることが通達された（同年十二月二十九日付）。これはビスカイーノと、メキシコ副王からの書簡の影響によるもので、日本での禁教政策はひとつの口実であった。

ともあれ、メキシコにおける使節一行の評価は低かったわけではない。ソテロは通商さえうまくいけば、日本での布教が進展するという期待が強くあったのである。

メキシコ市に入る

こうして支倉一行は歓迎を受けながら、チルパンシンゴ、イグアラ、タスコ、クエルバカを通ってメキシコ市に入る。

一六一四年三月二十四日、聖月曜日　日本より派遣された特派大使が本日メキシコ市に到着した。

特使は聖フランシスコ修道院に落ち着いたが、当地で既に知られているとおり、彼はその主君、日本の皇帝の特使として当国に到来したものである。特使はこの地からローマに赴き法王パウロ五世に謁見し、如何に多くの日本人がキリスト教徒になることを欲し、洗礼を受け、聖体を授けられて我らの聖なる母、ローマ教会の愛児となることを願っているかを報告に赴くのである。（同前）

ここでは単純に宗教使節であるととらえられている。これはチマルパイン自身が聖職者であるから当然であろう。しかし同時に商人たちの存在も記している。

一六一四年四月九日、火曜日　本日、聖フランシスコ教会において、二〇名の日本人が洗礼を受けた。管区長神父が代父の役をつとめた。特派大使は当地で洗礼を受けることを欲しなかったが、彼はスペインにおいて洗礼を受ける由である。（同前）

その後、四月二十日にさらに二十二人が同じ教会で洗礼を受け、そして四月二十五日には都合六十三人の日本人と、一人の貴族（武士）が堅信の秘蹟を受けた、と書いている。つまり九日、二十日以外にも二十二人洗礼を受けていたことになるが、アマチは七十八人が洗礼を受けたとし、他の史料（「奥州国並びにその国王」）には八十人と記されているから、実際はさらに多かったということだろう。

いずれにせよ、これら日本人一行が、もともとキリシタンではなく、こちらに来てから聖フランシスコ会のカトリック信者になったということを意味する。それはソテロの希望に沿ったことであり、またそうしなければこの旅を続行できないと一行が考えたからであろう。日本人の宗教心は神仏儒などの融合であり、柔軟なものであるから、このことでキリスト教徒として深く改心したと深刻にとる必要はないはずである。

スペインに向けて出発

メキシコまで行った日本人の使節は百五十人ほどであったが、ここでスペイン、ローマまで行く使節と、残る人々に分けられることになった。

一六一四年五月二十九日、木曜日　本日は聖なる秘蹟の祝日であるが、また、日本よりの特派大使がスペインへ向けて出発を開始する日でもある。こうして使節は出発するが、使節はその従者を二つに分け、幾人かを同伴し、残余を我らと共に暮すように当地に残した。商人達は彼らと商をするであろう。大使は出発に当り、メキシコで、その名は忘れたが、マルティネス博士の兄弟にあたるスペイン人を従者に加え連れて行くこととした。この男は軍隊に居る頃、彼地に住んだことがあり、日本語を解するので、副王の命により、使節の秘書をすることになったのである。（同前）

そして一行が、ローマ行き組と残留組の二つに分かれることも記されている。約百名の後続が来たことははっきり書いていないが、それら残留組が商人として商いをすると理解している。林屋永吉氏はこの残留組の一人と思われる福地寺右衛門という人物が、一六三四年にメキシコ中部のグアダハラで小売りの共同事業をしていることを指摘している。またマルティネスの兄弟という日本語を解するスペイン人の存在は、メキシコで日本人との取り引きが行なわれていたことも示唆している。この通訳は、ローマでもその名が記されているから、一行に加わったことが追認される。

このメキシコに残った者たちは大部分、翌年の一六一五年四月二十八日に「サン・ファン・バウティスタ号」で出発し、フィリピン経由で日本に戻っている。日本に直航することを禁じたのは、メキシコ―日本の直接の貿易を望まなかったスペイン側の意向である。国王フェリペ三世は、一六一四年十二月のメキシコ副王への書簡でそのことを厳命し、直航したら死刑に処すとさえ言っている。このことは、スペインが直航便により、日本人がメキシコ―日本の貿易路を知ってそれを利用することを極端に恐れていたことを示している。これがもし許可されていたら、日本―メキシコ貿易が発展し、場合によっては一六二〇年の「メイ・フラワー号」より早く、日本人の太平洋側からのアメリカ進出も可能だったかもしれない。スペインの植民地支配政策がここまで徹底していたことをよく示している、と言ってよいだろう。

なお、その「サン・ファン・バウティスタ号」には、徳川幕府に対するスペイン国王の返礼使のサンタ・カタリーナ神父が同乗していた。しかし彼は二代将軍徳川秀忠に謁見を拒否されている。

さて、ローマに向かう支倉の一行の方は、五月二十九日メキシコ市を出発し、大西洋を越えるべくベラクルスのウルワ港に向かった。この時の人数は支倉、ソテロ神父など三十名余りであったというが、この数はローマ到着の数の二十名余りと十名の差があることは記憶に留めなければならない。立ち寄った市や村で大歓迎を受けたとアマチの『遣使録』にあるが、聖フランシスコ会の教会堂関係が積極的だったことだけは確かであろう。彼らの滞在所は常に、ソテロの属する聖フランシスコ会の修道院であった。

そのうちの一つ、クエルバカの聖フランシスコ修道院には、長崎の二十六聖人の殉教図が描かれていた。豊臣秀吉によるこの一五九七年のキリシタン迫害事件は、すでにメキシコに知られており、十七世紀初めにはこの図が制作されている。左右六〇メートル、高さ八メートルのこの大作は、彼ら一行の眼を引きつけたに違いない。

一六一四年七月十日（『遣使録』では六月十日）、一行はウルワ港を、ドン・アントニオ・デ・オケンドの艦隊に乗船して出発し、キューバのハバナに向かった。途中、暴風雨に見舞われたが七月二十三日に到着している。ここでドン・ロペス・デ・メンダリス司令官の指揮下の艦隊に乗り込み、八月七日にハバナ港を出帆した。

日本人初めての大西洋横断である。ハバナからスペインのサン・ルカルまでは六十日かかった。これは、コロンブスがジパングをめざして逆から大西洋を横断した約七十日の日数より十日早い。まさにそのジパングからの日本人一行が、コロンブスの百二十三年後にスペインに向かったことになる。

第四章　スペイン国王のもとでの盛大な洗礼式

1　セビリアにて

支倉、西洋の歴史に入る

「尊敬に値し、落ち着いていて、智慧があり、談話に巧みで、謙譲な人物である」（セビリア市バルテ商業会議所長の言葉／スペイン・セビリヤ市インド文書館文書／『大日本史料』第十二編之十二）と支倉常長はスペインで評されている。この言葉は、単なるお世辞以上の信頼関係を打ち立てた重要な指標と取ることができる。言葉は通じなくとも、他国の人々に信頼と尊敬を与えたのである。これだけでも外交官として成功したといえよう。とくにこの旅行そのものが、訪問国の好意によって（相手国から旅費を与えられて）、次々と訪問していくものであり、そのために、彼らがそれに値すると思わせなければならない。支倉が、主君伊達政宗に愛されただけでなく、これら外国の高官からも「尊敬に値する人物」と見なされ、最大のもてなしをされたことは重要なことである。メキシコからスペインにやって来られたのも、ソテロの努力だけでなく、大使支倉の人格によるところが大きい。

一六一四年十月五日、一行はスペインのサン・ルカル港に到着した。土地の貴族シドニア公が彼らを大歓迎した。「わが国王陛下のもとに来る外国人に対して、自国人に対するよりもさらに尽くすことは臣下の務めであるから」と、シドニア公は、メキシコから三十人の随員を従えてやって来た日本の大使らを迎えた旨、宰相レルマ公に報告している。

このシドニア公はもともとアンダルシア地方の名家の出で、コロンブスもマゼランもこの貴族の祖先のもとに立ち寄っていた。もっとも、支倉らを迎えたシドニア公は、一五八八年にイギリスに撃破されたスペイン無敵艦隊の悲劇の提督でもあった。開戦直前に前任のサンタ・クルス伯が急死し、経験のないシドニア公が率いたものの、イギリスの焼き討ち戦法に敗れたのであった。以後スペインは西洋史の中で後退していくものの、このときは東洋人の到着に、西洋の主導国の一員として感動したことであろう。この貴族が日本からの大使を迎えたことは、使節にとって東西の出会いとして意義深いものと言ってよい。まさに支倉使節は西洋の歴史の中に入っていったのである。

ソテロの兄弟が来る

支倉一行はセビリア市の指示で、二隻の船に乗ってグワダルキビル河を上ってコリアに行き、そこでも大歓迎を受けた。すでにセビリア市からソテロの兄弟が迎えに来ていたのである。アマチの『遣使録』によれば、一行はセビリア市の好意でここで衣服を新調し、必要なものを補給することができたという。この大歓迎ぶりは、この地に「ハポン（＝

日本）」の名を家族名につけた人々が現在も千人以上いることの背景のひとつであろう。

一行は、まずここで長い船の旅を終え、休息をとることができた。ここに着いた人数が三十人ほどであり（うち日本人は二五名ほど）、ローマに到着した人員が二十名ほど（日本人は十六名）に減っていることを考えると、船旅で病人も出ていただろうし、数人ほどここで残り、待機したと考えることができる。ここで使節の帰りを待って共に日本に帰った者もいたであろう。例えば帰途、メキシコで逃亡したという「足軽」の清八、一助、大助の名はローマに着いた一行にはないから、ここで待機していたと考えられる。彼らがメキシコで待っていた可能性もあるが、それなら一行がメキシコに帰ってから逃げたことになるから、考えにくい。スペインには「ハポン」姓があり、日本人の子孫と名乗っていることから、そのまま永住してしまったと推測できるのである。

十月二十一日　セビリア市から大使やソテロ神父を迎えるために馬車、馬、兵士、貴族などがコリアに向かって来た。彼らとともに使節はコリアを出発したが、セビリア市から六キロのところまで騎士たちや大勢の人々が出迎えに来たので、一行は大変喜んだ。トリヤナに至って、橋を渡る頃には、馬車及び騎士、ならびに各種の人々が多数行列に参加しようとして、警備兵もこれを制止することが出来なかったほどであった。市長サルバチェルフ伯や貴族たち、市参事会員、騎士などを従えて迎えた。ここにおいて日本の大使は馬車より降りて、護衛の指揮官とともに、華麗なる日本服を着て馬にまたがり、市長と警備隊長との間を進み、トリヤナ門を過ぎ、大通りを進んでアルカサルに至った。アルカサル宮殿には美しい装飾を施し、国王の部屋を、大使とその随員の用に供した。市長は大使に向かい、大司教及び司教会議をはじめ、全市が、セビリア市出身のソテロ神父の尽力により、聖なる教会の光栄となり、また多くの霊魂を幸福にする、この使節を派遣するに至ったことを喜び、一行がマドリードに出発するまで厚く待遇しようとすると述べた。大使はこのような名誉の待遇を感謝し、主君である国王（伊達政宗）がセビリア市の名高いことを伝え聞き、その好意を表すために特に彼を同市に派遣したことを述べ、接見の日時を尋ねた。

（アマチ『遣使録』第十八章／『大日本史料』第十二編之十二）

セビリア市の歓迎は、ソテロの出身地だったことにもよるが、何よりもこの都市が新世界に開かれた都市だったからである。アメリカと呼ばれる新天地を征服していこうとしたヨーロッパ人たちの根拠地でもあったのだ。これまでアメリカの被征服者たち（インディアンたち）が白人に連れられて奴隷としてヨーロッパにやって来たことはあっても、このようなかたちで非白人がこの地にやって来ることはなかったのである。まずは異例の外交使節として、彼らはこの使節を大歓迎したと言えよう。

市長との会見

市長への接見は十月二十七日であった。支倉大使は随員を伴って市庁を訪れた。門で出迎えを受け、入ると支倉はソテロとともに上席に座り、伊達政宗が託した書簡とほぼ同じ内容をまず口頭で語った。そしてセビリア市長宛ての書簡を捧げた。慶長十八年九月四日（一六一三年十月十七日）に書かれた七通の書簡の一つで、政宗自筆の署名、花押、印影がある。紙面には草模様をあしらい、金銀の箔が水の流れのように蒔《ま》かれている。

神の特別の御摂理により、ルイス・ソテロ神父が私の領国にみえ、聖なる教えの優れていることを拝聴し、それが神聖で正しい教えであり、救霊の真の道であるとわかりましたので、私はこの教えに従い、キリスト教徒になることを希望しました。然し、現在のところ差し障りがありますので、身分の高きも低きも家臣ことごとくをキリスト教徒にしたいと思っております。このためルイス・ソテロ神父に、支倉六右衛門と申す当家の武士を伴って強大なイスパニア国王並びにキリスト教徒の支配者である法王のもとに参り、ご両所を敬い、当方の希望を申し上げ、また当方といたしましては、成果をあげるための命をいただきたく懇願することを依頼いたしました。

貴市が広大で繁栄していること及びルイス・ソテロ神父の故郷であることを聞き及び、貴市に対し心から特別大きな愛情を懐くものであります。私がこのように感じ入るに至りました主な原因は、当領国に神の御教えと真実の道を伝えた最初の人は、貴市という心の広い根から芽生えた枝であるからであります。したがって、神に感謝するとともに貴市にお礼申し上げなくては、相済まぬことと存じます。よってくだんの両名に、我々並びに当国の代表者として、貴市に謝意を表することを命じました。

何卒貴市におかれましては、我々の感謝を受納下され、また未来永劫変わることなく、愛と友情をもち貴市に接する、と我々が決意しました如く、貴市におかれましても同様（に）ご決定下さり、このことを書類に記し、署名してお送りいただきたく存じます。この愛と友情の証として（我が国の習慣に従って）我々が身につける剣と短刀をお届けいたします。

また我々の遣わしました使節が、平穏無事かつ成功裡にイスパニア国王並びにローマ法王の御前に到着できますようお導きいただき、我々の希望が叶うように適当なご配慮をいただき、ご援助をいただければ誠に喜ばしく存じます。

また貴市には世界各地の多くの船が入港し、したがって、航海術に秀でた数多くの航海士や、その他航海関係者が居住していると聞き及んでおります。つきましては、それらの人を集めて、日本から貴市まで直接航海出来るか、またどの航路を通りどの港に入港できるか調査をお命じ下さり、できることなら当国の船舶がその航路を通り、毎年航海できますよう、当方の希望が十分かなえられ、我々の間の友情がますます固く結ばれることを祈ります。

その他の詳細につきましては、ルイス・ソテロ神父にすべて委任いたしましたので、同神父の口より申し上げます。当国に於きまして貴市のお役に立つものがありますなら、その旨ご通知いただけば、間違いなくご用立ていたすつもりでございます。

仙台の宮廷にて

慶長十八年九月十四日（四日の誤記）（一六一三年十月二十六日）

松平陸奥守　伊達政宗

世界で最も著名なセビリア市殿

（スペイン・セビリア市役所文書／ロレンソ・ペレス『ベアト・ルイス・ソテーロ伝』野間一正訳）

それはスペイン語で訳され、朗読された。ここでは、伊達政宗のソテロに対する親交と、仙台藩をキリスト教の藩にしてもよいという公の意志と、自分自身は慎重に保留していることを述べている。伊達政宗は、ローマまでソテロとともに、支倉常長を使節として送り、スペインと通商を開くこと、そのもてなしと国王および法王へのとりなしを依頼し、セビリア市に贈り物（大小一振りの日本刀）をする旨を伝え、またスペインとの交通をするとき直航路があるかないかを尋ねている。

一行は退席した。そして臨時市議会が開かれ、これについて論議した結果、市が使節を厚遇し、すべて国王の命に従うことが決議された。使節はセビリア市に対し、日本では隣国の使節にはすべて費用を負担する習慣があると堂々と述べて、マドリードまでのすべての費用を市から調達したのである。また一六一四年十月二十六日に国王はマドリードから飛脚で、この使節を礼儀をもって遇し、誰も彼らに危害を加えることがないようにと、セビリア市に伝えている。市は財政が困難であったにもかかわらず、市議会を開いて最大限の支出をしているのである。この頃のセビリア市の記録からはその予算の支払いで苦労していることがわかる。

聖堂への訪問

十月二十九日には、支倉はソテロとともに、大司教座聖堂を訪問し、司教会議の出席者から歓迎を受け、聖堂の宝物の数々を見ることができた。翌日にはその祈りの儀式に参加している。十一月一日には市の名士たちを表敬訪問している。そして支倉について、「大使は甚だ智慧のある人物であり、当市の壮観を十分に評価した。その要求は信念からくるものであり、かつ正当なものなので、当市の騎士や僧侶達はすべて、この上ない満足を示して彼を歓迎した」と、アルカサル宮の城代のガリャルドは最大の賛辞を述べている。

市は使節一行の諸経費を負担する件に関しても、十一月十七日の枢密顧問会議の書記官アロステギ宛ての書簡では、「彼らがそれを受ける価値があることを貴下に請合う」旨書き綴っている。セビリア市長も支倉について「この人物は分別があり、何事にも大変気遣いを見せている。彼に対してなされたことには深く感謝している」と、その人格についても称賛している。

本章冒頭に書いたように、十一月二日、セビリア市商業会議所長のバルテを訪問し、通訳のソテロを介して対談したが、支倉は高く評価され、「尊敬に値し、落ち着いていて、智慧があり、談話に巧みで、謙譲な人物である」と書簡に書いている。これは単なるお世辞の類ではなく、信頼関係を打ち立てた重要な指標である。言葉は分からないながら、その人格を感じさせることは、外交官として最も評価すべきことでもある。とくにこの旅行そのものが、相手国から旅費を与えられて、次々と訪問していくものであり、そのために、彼らがそれに値する、と思わせる人間関係が確立していなければならない。支倉が、政宗に愛されただけでなく、これら外国の高官からも大使として「甚だ知慧のある人物」と見なされ、最大のもてなしを受けたことは重要なことである。

彼の宿舎にあてられたアルカサルは豪華な宮殿で、イスラム風建築である。砂漠の民の建築であり、中庭は緑と花に蔽《おお》われた天国のようであった。ペドロ王（在位一三五〇～六九）の宮殿は、壁面のモザイク、色彩陶面や、天井の鍾乳のスタッコ装飾など豪華である。大使の間は金色と、赤、緑、青に彩られたアラベスク紋様で飾られており、支倉一行もその豪華さに、長い旅の疲れも癒されたことであろう。

聖遺物や宝物を拝観させてほしいとの申し出に応えて、市は教会の宝物を見せ、セビリアのカテドラル（大教会堂）に案内した（アマチ『遣使録』第十七章）。この教会はスペイン一の規模を誇るゴシック様式の巨大な建物で、支倉一行は、歓迎の装飾が施されたその中を歩いた。支倉の日記にどう記されたかは想像の域を出ないにせよ、この旅で初めて接した西洋の教会の巨大さに圧倒されたであろうし、また隣接するイスラム風の高い塔ヒラルダに上ったとき、もうひとつの宗教イスラムの存在を知ることもできたであろう。彼はマドリードで洗礼を受けることになるが、ひとつの宗教が他を駆逐した現場を実感したはずである。彼のキリスト教信仰はこうした現実の大きな教会の存在によって、いっそう強固になっていった。彼が日本でも、メキシコでもなく、スペインで洗礼を受けたのは、スペインとのつながりを意識したからであるが、何よりもそこがキリスト教の本場であったからだ。

大部隊の出発

一行は十一月十九日か二十日にセビリアを出発する予定であったが、大雨のために延期され、二十五日に発った。一行の人数は、日本人が二十三、四人で、そのうち十人、あるいは十二人は「貴族または武士」であり、他は護衛兵であった。この人数はコリアでの二十五人ほどの数が一、二名ほど減り、ローマに到着した数が二十人であることを考えると、スペインでさらに三、四名減ったことになる。国王のいるマドリードへ行くためにセビリア市に四頭立ての荷車五台、馬車二台、手荷物のため馬五頭、驢馬《ろば》二十四頭を要望したが、駕籠二丁、騾馬《らば》三十一頭、荷馬十二頭、大荷車二輛、会計一名、宿割人一名、警吏一名、菓子製造人、料理人その他召使数名を付けて出発した。これも国王自身の命で、市に負担が命じられた。

アマチの『遣使録』によると、コルドバ市でも引き止められたが、市長ドン・フェリス・デ・グスマン招待の饗宴に出席した後一日だけ滞在し、沢山の群衆が見守る中で大聖堂、王の厩舎を案内され、市長の家で饗応された。そこでイスラム教のモスクとキリスト教の教会が一緒になった大聖堂を見たのである。さらに支倉は牢獄を視察することを望み、その際多くの囚人を解放したという。これは支倉らの視察が市にとって恩赦の機会だったのであり、それだけ使節が重要であったことを示している。次の都市トレドには、歓迎され、引き止められると困るので、知らせもなく入り、枢機卿だけを訪問した。しかしトレドの市会がこの使節の接待について十二月三日に討議しているから、やはり一日位はここで過ごしたことであろう。

エル・グレコ（一五四一〜一六一四）の情熱的な宗教画を見る機会もおそらくあっただろう。この十六世紀の大家は、まるでこの使節を待っていたかのように、この年まで生きていたのである。直接の対面こそ、数カ月の差で間に合わなかったが、その絵画はキリスト教徒としての洗礼を目前にした支倉に、強く印象づけられたはずである。さらに引き止められたが、一行はこれを辞し、急いでヘタフェに向かい、そこから首都マドリードに連絡した。こうしてセビリアから約二十五日の日程を要してマドリードに着くことになる。

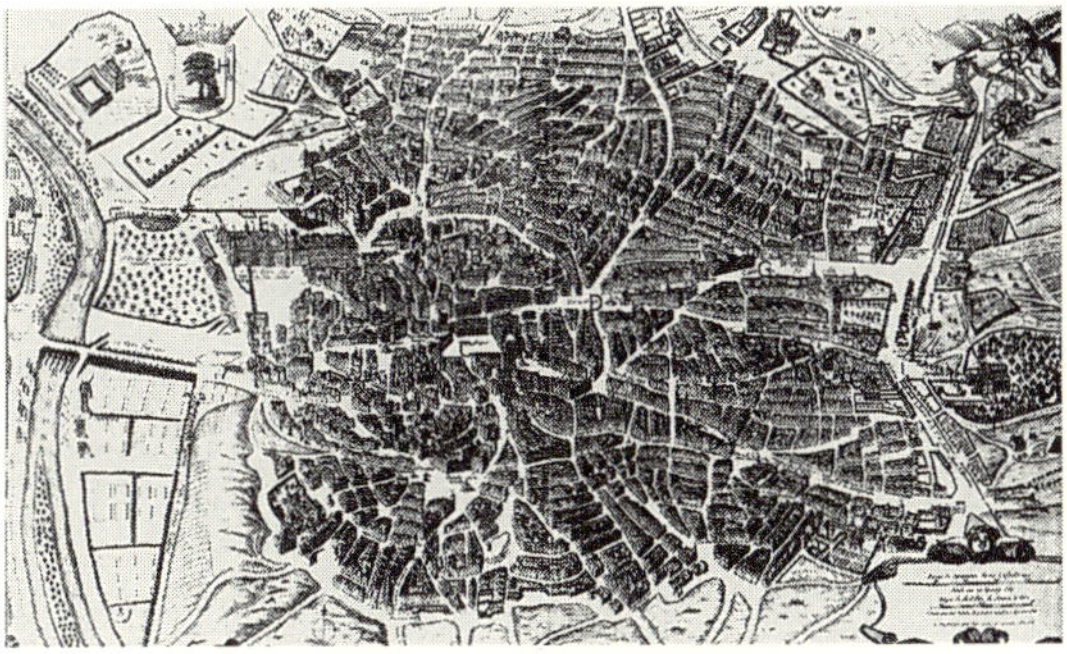

図4－1　マドリード（17世紀の版画）

2　マドリード――スペイン国王立合いの洗礼式

マドリードに到着

十二月二十日、雪の降る寒い日に一行はスペインの首都マドリードに着いた。すでに国王によって、聖フランシスコ教会の僧院が宿舎として用意されていた。そこに侍従長や王宮聖堂主任司祭が訪れ、その労をねぎらい、国王との会見を約束していった。また貴族、貴紳が多数訪れて歓迎の意を表した。一月三十日の会見についてはアマチの『遣使録』（第二十章）に記されているが、同時にスペイン語での公式記録としてマドリード国立図書館の文書館にも所蔵され、一六一六年に出版もされている。その二つの史料を参照して謁見の模様を再現してみよう。それは日本人が十七世紀のヨーロッパの帝王に出会った最高の栄誉ある儀式である。

スペイン国王との会見

国王の差し向けた御者《ぎょしゃ》つきの馬車三台で支倉一行が王宮に行くと、まず多くの人々によって歓迎された。衛兵が参列する廊下を通り、控え室に入った。そこで着物を着替えると、いよいよ謁見室に向かった。そのとき、国王の前に出る栄誉のための勲章が贈られたという。

国王フェリペ三世は天蓋《てんがい》の下、机にもたれて立って彼を迎えた。傍には七名の大官がおり、その他貴族、騎士が脱帽、起立して迎えた。支倉大使と管区長、ソテロ神父の三名は、大使を中心に進み、三度跪《ひざまず》き、国王の手に接吻をしようとしたが、国王は手を引っ込め、帽子を脱いで、体を少し曲げて、起立を求めた。三人は起立し、支倉大使は次のように述べた。これは伊達政宗の手紙を読み上げたのではなく、支倉自身の言葉で述べたことでも興味深い。むろんそれは称賛に満ちた儀式的なものではあるが、スペイン国王という、当時の世界で最も強大であり、権威のあった人物に話しかけたものである。

多くの困難を経て、光を求めてやって来たものが、それを得たとき喜ぶように、私も、天の光のない国からこのキリスト教国に参り、世界を照らす太陽のごとき陛下の面前に出て、光栄と喜びに満ち、海陸の長い旅行の労苦を忘れて我が国で最も名誉を得たと存じます。私がそこからやって来た所は、この地から世界で最も遠い所にあり、日本と称し、主君、伊達政宗は奥州の強大な王です。私が派遣された理由が二つあります。

その第一は、主君が神の聖なる教えを聞き、日本の宗教は偽物であり、その教えが神聖で正しく、救霊の確かな道であると思っておりますので、キリスト教会の堅固な柱石である陛下に、宣教師を派遣して福音を伝え、聖儀を実施されんことを請願するために私を派遣されました。またキリスト教徒の父として君臨しておられます法王聖下にも同じことをお願いし、その指揮を仰ぎたく存じております。

私が参上いたしましたその第二の理由は、主君である奥州の王が、陛下の強大なることと庇護を求める者に対し寛大なことを聞き及び、代理として私を遣わし、我が身・領土、領国内にあるものことごとくを陛下の庇護のもとに献じ、親交と奉仕を申し出、今後いかなる時いかなる事柄においても、陛下のお役に立つことが必要な場合は喜んで力を尽くしたいと望んだからであります。

私はまた、陛下の御手によってキリスト教徒になることが出来ますならば、この上なく名誉なことと存じます。わざわざ今日まで延期いたしましたのは、陛下の御手をわずらわし、キリスト教徒になることが出来ますならば、日本において大きな影響があると考えたからであります。

（アマチ『遣使録』第二十章／『大日本史料』第十二編之十二）

支倉は立ち、このように口上を述べたあと、跪いて伊達の書状と「申合条々」つまり協定案を国王に手渡した。この支倉自身の率直な意見の開陳は、彼の使命をいっそう明確にしているとともに、スペインとの本格的な交渉を、このような国王の列席のもとでの洗礼というパフォーマンスにより、さらに印象づけることを意図していた。

これに対してスペイン国王の答辞は、神の聖なる教えが日本、特に奥州において広まっていることに満足し、このような遠路はるばる教えを求めに使節を派遣した、主君の伊達を光栄に思っている、というものであった。そして伊達の提案を友誼をもって受け入れ、決してなおざりにしない、と約束した。

国王と日本との関係

スペイン国王が日本と交渉をもったのは、これが初めてではない。すでに述べたように、徳川家康および秀忠の書状と贈り物を、聖フランシスコ会のアロンソ・ムニョス師が持参していたのである。この使節に国王は喜び、幕府と親交を結ぶことを約束していた。その親書が一六一三年六月二十日付で残っている。同年、このムニョス師が病気になったので、その代わりとして、サンタ・カタリーナ神父を答礼使に任命し、徳川幕府に宛てた返書や贈り物を託した。この使節は結局、ちょうど支倉使節が乗ってきた「サン・ファン・バウティスタ号」に乗って、一六一六年にフィリピン経由で日本に向かったが、時すでに遅く、徳川のキリシタン弾圧が激しくなっており、国外追放の憂き目にあった。いずれにせよ、この一六一三年においてはまだスペイン国王自身は日本との交易は望んでいたので、今回の日本人自身の使節も同趣旨であったから、彼らを歓迎しない理由はなかったのである。

日本側が伊達政宗の書状につけた「申合条々」は九条から成っていた。その内容は明らかに日本とメキシコの貿易を円滑にするための、スペイン国王の許可を望んだものであった。第一条は聖フランシスコ会の僧侶には便宜を与えるというもの。第二条はその僧侶たちがメキシコに渡航する船をつくり、自家用だが日本の商品を積んで交換すること。第三条はそうした船の渡航のために、（メキシコの）航海士や水夫を雇用し、彼らに船が損傷した場合に修理をして欲しいこと。第四条はマニラからメキシコへの渡航船が日本の領海に寄港するならこれを歓迎し、船の損壊を修復したり新たな造船を行なったりするというもの。第五条は日本で造船をするなら必要な材木、鉄、大工等を時価で供給すること。第六条はメキシコからの来航船があれば自由に商売できるということ。第七条は日本にスペイン人が住みたいならば家屋や必要品を調達する。彼らに曲事《くせごと》（違法行為）があれば、その人物を引き渡し、条令に従って処理すること。第八条はイギリス、オランダ両国人は、スペイン帝王の敵であり、奥州には入れないこと。そして、第九条はこの条文が長く双方で守られ履行されるべきこと、と結んでいる。

このように、明らかに日本側はメキシコとの貿易を望み、そのための船や航海士の便宜を与えると述べている。もはやスペインの日本侵略に対する恐れよりも、対等に貿易が履行されることを規定しようとしているのである。これは伊達がソテロを通じて欲していたことであり、支倉はそのための使節であったことがよくわかる。つまりここには、キリスト教布教は、かつて豊臣や徳川が恐れていたような侵略の呼び水にはならないという認識と、あくまで貿易によって双方の利益になることから出発すべきだという前提があったのである。メキシコからやってきたスペイン商人が日本に居住することを望んでいるのも、次の段階の日本とスペインの関係をつくろうとするものであった。また徳川幕府においてはそれを仙台藩で試そうとしたものと考えてよい。そのことはインド顧問会議のように、内心まだ布教による日本征服への意図を捨てずにいた勢力にとっては、妥協しかねることであった。

実際彼らは、この九条の協定案についてすでに知っていたと思われるにもかかわらず、何ら意見表明をしていない。

当時のスペインにおいて、フェリペ三世に次いで重要な人物は、宰相レルマ公であった。彼は、いわば総理大臣の立場であり、国王も具体的な事柄は宰相の采配に委ねることが多かった。

レルマ公に会う

二月四日、支倉はソテロに付き添われて、レルマ公のもとを訪れた。すでにレルマ公には手回しよく手紙を託していたが、改めて伊達の書状を渡したのち、使節への協力を依頼した。シマンカス文書館に残っているレルマ公に宛てた支倉の書状は、彼の筆跡がよくわかる貴重なものである。達筆で彼の教養の深さを感じさせる。ソテロが同じ手紙で支倉について、「大使は威厳があって、その政府でも大変地位の高い人物である」と述べているのも決してお世辞ではないことがわかる。レルマ公もそれに応えて、国王に伝え、ローマ法王への手紙とローマまでの旅費等を出させるようにすると約束した。さらに宰相レルマ公自ら、使節の帰国の際の諸経費および人員と船などの調達を、スペイン国王の名において申し出た。このことはこの使節の成功を保障するものであった。

アマチの『遣使録』（第二十一章）によると、支倉はレルマ公に自らの洗礼の際の代父となることを依頼した。代父とはキリスト教徒名の名付け親である。「陛下の御前で洗礼を受けたいとの希願を抱いて四千レグア以上の航海をしてきた」と、いかにもソテロ神父の期待するような口上を述べた。するとレルマ公は快諾したのであった。スペイン国王の立合いのもと、宰相レルマ公に代父になってもらうことは、外国人として最大の名誉である。この事実の重さを、研究者たちは測りかねているが、日本人が十七世紀にこのような重要な西洋人たちと交流したことは、この使節の重要性を倍加するものであることは疑いを容れない。

その翌日、レルマ公の伯父であるロハス・イ・サンドバル枢機卿を訪れ、洗礼式を執り行なってほしい旨伝えた。この謹厳な枢機卿は、手が麻痺しているため式の執行自体は辞退したものの、式への出席を約した。これもこの洗礼式がいかに国家にとって大事であるかを枢機卿が認識していたことを示している。粗相があってはならないのである。この枢機卿は訪問への答礼として、支倉のところに訪問し、聖母像を贈っている。これ以上ない丁寧な応対である。さらに枢機卿は同日、聖フランシスコ会女子跣足《せんそく》修道院にマルガリータ・デ・ラ・クルス王女を訪ね、女子修道院附属教会で、国王の許可のもとでこの洗礼式が行なわれるように依頼している。ソテロの所属する聖フランシスコ会がスペインではいかに強かったかを、この一連の成功が物語っている。一方のイエズス会やインド顧問会議の冷ややかな応対と対照的である。

『遣使録』（第二十一章）によると、一日経った二月七日、支倉大使は国王に伊達からの贈り物を持参するように言われ、滝野嘉兵衛（洗礼名ドン・トマス）がそれを届けた。八日には支倉はローマ法王使節を表敬訪問し、法王使節カエターノの洗礼式出席の約束を取り付けた。その際、イタリアやスペインの聖俗の貴賓に歓待を受けた。法王の正式使節も参加することになり、ますます支倉使節の権威を高からしめることになった。

国王立合いの洗礼

いよいよ二月十七日に支倉の洗礼式が執り行なわれた。それはスペイン王家の最大の歓迎儀式といってもよいものであった。使節は近衛兵に護衛され、馬車に乗り、聖フランシスコ修道院から跣足女子修道院附属教会に向かった。そこで支倉は国王、その娘でフランスのルイ十四世の母となるフランス王妃、両王女、スペイン高官が列席のもと、王宮聖堂主任司祭ドン・ディエゴ・デ・グスマンにより、洗礼を授けられた。王の名前のフェリペと聖フランシスコの名前をとって、フェリッペ・フランシスコ・支倉の洗礼名が与えられ、代父を宰相のレルマ公、代母をバラーハス伯妃が務めた。

この豪華なメンバーが日本の武士の洗礼に立ち合ったことは、歴史上銘記してよいことである。それがたとえ儀式的なものであったとしても、スペイン国王ばかりでなく、後のフランスのルイ十四世の母君となる王妃まで出席していたのである。王室聖堂合唱隊が神への讃歌、テ・デウムを歌い、洗礼式は終了した。儀式が終わると、代父母は支倉を導き、国王の御座所に赴いた。

国王は、大使が跪《ひざまず》くのを見て、起立を命じ、抱いて祝辞を述べた。大使は、長く希望していたように、キリスト教徒になったことを喜び、陛下の出席の栄誉を得たことの感謝の念は、言葉に尽くせない、世の終わりまで、スペイン国王のため祈っていると述べたという（アマチ『遣使録』第二十二章）。国王、王女たち、トレドの枢機卿、そして参列したすべての人々が祝辞を述べた。

先述のように、支倉の洗礼名は、国王フェリペ三世と聖フランシスコの名前からとったものである。国王の名を与えられたことは、最高の栄誉であるばかりでなく、国王がこの支倉使節に対して、強い支持と保護を与えたことであり、このことで使節の成功の半分を保障した、と言ってもよい。かつてフェリペ二世は自分の名を植民地国のフィリピンに与えたが、今回は植民地に対するものではなく、一人の日本人の大使に与えたのである。王の名を与えることは、かつては本国と従属国という関係の成立を意味したが、すでにここでは布教と通商の約束という関係に変わっていたと言ってよい。支倉の跪く姿には、キリスト教徒になったという儀礼的要素こそあれ、従属する意味は全くなかった。受け入れる方にも大使に対する尊敬の念が強かったのである。

一行は修道院に案内され、その諸堂、宝物も観覧した。女子修道院および王妃の侍女たちはこの様子を見て感動し、中には啜《すす》り泣きするものさえいたという。国王よりいつローマに出発の予定かと聞かれ、支倉が陛下の許可を待っているだけであると答えると、許可命令はすでに出してあるとの言葉があった。そして盛大な見送りを受け、聖フランシスコ修道院に帰った。

この洗礼場所は、現在、王宮から約一キロのところにある王立跣足会女子修道院博物館（Museo de las Descalzas Reales）であると考察されているが、この女子修道院はスペイン王宮にとっても重要なもので、スペイン国王でハプスブルグ家のカール一世の娘ホアナ王女によって創建され、エル・エスコリアル宮の設計者として名高いバウチスタによって改修されたことが知られている由緒あるものである。これが聖フランシスコ会の修道院であることは、祭壇の漆喰《しっくい》のレリーフがアッシジの聖フランシスコや聖クララなどであることでわかる。

ところでスペイン国王のもとでのこの感動的な儀式は、西洋がキリスト教文明として勃興してくる勢いと、その地に果敢に訪れ（招かれたわけではなく）、その情勢を探ろうとする日本人の、いわば東洋と西洋の交錯地点だったと言うことができるであろう。それは一見、西洋人の世界制覇という植民地主義の野望に屈する東洋人、というイメージであったが、そこにはそれに対する警戒と抵抗を怠らない、日本人のしたたかな行動を認めることができる。勃興する西洋文明の勢いを示す国王と、確固として日本文明を守ろうとする日本武士との、まさにある意味での角逐であった。この歴史の大情況の意味を見逃してはならない。

五野井氏は国王と聖フランシスコ会主導によるこの洗礼式の意味を重視せず、これまでの支倉研究の主流であるイエズス会の立場を重視し、国王への謁見が延期されたのは、この使節の意図が理解されず、インド顧問会議の意見が尊重されたからだと述べているが、この洗礼式の様子を見ても、そうした意見は当を得ていないと言ってよい。また同氏はこの遅延を、ビスカイーノの報告等に基づくメキシコ副王の書簡（一六一四年二月八日付）が届いたからだと述べ、そこではこの支倉使節が主張するメキシコと日本との貿易が何の利益ももたらさないこと、徳川（日本皇帝）がキリスト教徒を殺戮しており宣教活動に圧力をかけていること、などという、この使節に全く不利なことがスペイン国王に伝えられていた、と指摘している。またインド顧問会議は、ソテロの聖フランシスコ会の宣教師派遣以外の件についてことごとく拒否し、支倉使節のローマ行きについても、許可しないよう国王に奏上した、と述べている。しかし国王は逆にそのような困難な時期であるから法王の許に行くのを妨げるべきではない、と答えているのである。またさらに使節の滞在が大きな負担になるので艦隊に乗せて帰国させるべきだ、という何度の決議に対しても、国王は答えず、彼らをローマに向けて十分な経費を与えて出発させる方を支持したのである。八月、財政難の中を四千ドゥカトの大金を与え、ローマ行きを承認した。支倉使節は八月前半、枢密会議、インド顧問会議、貴族たちへのあいさつまわりに明けくれた。

支倉がキリスト教徒になったことについて、武士の魂を売り渡したという非難が一方でしばしばなされる。たしかに彼はキリスト教徒になったが、これは主君、伊達政宗が彼に課した義務の一つと解してよく、そのこと自体、主君に仕える武士の精神に法《のっと》ったものである。政宗は、自分自身はキリシタンにはならないが、しかし部下にそれを受け入れさせる趣旨の書簡を書いていたのであり、このことが主君への裏切りではないことを示していた。支倉が最後まで、キリスト教の神に対してではなく、主君伊達政宗に対して忠実だったことは、フィリピンでの手紙からも理解できるからである。

八カ月の滞在

使節は約八カ月間にわたりマドリードに滞在したが、この遅延には他にも理由があった。それは使節の中で病人が出たからである。腸チフスで五人も死亡しているのだ。それは寄宿先の修道院長から、インド顧問会議議長宛ての六月の次の覚書でわかる。

六カ月前に陛下（スペイン国王）の御命により、日本の大使とその家臣併せて三十人以上の者を修道院に受け入れるよう命じられ、修道士達の間に多数の俗人が長期にわたり居住することは大きな混乱を生じかねないのに、喜んでこれを引き受けました。これは当初からこの修道院にとって重い負担でしたが、今はたとえ数日間といえども過剰な困難さを引き受けることになりました。というのも病人が多数出て、すでに短い間に腸チフスで五人が死亡し、他にも一人同じ病気で危篤であるために終油の秘蹟を授かっているのです。多くの死者が出たのは、日本人が占めている部屋は病室であり、下の部屋は病人達が暑い時期に入って治療を受ける部屋で、不便で劣悪であるからです。このため日本人たちを当修道院から移して他のところに移すように懇請いたします。

（スペイン・セビリア市インド文書館文書／『大日本史料』第十二編之十二）

この文書は、三十人ほどの日本人使節がやって来て、そのうち六人が死亡したと伝え、さらに六月にも病人が出ていることを告げている。これでは使節は出発できない。ここで、支倉が使節の長として苦慮した姿が思い浮かぶ。配下が六人も腸チフスで死んだ。発熱、全身疾患……異国で苦しむ者たちの姿は、目に焼き付いただろう。全体の五分の一である。この六人が誰であるか詳《つまび》らかではないが、ローマに着いた二十人はわかっているから、主要な人物ではない。

伊達政宗のもとで評価された粘り強い支倉の姿勢は、ここでも発揮された。ここまで来たのに、目的地まで行かないわけにはいかない、と思ったに違いない。死んだ者たちのためにも、ローマに行こうとする意志を強めたと想像される。八カ月も滞在が延びたのも、病気の者の快復を待っていたからだと判断できる。国王やスペイン側はインド顧問会議を除けば、全く好意的だったからである。

俗人の使節

またここでわかることは、この一行が俗人の使節と認識されていることである。支倉もスペインで洗礼を受けたし、他の者もメキシコで受洗している。しかしその程度では、修道院にとっては決して「信徒」とはいえず、あくまで俗人だったのである。このことは、支倉がサン・ティアゴ騎士団に入会を断られたことでもわかる。キリスト教国でない日本からの使節にこの栄誉を与えることはできないと考えたのは、帰国後、支倉が信仰を変えることが予想されたからである。入会にはソテロの推薦があったが、顧問会議はそれに反対したのであった。このことも、この使節がどのように考えられていたかを知るうえで考慮に入れておいた方がよい。単に信徒として歓迎された天正の少年使節とは異なっていたのである。それにもかかわらず、この使節への国王、法王庁の支持が強かったのは、この使節が東洋の日本からの使節であるということへの、外交的・歴史的な強い関心と注目があったことにほかならない。

このことは法王庁がこの使節に記録係をつけたことでもわかる。法王庁特使カエターノとデ・リオセーコ公妃のドーニャ・ビクトリア・コロンナ夫人との推薦により、イタリア人のシピオーネ・アマチが使節の通訳兼秘書として任命されたのである。このアマチの参加は、法王がいかにこの使節を重要視していたかを証明するものである。彼の『遣使録』は、支倉の十九冊の手記が失われた現在では、この使節の重要史料となっている。むろん支倉自身の記録が見つかればそれが第一級史料となるであろうが、現時点ではアマチによる記録が、日本のみならずローマにとっても、この使節の史料として最大のものとなったのである。これがいかに待望され、読まれたかは、使節を描いた絵画史料について扱う第六章でまた触れるつもりである。

3 バルセローナへ

マドリードを離れる

八月二十二日、支倉使節はマドリードを勇躍出発し、そこから三三キロのアルカラ・デ・エレーナスへ向かい、聖フランシスコ修道院に宿泊した。商人でキリスト教徒のドン・トマス・滝野嘉兵衛、ドン・ペドロ・伊丹宗味、ドン・フランシスコ・野間半兵衛の三人は、修道院附属の病院で世を棄てて働く修道士の態度に感激した。彼らはそのまま聖フランシスコ会の修道士になろうと思うほどであったのを、ソテロとアマチが止めたという。

またこの街には、かの『ドン・キホーテ』の作者セルバンテス（一五四七〜一六一六）が生まれており、支倉もその評判を聞いたことがあったかもしれない。

彼らはアルカラ大学に招かれ、学長や学生に歓迎されたという。このアルカラ大学には一五八四年に天正の少年使節がイエズス会のヴァリニャーノに導かれて訪れていた。この大学は一五一四年に建てられ、イエズス会を創始したイグナチオ・デ・ロヨラが学んだところであり、彼らにとっては歴史的にも重要なところであった。しかし聖フランシスコ会に感激したばかりの支倉一行にとっては、やや違和感を覚えたことであろう。まさにこのイエズス会こそがこの使節を妨害し続けており、そのことを意識しないはずはなかったろうからである。

一行はグアダハラ、ダロカの都市でも太鼓や喇叭が迎える中で、同地のトリニダーデ（三位一体）教会で聖体拝受の儀式を受けた。そしてアラゴンの首都サラゴサに着いた。サラゴサでは総督ドン・ディエゴ・ビメンテールによって大歓迎された。朝食の招待のあと、一行はビラル教会に赴き、聖ヤコブが柱の上に聖母を見たという名高い「柱の聖母」や、他の宝物を親《ちか》しく見ることができた。次に聖フランシスコ修道院を訪ね、その後、総督の邸を再訪し、心尽くしの宴会に招かれた。しばし歓談したあと、総督の馬車で市を案内された。その歓待ぶりは心のこもったものであった。

その翌日、一行は総督の歓待に謝意を表して、バルセローナに向かって旅立った。アマチの手配でレリーダまで護衛兵がつき、そのレリーダでバルセローナの聴聞官レリャーノに騎兵十二人によって守られながらイグアラーダを通り、標高一二〇〇メートルのモンセラットに到着した。そこでも歓迎を受け、国王の宿舎に泊り、丁重な待遇を受けた。ただ総督は病気で、自ら歓待ができず残念だと述べたことが伝えられた。

このモンセラットは鋸山《のこぎりやま》という意味で、奇岩の山として有名であり、巡礼地としても知られている。そこにはベネディクト会の修道院があり、カタロニアの一大聖地となっている。ここで、かのイエズス会の創始者イグナチオ・デ・ロヨラが、平和であるべき聖母の祭壇に、何と武器を置いて、布教を誓ったという。このエピソードはイエズス会の植民地主義の性格をよく語っている。五野井氏もこの話を挙げて、「常長はイエズス会に強い敵意を抱いていたソテロからそのようなことを聞くことはなかったであろう」とわざわざ付け加えている。それなら、もっとこの対立関係をふまえて、支倉使節について語らねばならないのに、なぜか他のところではほとんど無視してイエズス会関係史料のみを重視する立場を取っている。

バルセローナに着く

カタロニアの首都バルセローナに着くと、聖フランシスコ修道院近くの宿舎へと導かれた。艦隊の司令長官であるマヌエル・フィリベルト親王（国王の従兄）邸に訪れたものの、不在だったので、国王からの手紙を届けた。それは次のような懇切なものであった。

親愛なる甥殿下、跣足フランシスコ会厳粛派のルイス・ソテロ神父は、日本奥州の王の使節を伴って、当宮廷に参り、諸交渉において使節を補佐し、現在法王聖下と交渉するため、ローマへの途上にあります。そこでイタリアに向けて出発する第一便に使節および随員を乗せ、充分の供給をなし、迅速かつ安全に航海出来るように便宜を図り、出来る限りの名誉と援助を与えられんことを願います。

（アマチ『遣使録』第二十四章／『大日本史料』第十二編之十二）

この手紙にあるように、スペイン国王の保護はローマ到着まで及んでおり、またその目的が宗教的に法王に拝謁するためではなく、交渉することにあったことを認識していることでも重要である。この絶大なる好意は、フィリベルト殿下をして、ジェノヴァ船籍のフラガータ船二隻、バルセローナのベルガンチン船一隻を彼らのために用立てるよう準備させた。またこの親王殿下の申し出により、総督邸、議事堂、市庁舎などを訪問し、ここでも歓迎を受けたのである。

フランスに立ち寄る

スペイン国王の保護により、彼らはバルセローナを三隻の船で一六一五年十月初めにイタリアに向かった。この時の人数はソテロ、アマチら外国人と日本人で二十八名だったと考えられる（ジェノヴァでの到着時）。

しかし天候が悪く、計画していたイタリアのジェノヴァではなく、南フランスのサン・トロペに寄港した。このことはアマチの『遣使録』には書かれておらず、フランスのアルフレッド・タン氏によってアンギャンベルチーヌ図書館から関係文書が発見され、高橋邦太郎氏によって紹介された（『朝日新聞』一九七一年七月二十九日付）。このサン・トロペの領主らによる記述は、日本人武士一行への興味ある観察となっている。

大使（支倉）ならびに他の日本人は大層背が低く、陽《ひ》に焼け、鼻は短く扁平、長髪、もとどりは白布で結び、服装はジェスイット教法師風。

小さいカラーをはめ、エスパニア風の帽子を着け、大使より下僕に至るまで室内では常に裸体である。外出に当って大使は濃紫の服を着、随員は濃灰色の服装をし、エスパニア風のマントをまとう。教会では、大小を帯びる。その刀剣はきわめて鋭利で、いささか反《そ》りをもち、紙でも切ることができる。また、食事のとき、大使は教法師と食卓を共にする。肉は三本の指であやつる二本の細い棒ではさむ。ネギを混ぜたキャベツのスープを食べる。大使及び随員は寝るときは掛け物を用い

ず、全裸となり敷物の上に横たわる。　（フランス・アンギャンベルチーヌ図書館文書／高橋邦太郎訳）

寝るときに全裸になるというのは、寒い東北地方の古い習慣である。また食事の際は、支倉は別格で、修道士以外は同席できなかったし、料理人が大皿を運んでくると、お側役がその皿の蓋を取って、銘々の分を平皿に切り分けて蓋をし、最後の小姓がその平皿を各人のもとに運ぶ。そのやりかたが、大皿が運びこまれるごとに繰り返されたという。ここにも、日本の習慣を守りながら旅行をしていたことが理解される。

また領主夫人の書簡の中に、日本人は掌大の和紙を懐に多く忍ばせて、一回一回洟《はな》をかんでは棄てるので、民衆がこの記念品を殴り合いまでして奪いあったことを記し、なかでも支倉のものを好んだということまで書いている（もっともこのことはローマでも注目されて、棄てた紙がローマの人類学博物館に数葉展示されたというが、その後博物館がエウルに移転してから行方不明となっている）。

このような支倉一行の振る舞いについての記述は、たまたま立ち寄ったこのフランス人らの書簡によく書かれ、異文化への好奇心が、すでにフランス人には強かったことを物語っているようだ。そして何よりも、フランスに最初に足を踏み入れた日本人がこの支倉使節一行だったことも特筆されるべきである。これは支倉のローマでの肖像画の作者が、クロード・ドゥルエというフランスの画家であったことと併せて記憶されるべきことである。

イタリアに入ってサヴォナに寄港したあと、十月十一日いよいよジェノヴァに到着した。聖フランシスコ会の僧院アヌンチアータに一泊すると、そこにジェノヴァの元老院の代表が訪れた。

ジェノヴァに到着

ソテロは宿舎の入口まで出て迎え、戸口まで案内した。日本人の大使は外に数歩出て、私たちを迎え、中に入るよう誘った。席に着いたあと、年長の代表者オラチオ氏があいさつをし、共和国を代表して歓迎の意を伝えた。一行の通訳、シピオーネ・アマチがソテロに向って、イスパニヤ（スペイン）語で通訳をし、ソテロがすぐにこれを日本語に訳し、低い声で日本大使に伝えた。大使は同じように低い声で日本語で答え、ソテロがそれをイスパニヤ語で委員に伝え、彼らに対する元老院の好意と礼儀とに感謝をし、その旨を日本の国王に詳しく報告するだろうと述べた。

（ジェノヴァ市国立文書館文書／『大日本史料』第十二編之十二）

そしてここで興味深いことであるが、このすぐ後に天正少年使節のことを述べている。「日本の国王がイタリアを通過するとき、ジェノヴァの元老院を訪問すべきであることを特に命じた」が、その理由は約三十年以前に日本の使節が当市を通過したときの事柄を記録していたからであったという。伊達政宗が、少年使節のことを思い出して、支倉にジェノヴァに立ち寄るように命じたとは思われないから、一五八五年にたった二日滞在したにすぎない使節を、ジェノヴァの人々は忘れていなかったと考えた方がよいであろう。

そして次の三項目も、ジェノヴァの元老院の誇りを傷つけないためのものである。第一に元老院に訪問し敬意を表することができないことに対する陳謝、第二に法王のための贈り物に対し、税を免除願いたいこと、第三にジェノヴァ出身の枢機卿に書簡を送って使節への助力をお願いすること、この三カ条の請願をしたという。これで、元老院の代表は満足して去った。

その際、支倉は彼らを送っていき、来たときよりも遠くまで歩き、宿舎の角まで歩いて見送り、ソテロは他の随員とともに、さらに宿舎の端まで見送ったということまで記して、その敬意のあらわれを見届けている。このような詳細をジェノヴァ市の文書が伝えているのも、いかにこの日本人との接触が彼らにとって重要に感じられたかを語っている。

その日の午後、支倉一行は市庁舎を訪れ、元老院に敬意を表し、会議室で大統領と同席した。日本の大使はその右に座り、ソテロが左に座った。大使は帽子を取り、議員らに会釈をし、低い声でソテロに向かって話をし、それをソテロが訳した。それは礼儀正しい、知性のあるものであったと報告し、次のように一行を描写している。


日本人は中背のもの一名を除くと、みな背が低く、顔は黄色で、ほとんどオリーヴ色をしている。髭は少なく、ほとんど剃っているようで、容貌はみな大変似ている。大使の衣服はビロードの上着で、その長さがほとんど足に至るものでそれほど大きいものでないものと、その上に黒い絹のタビーの上着にゆるやかな袖の少し短いものを着ている。黄色の股引きと、手袋形の、親指を離した革の靴とをつけ、頭には黒い毛の帽子をかぶっている。大使の随行員は同じ衣服を身につけているが、頭の髪を剃るか短く切り、その周囲の髪を長くし、絹紐で後部を束ねている。これはわが国のチュッフォ、またはコバッツオのようである。大使は帯に長さ二パルモ（約四五センチ）のカタナという少し曲がっている武器を持っている。随員もまた同じような武器を持っている。一同はみな手か腰に、同じ形ではあるが、少し長く、同じカタナと称する精巧なる武器を持っている。随員の主なるものは、食事の際、長さ約一パルモの三分の二ある、われわれのペンの太さ程ある二本の棒を使って巧みに、そしてきれいにパン、その他の料理を食べる。（同前）

支倉がビロードの着物の上に羽織をつけ、革の足袋をはいていたことがわかるし、それぞれ大小二本の刀を差し、いつも二本の箸を使って食事をしていたこともわかる。このころはまだヨーロッパでも、ナイフとフォークを使う形式は確立していなかったので、彼らもさほど奇異に思わなかったかもしれない。いずれにせよ、支倉使節が一つのカルチュア・ショックを人々に与えたことは確かである。

こうしてジェノヴァから、海路チヴィタ・ヴェッキアへ向かう。その船はドリア公の第二子ドン・カミロのもので、ナポリに行くミラノの役人を乗せていくところであった。

第五章　ローマ法王の大歓迎

1　チヴィタ・ヴェッキアからローマへ

使節一行は一六一五年十月十八日、ローマの外港、法王直轄のチヴィタ・ヴェッキアに着いた。この港は古代ローマ時代からあった伝統ある港で、その名も「古い都市」の意味である。

イタリアに到着

そこにすでに「ボルゲーゼ枢機卿から知らされていた」司令官セヴェロロが兵士を率いて待っており、まず歓迎の意を表し、饗宴を開いた。そこからスペイン大使を通じて、法王パウロ五世とその甥のボルゲーゼ枢機卿に連絡が取られ、三日経って法王の歓迎状と枢機卿の手紙が届いた。ボルゲーゼ枢機卿は書いている。

図5－1　チヴィタ・ヴェッキア港

はるばる遠路から、閣下らがその国王の命により、法王に敬意を表するためにやって来られたことは、悦びの念に堪えません。その国王の敬虔の念が深いことを示すものにして、また閣下の来訪に対する法王と私の悦びも増すのです。十八日の書簡とソテロ神父とアマチ博士の言葉で、すでに当市近くに来られていることを知りました。ここに法王は特別の親愛の情を持って閣下らを引見したいと約束しております。また私もどんなことでもお役に立ちたいと思っております。まず私の家臣に託して、この書簡を送り、私の代わりに訪問させ、私の好意と、閣下らに満足を頂けるよう力を尽くす所存であることをお伝えし、法王におかれましても私と同じ意志であることをお伝えします。閣下らの御手に接吻し、そのご繁栄をお祈り致します。

一六一五年十月二十二日　ローマにおいて

（ローマ市アンジェロ図書館文書／『大日本史料』第十二編之十二）

「日本の大使はそれ（書状の訳）を聞いて、この書簡を頭の上に掲げ、（中略）五三〇〇レグア（およそ二万キロ）の長い旅の困難さと危険な思いが吹きとんだと述べた」とアマチは書いている（『遣使録』第二十六章／『大日本史料』第十二編之十二）。枢機卿が差し向けた馬と馬車が到着した。法王庁からの歓迎ぶりに、感激したに違いない。

そしてすぐさまローマに向かって出立した。夜には隣町のサンタ・セヴェラに着いた。現在ではローマ郊外のリゾート地になっているが、そこにはサント・スピリトの要塞があった。そこの要塞司令官の供宴に招かれて一泊し、早朝ミサのあと出発した。

早速、法王に謁見

十月二十五日夕方五時半にローマのサン・ピエトロ大聖堂の裏にある新水道のところに到着した。そこには法王の使者が待っており、法王がすぐに謁見をうけたいと望んでいる旨を伝えた。日本人十六名とソテロをはじめとする僧侶たちは、すぐさま法王のいるキリナーレ宮に直行したのである。

図5−2　ベルニーニ作「パウロ五世像」（ボルゲーゼ美術館蔵）

スイス兵、軽騎兵の閲兵を行ない、貴紳らの歓迎を受け、支倉とソテロだけが呼ばれて法王パウロ五世に謁見した。法王は、はるばる遠方からやって来た二人を歓迎した。二人は法王の足元に接吻したという。アマチは日本を「いまだその名さえ、広く知られていない遠島」（『遣使録』第二十七章）と述べているが、この歓迎ぶりは法王が日本を前から知っていたことを示している。

というのはこの法王は海外の布教に熱心で、インド、アフリカ、アメリカなどへの関心のみならず、遠く極東にまで眼を向けていた。この法王こそ中国での布教を推進し、例えばミサを中国語で行なってよい旨を許可していた。これは他国では二十世紀まで、ラテン語以外でのミサが許されなかったことを考えれば、大英断であった。

一六〇五年に法王に選ばれてから、コンゴ人、ペルシャ人などの使節の謁見を受けていることは、一六一二年制作のヴァチカン宮のパウロ五世の間の壁画からうかがわれるが、彼が遠く日本の情報をイエズス会宣教師から受けていたことは十分考えられる。むろんそれほど厳密ではないにしても、日本人の「キリシタン」の数は一六一〇年において二十二万人に及んでいたこと、イエズス会百十五名(一六一四年)聖フランシスコ会二十九名(一六一三年頃)の宣教師がいたことなど、ほぼ情報は入っていたはずである。その数は大変多かったので、法王にとって日本は決して極東の見知らぬ国ではなかったであろう。

さらには、オランダなどのプロテスタント勢力の圧力によって、徳川幕府によるカトリック弾圧が始まっていたことや、宣教師追放のニュースも入っていただろう。支倉使節の役割を小さくしようとするこういった情報は、イエズス会からのものだけではなかったのである。聖フランシスコ会による使節への妨害の手紙は、インド顧問会議の名でもすでに数多く出されており、その頻繁さは、一方で当時の情報交換がたいへん密であったことを物語っている。だが現実の日本の使者の到来は衝撃的であった。それに、まだ日本での布教の発展が期待できたし、伊達政宗のカトリックへの好意は反プロテスタントの運動のためにも必要と考えられたことにより、これらの妨害は何の支障にもならなかったのである。

そしてさらにカトリックの国際的権威の高揚に役立つのみならず、それ以上に西洋と東洋の文化の関係にとっても大事なことに思えたであろう。法王も枢機卿も宗教者以上に大きな視野と、知的好奇心を持つ知識人だったのである。そうでなければこの歓迎はなかったはずである。法王庁の重要な建物であるキリナーレ宮に支倉使節図（口絵2頁左）を描かせたのも、そのことを意味していた。

ボルゲーゼ枢機卿に会う

支倉は法王の許を辞すと、第二の権力者、法王の甥のボルゲーゼ枢機卿の所へ行き、その尽力に感謝するとともに、使節の目的を述べ、その協力を得る約束をもらった。またもう一人の甥スルモナ公のところにも行き、その十分な保護を取り付けた。一行はアラコエリ教会を宿舎として与えられ、その階段を上るとき、夜だったので、みな松明《たいまつ》で迎えたという。大祭壇にある「聖母」画の覆いが外され、オルガンが奏された。その宿舎には僧侶だけでなく、宮殿から召使いが赴き、支倉の世話をすることになった。むろん馬車と四人の御者も

図5－3　ベルニーニ作「シピオーネ・ボルゲーゼ枢機卿像」
（ボルゲーゼ美術館蔵）

図5－4　アラコエリ教会とカンピドリオ宮（17世紀の版画）

付けられた。これらすべて法王の命によるものであった。

アラコエリ教会は聖フランシスコ会に属し、五七四年に修道院がつくられていたところに、一二五〇年に法王インノケンティウス四世によって「ロマネスク」様式で建てられたものである。アラコエリとは「神の子の祭壇」という意味で、小高いカピトリーノの丘にあり、一三四八年にペスト流行の後に奉納物としてつくられた階段を下から見れば、天に向かう印象を与える。ローマの巫女ティブルが皇帝アウグストゥスにキリストの出現を予言した場所である。十九世紀の末、白い大きなヴィットリオ・エマニュエーレ二世記念堂が建てられ、その後に隠れているが、ローマの中央で重要な場所だったということができる。

2　ローマでの行進

武士、ローマを行進す

使節のローマ市入場を記念する市内大行進の儀式が十月二十八日に

行なわれることになった。しかし天候が悪かったので、いったん十一月四日まで延ばされたが、使節がその日まで待つのを好まなかったので、法王の配慮で翌二十九日に行なわれることになった。

使節はひとたび市の外に出て、アンジェリカ門から行進することになった。このような入市式は、重要な使節に対してだけ行なわれ、それ自体が都市のひとつの祝祭となり、ときには美術家がそれを指揮した。大行進はその翌日行なわれることになったが、それはその歓迎ぶりを減じるものではなかった（むろん天正少年使節のときにも、同様の行進は行なわれ、その模様がヴァチカン宮の図書館に記念画として描かれているが、それは法王への謁見のための行進である。それに比べて、こちらの場合は謁見は別の日に計画されており、入市式はあくまでも使節のローマでのお披露目を目的としていた）。

図５－５　「天正少年使節行列図」（ヴァチカン図書館）

推進者ボルゲーゼ枢機卿の力は大きく、その行列自体を比較しても「ローマでは未曾有の」と言われた天正少年使節の時に優るとも劣らぬ規模となった。少年使節が三人で、着物なども目立たなかったのに比して、この総勢十六人のさむらい行列はそれ自体絵画的《ピトレスク》であっただろう。

壮麗な行進の様子

アマチの『遣使録』とローマの史料を合わせて、この歓迎の行進式を再現してみよう。十月二十九日午後三時、まず先駆の軽騎兵が喇叭《ラッパ》を鳴らし、彼らを先頭に行進が始まり、その後五十人の軽騎兵が続いた。その後枢機卿の家臣たち、大使たちと貴人たち、ローマ、フランス、スペインの貴族たちが二人ずつ美しい衣服をつけて進んだ。次にローマの先導隊の鼓手たち十四人が進み、少し後に五人の喇叭手が馬に乗って進み、その吹奏で人々の祝祭気分を盛り上げた。そして貴人、著名人、騎士たちが豪華な服装で続いた。

その後、白馬に跨《またが》る使節の随員が一人ずつ、ローマの貴族二人に伴われてやって来た。そのうち七人は太刀《たち》と脇差《わきざし》を帯びていた。その名はシモーネ・佐藤内蔵丞、トメ・丹野久次、トマゾ・矢上勘野八木右衛門、ルカス・山口勘十郎、ジョヴァンニ・佐藤太郎左衛門、ジョヴァンニ・原田勘右衛門、ガブリエル・山崎勘助である。その後同じ形で四人の日本の名誉の騎士がやって来た。一人が前に述べた如く装飾豊かな服装をし、後の三人は黒い服装をし、下着は足にまで及び、絹の上衣は膝まである。頭には僧侶のつける、財布のような二つの角が突き出た黒い頭巾を被っている。

これらの人々の名は、ドン・トマス・滝野嘉兵衛、ドン・ペドロ・伊丹宗味、ドン・フランシスコ・野間半兵衛、ドン・パウロ・カミロ・小寺外記である。彼らは、キリナーレ宮の壁画の背後の人物であり、ローマ市公民権証を与えられた人々であると考えられる。彼らの後に、大使とともに執事として日本からやって来たグレゴリオ・マティアスがおり、立派なイタリア風の服を着ている。

次に二組二人ずつの従者が、揃いの絹で作られた黄色と緑色の細かな格子状の模様のある着物を着ている。これは陣羽織であろう。一組は金房のついた長刀《なぎなた》と日本刀とを携え、他の一組（太刀持ち）は緑色の絹の傘と刀を持って進んだ。彼らはグレゴリオ・徳郎、トマス・助一郎、ジャコブ・茂兵衛、ニコラス・ジョヴァン・九蔵と呼ばれた。

そして支倉六右衛門常長がやって来た。法王の甥マルカントニオ・ヴィットリオの右に大使ドン・フィリッポ・フランシスコ・支倉が進み、その服は美麗な細工が数多く施されたもので、白地に動物、鳥、花が、絹、金糸、銀糸で織られている。彼は頸《くび》に鎖をつけ、ローマ風の帽子を被り、笑みをたたえつつ会釈をし、丁寧に挨拶をしていた。その側には法王庁のスイス護衛兵たちと馬丁たちが付き従った。この堂々たる態度は東洋からの代表にふさわしく、少年使節の時と異なり、人々は初めて東洋人の相貌を見たことであろう。この服装が、ドゥルエによる「支倉常長像」と同じものであることはすでに述べたが、あの白い鮮やかな着物が、いかに強く人々の眼に焼き付いたかは想像に難くない。アマチの詳しい記述はヴァチカンの記録にも繰り返されている。

この後イタリア風の高貴な服装をした二人の通訳が続いた。一人はスペインから付いていたアマチで、他方はマルティネス・モンターニョであるが、この通訳は日本語を話すというから、日本からずっとついて来た人物であろう。

最後にボルゲーゼ枢機卿の四頭立て馬車で、奥州の王のための「使節の同行者」（compagno nel Ambasceria）、ルイス・ソテロ神父が、ほかの聖フランシスコ会の神父たちとやって来た。そしてその後に沢山の二頭立て馬車と、四頭立て馬車が続いた。ここで興味深いのはアマチの記述によるとソテロが奥州の「正大使」（Ambasciatore principale）となっていることである。ソテロについて肩書きが異なるのは、ソテロの立場がローマでは必ずしも一定の見方をされていなかったことを示している。アマチがややソテロびいきの記述をしているが、ジャコモ・マスカルディの書いたこのヴァチカンの公式文書が、ほとんどアマチの記述をたどっているにもかかわらず、ここ以外は同行者としていることにローマ側の見方があろう。この行進での位置は、ソテロ神父があくまで支倉大使の従者であることは確かで、キリナーレ宮の支倉とソテロの描き方と同じなのである。

サン・ピエトロ広場を行進

一行はサン・ピエトロ大聖堂の広場を堂々と進んだ。法王はヴァチカン宮の窓越しにこの行列を見て、何と素晴らしいものかと、繰り返し喜びの情を示し、天を仰いで、はるばる遠く、異教徒の国から神のお導きでやって来たことを感謝したという。

ミケランジェロ設計の一四七メートルに及ぶクーポラはすでに一五九〇年に完成していたが、マデルナによる四五メートルの高さのファッサードは一六一四年にやっと完成しており、現在のこの聖堂の威容を最初に見た日本人が支倉一行ということになる。まだベルニーニの壮大な回廊はなかったが、彼らはこの広場を通りながら大理石の建築に目を奪われていたに違いない。たしかにこのカトリック総本山の教会堂の規模は西洋最大で、西洋の勃興の象徴でもあった。

やはりミケランジェロがデザインしたと言われる黄色と青の縦縞の華麗な服装をまとった、法王を護衛するスイス兵が、そこで二十八発の祝砲を撃った。そしてテヴェレ河を渡るために、その前に橋のある聖天使城（カステルロ・サンタンジェロ）へ向かった。そこでは盛大な器楽演奏が準備され、百発以上の祝砲が鳴り響いた。この城はローマ時代の皇帝ハドリアヌスの霊廟で、キリスト教の世界になった六世紀にペストを鎮めたといわれる天使を記念してこの名がつけられた。ここで、一九九〇年に支倉使節をテーマにした「仙台―ローマ展」が開かれたのも、何かの因縁である。

そこから聖天使城の前の橋を渡り（まだベルニーニの彫刻はなく、十六世紀に作られた聖ペテロと聖パウロの像だけであった）、宿舎のアラコエリ教会までローマの中心部を行進した。現在の幹線道路エマニュエーレ通りはまだなく、当時の中央道路であるバンコ通りを過ぎ、ゴヴェルノ・ヴェッキオ通りに入った。行進する至るところで窓から飾りものが垂らされて歓迎されたという。建築中のサン・アンドレア・デッラ・ヴァッレ教会の前を進み、少年使節が宿泊したイエズス教会前を過ぎ、カンピドリオの丘の市庁舎の広場に着いた。

行進が終わるカンピドリオの広場の上では、元老院議員ガブリエル・ファルコーネの喇叭手が石欄干にのって奏し、左方の欄干の上では美しい器楽演奏がなされ、また参事会議員たちの喇叭手も参加した。大使がカンピドリオの丘を上り、両側にいた人々、貴人たちに挨拶していくさまは、あたかもいにしえの凱旋将軍のようであったという。その後もローマの貴人たちが大使を訪問したが、支倉の話は大変評判がよく、人の心をとらえて離さなかったという。

私はこの行進だけをもって支倉使節が成功だったと言うのではない。だがテレビなどない時代にあって、目的地の人々にその存在を知らしめるのは、このような行進が最も重要であり、それを上手に演じた支倉一行が人々に強い衝撃を与えたことは、使節の成功の半ばを果たした、と言っているのである。単なる宗教使節であった天正少年使節と異なり、東西関係における外交使節にあっては、このことが重要だったのである。すでに述べたように、このニュースがいくつも書かれ、いくつもの版画によって描かれたことがそれを推測させる。天正少年使節の服装も人格も、結局あまり評判にならなかったのに対して、支倉使節の評判は東西外交において重要な刻印を印したことになるであろう。こうした行事をすでに予期していたかのように、最高の衣服を持たせた伊達政宗の思慮も評価されねばならない。

ミサに招かれる

十一月一日の「万聖節」には、サン・ピエトロ大聖堂において法王の主宰するミサが行なわれ、それに支倉大使は招かれた。ボルゲーゼ枢機卿の馬車でまず隣りのサンタ・マルタ教会で聖体を拝した後、サン・ピエトロ大聖堂に入り、特別席からその儀式を見学した。

この大聖堂の中は驚くべきで、高さ四八・五メートル、幅二五・八メートル、奥の後陣まで一八三メートルもあり、六万人もの人々が収容可能であった。クーポラの部分は一三二・五メートルの高さがあった。この大聖堂建築資金のために歴代の法王は「免罪符」を売ったのだが、それが「宗教改革」の導火線となったことはよく知られている。日本のキリシタン弾圧も、徳川幕府へのプロテスタント・オランダの圧力があったことを考えると、この大聖堂は、支倉にとっても当時の日本人にとっても決して無縁ではなかったのである。

十月三十一日の手紙によると、ローマ駐在のヴェネチアの大使が支倉に会うことになった。「大使は普通の背丈より少し低く、色黒く、太っており、顔は四角く、髭はそり、髪は束ね、四十六歳である。着物は羅紗だが日本風のものだ」と書いており、彼だけでなく、フランスの大使もスペインの大使も彼に会談を望んだという。他のヴァチカン文書によると、彼らは自国語以外はわからないので、日本から来た一人のヴェネチア出身の通訳（グレゴリオ・マティアス）と会話をしていたと述べ、食事の時には三台の卓を用意し、一つには支倉常長と神父たち、もう一つには一緒にやって来た貴人の息子たち、そして一つには他の人々たちが着いた。彼らは食物を二本の木の棒を使って食べ、水を飲むことを好んだという。おそらく日本からお茶を持ってきたのであろう。このころはヨーロッパでもコーヒーは飲まれなかったし（十七世紀後半からである）、お茶の習慣もまだだったから珍しかったのであろう。食卓を三つ運び、一貫して箸を使っていたことがここで示されている。また支倉常長は食事のときも、人と会うときも、袋に入った一種の仕込み杖をもっている、と注目している。

3　法王に謁見

法王に正式謁見

十一月三日午後三時に、法王パウロ五世への公式の謁見が行なわれた。これについては史料が多く残されているが、ラテン語で書かれたヴァチカンのパウロ・ムカンチ式部官による「式部職日記」が一番詳しいので、それによってみよう。

謁見の式はクレメントの広間で行なわれたが、この部屋は枢機卿の会議など公の行事を行なう部屋で、ローマにいる枢機卿二十六人のすべてが出席した。その他僧侶や廷臣たちが数多く出席した。大使は黒い和服を着てやって来たが、クレメントの広間の横の部屋で着替え、白色の礼服で謁見室に入ったという。これは日常着の黒い羽織で訪れた支倉が、晴れがましい式典に備えて、白い服、ここでは入市式に着た前記の着物を着たのであろう。

法王は謁見用の衣服に身をつけ、天蓋のついたビロードの椅子に座っていた。支倉は、まず入口で跪《ひざまず》き、次に式部官に導かれて部屋の中央で跪き、法王の方に進んで足元に接吻した。次いでソテロも接吻した。これは法王に謁見する際に誰もが行なう作法である。そして支倉は日本語で話をし、書簡を法王に提出した。

この点が大事で、なぜかソテロの方を重視するアマチの『遣使録』では、まず最初に大使支倉が日本語で話をした点が抜けており、ただ書簡を法王に呈したことしか述べていない。実際には支倉は書簡の日本語を述べたのではなく、それとは別に語りかけ、それをソテロがラテン語で訳したのである。現代でも日本の外交官はすでに書かれたものしか読まないが、支倉が、日本語の東北弁で、相手がわからぬことも承知で話をしたことは、ひとりの人間性を堂々と示したと言わなければならない。彼の名が「はせくら」でなく、東北弁らしく「ふあしくら」と記録されているのもそのことを示しているであろう。

その後、箱に入った書簡（口絵4頁）が取り出され、そのうちラテン語の方が書記官により読み上げられたのであった。それが終わると、次に聖フランシスコ会僧侶のグレゴリオ・ペトルッカが仙台藩のキリスト教徒のこと、使節のことを語り、これに続けて法王の代わりに秘書官ピエトロ・ストロッチが、伊達政宗がキリスト教徒になることを期待し、かつ使節の労をねぎらったのである。

伊達政宗の書簡を読む

さて伊達政宗からの書簡を読んでみよう。日本語のそれより、ラテン語で書かれたものを読むべきであろう。それが彼らにどう理解されたかが問題だからである。もっとも、そのラテン語訳はすでに知られており、後にも述べるようにそれが和文のそれとよく一致していることはこれまでにも指摘されている。

全世界の偉大にして万民の、かつ、いと聖なる御父、教皇パウロ五世様の御足を、身を低くして恭《うやうや》しく口付けしつつ、日本国における奥州王、伊達政宗は懇願して申し上げます。

聖フランシスコ会の修道者、ルドヴィコ・ソテロ神父が私の領国に到来し、キリシタンの御法に説法した折、私を訪ねて参りましたが、私は神父より御法のことを承り、神父は典礼に関する多くの奥義（訳註・ミサ、聖体その他の秘蹟を指すと考えられる）やキリシタンたちの儀式を明らかにしてくれました。それらを心の内に思い巡らし、吟味したところ、真実にして有益なものであることがわかりましたので、何かの事情が私を駆り立てたり、止むを得ない用件が妨げたりしなければ、自分のものとして受け入れたことでしょう。しかし、今のところはそれは出来ませんが、少なくとも私の一門および領民がキリシタンになればよいと思っています。事が順調に運ぶように、いと福なる御父よ、厳律派（オブセルバンツィア派）と呼ばれている聖フランシスコ会の修道者たちを、どうか私の許にお遣わしください。私はこの修道者たちを特に愛し、尊敬しているのです。高貴な御身におかせられては、彼らにあらゆる許可、恩恵、また他に何であれ、そのために必要なものを躊躇《ためら》われることなく十分にお授けくださいますように、私としては、当地に入来した修道者たちを援助してやみませんが、修道院の建築やその他の事に、出来るかぎりの尽力を致す所存です。また同じく私の希い求めますのは、私の領国に、神の聖なる御法を弘めるために役立つとして、御意にかなうあらゆるものを整え、管理し、設けられることです。特に、そこに一人の高い僧位の方（司教のことであろう）を置き、任命してくださることです。私の領国に住むものすべてが、すみやかにキリシタンになることは私に疑いありませんけれども、その方の監督と配慮によって導かれるためです。その方の出費や収入については、十分であるように、当方が当然のこととして配慮しお世話したいと思っていますので、どうぞ御心配なさいませんように。

（『伊達政宗書状』堀田雄康訳）

まずここまでで、伊達政宗のキリシタンに対する態度を述べている。前にも述べたように彼はキリスト教を理解し、その教えを領土で広めてよいと思っていることを明快に述べている。それは領民の自由であるからだ。これはあたかも法王に追従《ついしょう》を述べているかに見えて、自分自身は現在のところそれができないことを述べ、まだその段階ではないことも指摘している。それは虚言を吐かないためのひとつの言い方であろう。ソテロが司教として奥州で活躍できるように「当然のこととして」保障しているのも、この使節のローマでの保障を言外に求めていて、巧みな述べ方である。

このような訳で、私の使節、かの修道者ルドヴィコ・ソテロを御許に遣わしますが、御目にとまったことにつき、私の心中を当人から聞き質《ただ》すことがお出来になられるでしょう。こう申すのは、上述の件に関し私の心中にあることは当人が大変よく知っているからでして、それらのことが成就するように、私の願いをこめて遣わした当人に、福なる御身におかせられては、慈しみ深い御耳を傾けられ、面目を施させて下さい。当人には、私の家中の支倉六右衛門と申す一人の身分の高い武士が同行するはずです。この者も同じく私の使節ですが、両人とも私の名代として恭順と従順を表すため、いと聖なるローマ教皇庁に到り、私に代わっていと福なる御足に口付けするはずです。また、万一、かの修道者ルドヴィコ・ソテロ神父が旅の途中で死去した場合、誰であれ神父から指名された他の者が、あたかも神父が生きているように、御許で御目通りを許されますように。（同前）

この部分ではソテロとの親交ぶりと、支倉の紹介、そして困難な長旅の中で、ソテロが死んだ場合のことなど、周到に考え、文章を認《したた》めていることがわかる。

さらに、私の知ったことですが、いと権勢あるイスパニア国フェリペ王の権力と支配の下にあるメキシコの諸国から私の領国は遠く距たってはおりません。それで、フェリペ王およびキリシタンたちのそれらの諸国と交わりたく、王の友誼を切望するものです。御身の権威の仲立ちがあれば、そのこと必ずや実現すると確信します。高貴な御身におかれては、その仲介に着手され、終わりまで御導きくださいますように、謹んでお願い申し上げます。正にこのこと、当地へお遣わしになられた修道者たちにとり必要な道であるからです。フェリペ王との友誼に到ることが出来ますように、何よりも先ず私のために全能の神にお祈り下さい。当領国に御身に対する恭順と御意にかなうものの何かあると思し召されるならば、高貴なる御身におかせられてはお命じ下さい。当方、御意にお応えするように、全力を尽くして成し遂げる所存にございます。ここにささやかな献上品でありますが、遠き国からのものですので、恭しく謹んで献上いたします。そのほか万事について、当方のことをかのソテロ神父および武士六右衛門に委ねます。二人が当方側として談合し取り決めることは、すなわち当方も取り決めたこととする所存でございます。

当仙台の都および藩庁より　慶長十八年九月四日、つまり救世の一六一三年十月六日

松平陸奥守　伊達政宗

（同前）

この文章を読むと、既に述べたように、政宗がメキシコとの通商についてスペイン国王の許可を得られるよう懇願していることが明確になる。これは何よりも焦眉の問題であり、これにより徳川のキリシタンに対する態度が変わることを、この一六一三年の時点で知っていたからである。その言葉は率直で、ラテン語にもかかわらず、日本語とまったく同じニュアンスであり、ソテロが勝手に書きな

おしたものではないと推測できる。これが真摯な書簡として法王に伝わったと思えるし、これに法王が応えていることは、その後の行為でも理解される。

異教徒として最高の待遇

このように支倉使節は、公式行事で立派に大使役を務めおおせたことがわかる。

ここで注目すべきは、この使節がキリシタン使節とは思われていなかったことである。たしかに支倉は洗礼は受けていたが、当主伊達政宗はキリスト教徒でなかったし、一行にもまだ洗礼を受けていない者もいた。したがって謁見は、サラ・レッジアという公式の謁見室では行なわれなかった。

とはいうものの、謁見が行なわれたのは枢機卿会室という重要な部屋であった。そして枢機卿全員が出席するという、こうした異教国からの使節を迎えるには例外的な対応であった。このことはペルシャ大使の謁見が法王の私室で行なわれ、枢機卿も少数であったことと比較してもよくわかる。行なわれた部屋、法王が盛装でなかったことを除けば、皇帝やスペイン国王の大使といった最高の賓客と異なるところはなかったのである。

十一月五日のサン・ジャコモ教会での祭儀では当時最強国であったスペインの大使が日本の大使に上席を譲ってさえいる。このように支倉使節は、日本の存在を知らしめたことだけでも成功だったといえるであろう。

前述のようにボルゲーゼ文書によると「大使は日本語で述べ、国王からの書簡を法王に差し出した。僧ルドヴィクス（ソテロ）はラテン語で訳述した。法王は小箱に入った書簡を受け取り朗読させるため秘書官ピエトロ・ストロッチに渡した」と書かれている。支倉が法王と居並ぶ枢機卿の前で日本語で話し、それをソテロがラテン語で訳したことに関心をもたれる。むろん伊達から伝えられた言葉を話したのであろうが、日本語が通じないことを承知で語ることは、彼自身が一国を代表した外交官であることを認識しており、決してソテロの随伴者役ではないということを示したものと思われる。アマチは必ずしもそのような記述をしていないが、ローマの文書には支倉の方が正大使であることをうかがわせる記述が多い。前述のように、法王の御足に最初に接吻したのも支倉の方であった。

支倉は、これに先立つ十一月四日にボルゲーゼ枢機卿のもとを訪れているが、これも重要なことであった。というのも法王の甥であるこのシピオーネ・ボルゲーゼ枢機卿の力は大きく、使節が彼という後盾をもったことは、経済的のみならず政治的にもローマ滞在を円滑にするのに役立った。このシピオーネこそベルニーニを育て、芸術の園ヴィラ・ボルゲーゼ宮を作った人物であった。彼が支倉の肖像を、当時のお抱え画家クロード・ドゥルエに描かせたのである。

献上品の内容

伊達政宗は法王に「ささやかな献上品」を贈呈しているが、ここではそれが何であるか記していない。しかしヴァチカンの秘密文書館のボルゲーゼ関係書類（一六一六年二月十七日）の記録から、次のようなものが法王に贈られたことがわかる。

まず四双の屏風である。これは徳川家からの贈呈品と思われる。どんな図柄であるかわからないが、徳川家からのものであれば、狩野派の花鳥図か山水画であっただろう。かつての天正少年使節は安土城図を持参したことがわかっているが、あるいは伊達政宗からだとすると、松島屏風であったかもしれない。二つ目は、貝、金がちりばめられた漆の机である。これは共に贈られた漆の箪笥や棚とともに、黒光りのするものである。さらに六点の書見台、六箱の筆入れが贈られている。

これらは法王の死後、ボルゲーゼ家に所蔵されており、一六二六年に発行されたドイツ人建築家のフルテンバッハがその『イタリア旅行記』の中で、複数の机について感激している。

これは日本からの使節が自ら持ってきたもので、黒檀のように黒い色をしているが、腐蝕性の液状のものであるらしく、快い甘い香りを発している。金箔の装飾で飾られており、このような手の込んだ工芸品は他のいかなるところでも見たことがない。それは素晴らしく、まるで鏡と見紛うばかりである。これでやはり日本でも優れた仕事に精通している人々がいることがわかる。

（フルテンバッハ『イタリア旅行記』／フィオーレ「東洋におけるキリスト教伝道の歴史的証言」）

これらの贈呈品は金銀や宝飾品ではなく、趣味の良さをよく示しており、日本人の文化の高さを示しているものといえよう。さらに四つの香薬の入った銅製の入れ物と、寝室用の額絵の飾りもあったという。これも洗練された文化的な香りがするものである。また行進の際に着て、肖像画にも描かれた豪華な着物も、帰国の際に法王に贈呈されたはずで、法王側の喜びもまたひとしおのものがあっただろう。このように支倉一行は、文化大使としての役割を負っていたことがわかる。

アマチの『遺使録』（第三十章）によると、十一月五日に再び法王との私的な会見がもたれ、政宗からの書状ならびに進物を携えて支倉は臨んだ。再度法王の御足に接吻し、日本の社会情勢について語った。提出された書状について法王庁の寛大な処置により速やかに希望が叶えられるよう誓願した。こうして使節の謁見の日が過ぎると、支倉とソテロ神父は各枢機卿らによる招待に明け暮れた。

法王との私的会見

とくに十一月四日に訪問したボルゲーゼ枢機卿は法王の甥だけあって、その宮殿は一際大きかった。建てられたばかりのローマの郊外のヴィラ・ボルゲーゼ宮（今日では国立美術館になっている）は、その規模の大きさでも美しさでも、他の枢機卿の屋敷を凌駕していた。そこは当時すでにギャラリーになっており、古今の美術品が置かれていた。枢機卿はカラヴァッジオの作品を買っていたし、まだ少年のベルリーニにすでに注目していた。一方は明暗法によるリアリズムの作品であり、他方は洗練された動きを表現しており、新しい「バロック」の傾向をよく示していた。

ヴィラ・ボルゲーゼ宮ではお雇い画家の一人、期待されていた若いフランス人のクロード・ドゥルエが、「聖母昇天」のフレスコ画（後出図6-6）を宮殿に描いたばかりであった。狩野派のような形式的な花鳥画を見慣れていた支倉らにとっては、人間像が中心のこれら西洋美術は、あるいは辟易《へきえき》とするものであったかもしれない。しかしヴァチカンとこのボルゲーゼ宮で当時の傑作を見た彼らは、その力強さに感激したと予想できる。

そして、法王の要望で支倉自身の肖像がこのドゥルエにより制作される。この画家によって描かれた自らのスケッチ像を見て、支倉はその写実性に打たれたことであろう。ただその華麗さで言えば、日本の桃山時代の花鳥風月画は決して優るとも劣らぬと感じていたかもしれない。画家はそのスケッチをもとにして、法王に寄贈された支倉の着物をのちに描き込んで肖像画を完成させた。画家はこの絹地の華麗な模様に感嘆して描いていたのである。そしてこの肖像はその後ずっとこの宮殿に置かれることになった。このことは次章で述べる。

小寺外記の洗礼

枢機卿や大使の訪問を一通り終えると、支倉の書記である小寺外記の洗礼がボルゲーゼ枢機卿の手配で行なわれることになった。法王の許可のもと法王庁の最も重要な教会堂であるサン・ジョヴァンニ・イン・ラテラノ教会のコンスタンティーノ皇帝洗礼場において行なわれることになった。コンスタティーノはローマをキリスト教国にした皇帝である。支節の船名の「サン・ファン・バウティスタ」は、まさにこのジョヴァンニ・バプティスタ（洗礼者ヨハネ）のスペイン名であった。教会堂自身は三一一年に建立されていたが、彼らの見た建物は一五八六年にフォンタナによって改修されたものであった。洗礼の代父は当のボルゲーゼ枢機卿であり、堅振の代父をローマの代表のレニ枢機卿が務めることになった。

十一月十五日日曜日、小寺外記は白衣をまとい支倉とコスタード司教に伴われ、サン・ジョヴァンニ・イン・ラテラノ教会に赴いた。そこには総大司教、大司教、司教、高位聖職者、参事会員、ローマの貴族、騎士らが多数列席した。聖体拝領のための教理試験を受け、十分知識があると認められ、洗礼場へ導かれて行った。異教徒に用いられる雲母《うんも》岩の聖泉盤に頭を差し伸べ洗礼を受けた。洗礼名は代父の名から取られたパウロ・カミロ・シピオーネであった。洗礼の儀式がすむと、聖母礼拝堂へ連れて行かれ、レニ枢機卿を代父とする堅振の秘蹟を授けられた。このような儀式は形式的に見られるが、これほど高位の枢機卿が自らこの有名な教会堂で秘蹟を授けたことはなく、この小寺が使節とともに、いかに例外的な名誉を預かったかを示している。ミサの聖祭もこのレニ枢機卿によって行なわれ、聖体を拝領した。

ところでこの小寺外記がいったい何者であるかは明らかでない。支倉の秘書官として登場しているが、仙台藩では外記という名はあっても、小寺の存在は確かめられない。使節の中での立場の高さからして、あるいは徳川から送られた密使かもしれない。どちらにしても、この人物が最後のローマまで、洗礼を受けず、一人の異教徒としてやって来たことは意味があると思われる。ソテロが各地で、使節の洗礼式を行なうことによって、この使節をキリシタンへの改宗者として宣伝する意味をもたせようとしたと考えられるが、小寺はその最後であった。これはこの使節が、キリシタンの使節ではないという証の一つでもあった。あるいは武士として最後までキリシタンになることに抵抗していたのかもしれないが、いずれにせよこの人物の存在は、支倉の影の存在としていまだに謎である。

4　日本のキリシタンからの書簡とローマ市公民権証授与

日本のキリシタン情勢

十一月十五日の午後、ソテロをはじめ、トマス・滝野嘉兵衛、ペドロ・伊丹宗味、フランシスコ・野間半兵衛が法王に謁見し、日本のキリシタンの情況について説明し、日本語で書かれ、ラテン語に訳された書簡が手渡された。これら三人はすべて聖フランシスコ会の会員であり、この使節が単に伊達政宗や徳川家だけのものではなく、このような日本のキリスト教徒全体の期待もまた背負っていたことになる。

すでに出発前の人々の動きのところで述べたが、一六一三年八月十五日付のキリシタンの日本人信徒の連名で書かれた請願書がこの日に提出されたのである。鳥の子《とりこ》紙に金銀箔を散らしたもので、ヴァチカン文書館に残されている。この書簡には、伊達が請願している宣教師を奥州に派遣すること、日本東部に大司教一名を任命すること、日本人宣教師のための神学校を設立すること、日本における聖フランシスコ会殉教者を認知すること、彼らが加入したローマの聖フランシスコ会リャガス大信心会に与えられた贖宥《しょくゆう》を、奥州のキリスト教徒にも得られるよう要望すること、というものであった。

法王の約束

これに対し法王はすぐに、属司教をもつ大司教区を日本に設立することと、ソテロを初代大司教に任命し、法王特使ならびに枢機卿を送ることを約束した。法王がすぐに回答したその好意に注目すべきであろう。その後、他の二枢機卿の意見によって、ソテロを大司教ではなく、日本東部の司教に任命することになった。日本の社会的情勢を顧慮して、すぐには大司教にはできない、というのである。

その結果、⑴宣教師を派遣すること、⑵大司教は司教を多数必要とするので不可能であること、⑶司教区ができた上で神学校ができるであろう、⑷殉教者は教会法に照らして審査されるであろう。⑸贖宥は許可されるであろう、という回答になったが、これは順当なものであり、十二月二十七日の小勅書でできるだけ速やかにことを運ぶことが約束されていた。いずれにせよここに見られるのは、法王のソテロへの強い信頼であり、使節への高い評価である。

法王の仲介により、メキシコとの通商を開きたいという要望に対しては、スペイン国王と話し合うよう、スペイン駐在法王特使に依頼した旨を回答している。これらの処置を見ていると、法王はすべて使節の要望に沿うように考えていることがわかる。さらに法王は、もし政宗がキリスト教徒になったときは、法王がカトリック諸王とその王国に与える恩恵と援助を与えることを努力する旨をも回答した。

この対応を成功とみるか、失敗とみるか、当時から意見が分かれていた。ヴェネチア大使シモン・コンタリーニによれば、聖フランシスコ会の宣教師を送ることは受諾されたが、その地に司教区を設置することはできなかったし、伊達が世俗的な意味で法王の権力下に入ることも、スペイン国王に任せるとのことで拒否されたと報告した。三つの要求のうち最初の一つしか受け入れられなかったので皆不満だった、というのである。

しかし一六一六年の一月二日発布の小勅書の中では、長崎、京都、伏見の各修道会の教会、大坂の聖母受胎、堺の聖アントニオ、和歌山の聖ホセ、仙台のサンティアゴ教会に全贖宥付きの祭壇を置くことが承認されたし、奥州の司教にソテロが任命された。ただちに実行ができないというだけで、拒否されたとは言えないであろう。このヴェネチア大使はイエズス会的な悪意で使節を見る目があったのである。その後、法王からソテロへの支持は一貫していた。

それはここでイエズス会側から陳情がなされていたことでもわかる。「使節は偽りで、聖フランシスコ会の修道士（ソテロ）が自派の利益のために仕組んだもの」とか、「伊達政宗は信用おけない」というような文書も残されている。しかしそれは法王によって無視されたのである。またボルゲーゼ枢機卿のマドリードの法王大使宛ての秘密文書では、ソテロの野心を指摘しているが、法王はできるだけ使節の要望に答えるようにした、と語っている。ここで、イエズス会がもっている日本支配の野望が、日本では抵抗に遭い、頓挫しつつあるにもかかわらず、ソテロが一人で可能性を追求していることに苛立ちがあるといってよい。ソテロの場合はたしかに自派の聖フランシスコ会の伸張を意図しているものの、イエズス会の旨とする支配の野望よりも通商にとどめて、布教を行ないたいという意図なのである。だからこそ伊達も徳川もそれを支援したのであった。

法王による伊達への返書こそ、この使節の最大の成果であり、その要求がほとんど認められていることは注目されなければならない。これは伊達の洗礼を条件としているものの、とくに当面の使節の課題であったスペインやメキシコとの交易についてスペイン国王フェリペ三世との交渉を法王大使を通じてさせることを命じており、好結果が得られるだろうと述べている。これはこの使節が望んでいた焦眉の希望だったのである。この返書を得たソテロは、これを持って勇躍日本に帰ることができると強く思ったに違いない。その意味では、はっきりとこの使節が成功したといってよい。

時間のずれ

しかし後は時間のずれ、ときの推移がこれと合致するか否かの問題だけが残された。

電信がない時代においては、彼らの成功はすぐに日本まで伝えることはできなかった。世界各地で情況は日々刻々と変化していた。日本においてもしかりである。それにこの当事者の意志がうまく嚙み合うかどうかは時機の問題である。それは外交使節の成否を問う条件のひとつである。これだけは言えるのは、使節一行がローマで味わった喜びと満足は、少なくともこの使節の最大のそして最後のものであった、ということだ。外交というものはいつもそういうものかもしれない。

元老院からの表彰

十一月十九日ローマの元老院は市庁において、機密会議を行ない、翌日公式会議を開催して、日本の使節にローマ市の公民権を与え、名誉を讃えることに決した。

日本人の中では奥州からのパウロ・カミロ・シピオーネ・小寺外記。尾張からのドン・フランシスコ・野間半兵衛。山城からのドン・トマス・滝野嘉兵衛。摂津からのドン・ペドロ・伊丹宗味が選ばれた。すでに述べたように、後の三人は各地の有力な商人であって、伊達家の使いではない。すべてキリシタンとなっていたものの、それは商人としての身の処し方であったに違いない。彼らが帰国してもキリシタンであり続けたという証拠もない。しかしまた彼らを偽善的なものであったととる必要もない。伊達政宗のキリスト教徒への好意と同じ、日本人の柔軟性、折衷性と言うべきであろう。イタリア人のドン・シピオーネ・アマチ。彼は貴重な『遣使録』を残し、スペイン語からイタリア語への通訳をしていた。またメキシコ出身の日本語通訳ドン・フランシスコ・マルティネス・モンターニョ。さらにヴェネチア出身の同行者ドン・グレゴリオ・マティアスが選ばれた。ここにソテロが含まれていないのは興味深い。これはあくまで非宗教関係者への評価だったからである。これら三人への授与からは、ローマ市がこの使節の非宗教的側面で大いに価値を与えていたことが理解される。それは支倉に与えられたローマ市公民権証書（図5-6）の文面を読めばよくわかる。

ローマ市の護民官L・レンティ、V・ムト、J・ヴェリォが、フィリッポ・フランシスコ・支倉六右衛門に、ローマ市の公民権を贈ることを提議した件につき、ローマ市民の決議は次の通りである。ローマ市においては、王政の時代ならびに共和国の時代においても、また現在においても、貴族ならびにローマ市民は、当市に来た世界の有名なる人を親切かつ盛大に歓迎し、これにローマの公民権を贈り、ローマ市民とともに、わが共和国のためとなり、またその名誉を増進させることを常としてきた。この古来の慣例に従い、日本奥州の国、仙台に生まれ、奥州の王伊達政宗の使節として、王とその国を法王パウロ五世の保護のもとに置くことを請うために、遠路はるばる当地に来たフィリッポ・フランシスコ・支倉六右衛門を、ローマ市の公民として、貴族（パトリチオ）に列するべきものであると信ずる。

この理由により、元老院およびローマ市民は、右フィリッポ・フランシスコ・支倉六右衛門にローマ市の公民権を贈り、相当の資格を有するものとして、貴族に列することを決めた。
右は一人の異議者もなく、諸人が喜んで賛成するものであるゆえ、さらに名誉を表すため、元老院の書記に公文書を作成し、長くこれを記念しようとする。

（ローマ市公民権証書／『大日本史料』第十二編之十二）

むろん今日では廃れたが、この制度はローマ帝国の時代の慣習に則ったものといわれ、世界がローマ中心に動くという世界観に基づくものとはいえ、歓迎を表す最大の迎え方だったのである。これは前の少年使節にも与えられたものであるが、今回はクリスチャンの洗礼名をもっているとはいえ、一般の外交使節であったことは、この評価が何よりも、遠い日本からやって来、その政治的・文化的な存在をアピールしたことへの敬意であったと推測できる。十一月二十三日に支倉常長はカンピドリオのローマ市庁で貴族に列せられ、他の者も公民権を得た。

十二月二十四日、支倉は法王パウロ五世の代理によってアラコエリ教会で堅振礼を受け、翌二十五日、クリスマスの日、サン・ピエトロ大聖堂で法王がミサを執り行なった後、諸枢機卿やフランスの大使、ヴェネチアの大使らとともに、支倉とその一行に聖餐《せいさん》を授けた。二十九日支倉はローマ市議会を訪問し、そこでローマの貴族に列する賞状を受け取った。そこには市の大きな金印が押され、豪華な装飾が施されていた。法王パウロ五世との最後の謁見は、年が明けた一六一六年一月四日に行なわ

図5-6　ローマ市公民権証書（仙台市博物館蔵）

（上図左上部分）

れた。法王は一行を招き、伊達政宗への書簡、帰途のそれぞれの国の王への紹介状、その旅のための資金として金六千スクードを提供し、贈り物を与えた。この金額は帰路の費用に十分であり、彼らも満足したことであろう。贈り物は、遺物箱に入った銀の十字架、聖なる羊、首飾り、メダル、そして支倉の肖像画であった。その肖像画こそが現在、仙台市博物館にあるものだろう（口絵3頁右）。

5　ローマで何を見たか

宿泊所の教会堂

ローマ滞在中支倉一行が泊まったのはアラコエリ教会であった。それは今日では白亜のヴィットリオ・エマニュエーレ二世記念堂の影に隠れて目立たないが、当時はローマの重要な教会であり、修道院も背後にもつ大規模な教会堂であった。もともとアウグストゥス皇帝に救世主を予告した巫女の託宣を記念するため、六世紀に建てられた。ローマの宗教生活の中心であり、一二五〇年に法王インノケンティウス四世から当時の最も有力な会派であった聖フランシスコ会に委ねられた。一三四八年の折からのペスト流行の際も、この教会こそが救世主となり、このカピトリーノの丘に上る一二四段の階段が、護民官のコーラ・ディ・リエンツォによってつくられたのであった。当時の風景画を見ると、一行が泊まったと思われる修道院は大変大きく、ローマを一望に眺められる最高の宿舎であったと思われる。この時代には旅籠《はたご》はあったものの今日のように豪華なホテルはなく、このような修道院が巡礼者を泊め、有力者を宿泊させるのに最もよかったのである。

そこから古代ローマの遺蹟も近かった。まずカピトリーノの丘のカンピドリオの広場にマルクス・アウレリウスの騎馬像を見たはずである。それはキリスト教とは無関係の像であったが、キリスト教に改宗したコンスタンティヌス皇帝と間違えられており、ミケランジェロがこの広場を作りかえたときに中央に置いたものであった。仏像には見慣れていた日本人も、このようなただの人間と馬の像に、宗教とは異なる自由な表現を感じたことであろう。その頃は遺蹟は地に埋もれていたから、今日のように目立たなかったかもしれないが、それでもコロッセオの競技場やパンテノン宮殿は否が応でも目に入ってきたであろう。支倉一行の帰国以後大きな教会堂が沢山建てられていったが、当時はまだオベリスクやこれらの異教徒の建物が多かったのである。これはヴァチカンの美術館にある、十六世紀後半に描かれたイグナツィオ・ダンテの「ローマの地図」から推測できることである。彼らはローマの長い歴史の一端をそこで見出したはずである。

ローマは今日のように広場は舗装されておらず、道路も石が敷き詰められていないので、雨の日は水たまりができ、乾いた日には土埃《つちぼこ》りが立ちのぼった。しかし彼らの見るものは自然の中に作られた日本の木造家屋の都市と異なる、城壁で囲まれた石の建築による都市だったのである。豪華な建物だけでなく、十七世紀初頭の民衆を描いたカラヴァッジオの絵にあるような、乞食や貧しい人々も見たに違いない。

彼らは好奇心一杯で、街を見たいと思ったであろう。日本でも名所を見る習慣はあったからである。

その姿はキリナーレ宮に描かれたきょろきょろしている五人の像（口絵2頁左）の中にもうかがえる。ただ彼らは現代の観光客のように美術品を見に街を歩こうとしたり、見物に出かけたりすることまではなかったであろう。そのような習慣は近代の観光の産物であるからだ。

ローマで見たもの

ローマ法王の大歓迎の式典、市内の大行列、ボルゲーゼ枢機卿邸での饗応。支倉はローマで大使として絶頂の時期を過ごした。彼がそこで見たことは、十九冊の記録に書き込んだことであろう。あるいはソテロから聞いた西洋人との会話もあったかもしれない。しかし彼自身は言葉が理解できなかったから、主として眼で見たものへの観察に終始したであろう。では、支倉はローマでいったい何を見たのであろうか。

一六一五年のローマ。その頃のローマの地図で見てみよう。例えば一五九三年のアントニオ・テンペスタの地図を見てみると、サン・ピエトロ大聖堂はまだ身廊がまだ完成しておらず、まだかつてのサン・ピエトロ大聖堂の三角屋根のバジリカが残っており、背後のミケランジェロのクーポラと未調和の状態となっている。ところが一六一八年のマッテオ・グロイターの地図を見ると、それが完成しており今日の威容とほとんど同じものが建っているのがわかる。支倉が見たのは、まさに身廊完成直後のサン・ピエトロ大聖堂であった。すでに行進の際に述べたように、事実この正面がマデルノによって完成されたのは一六一四年、たった一年前だったのである。大聖堂前の広場は、まだベルリーニの巨大な回廊に取り囲まれていなかったが、すでにその前には大きなオベリスクが一五八六年に立ち、この一三六・五七メートルの高さをもつ聖堂と四一メートルの塔があった（図5-7）。ともあれ、こうしたモニュメントは、キリスト教の力の誇示として彼を感心させたことであろう。

支倉らはミケランジェロやラファエルロといった巨匠たちのような大芸術家を知ることはなかっただろう。それよりも教会の中のキリストの像ばかりでなく、建築の威容によって飾られていたこの宗教が、いや西洋そのものが、決して質素さを旨とする神への祈りではなく、大きな外観により力によって、異教徒を圧倒しようとするものであることを印象づけられたと思われる。

彼はスペインでの洗礼により、よきキリスト教徒にならんと決意していた。それはちょうど仙台市博物館にある彼の肖像画（口絵3頁右）のような祈りの姿に対応するものであった。ところが、周囲は異なっていた。彼の慎ましやかな祈りに比べると、見せられる教会堂、宮殿は、まさに対照的な豪華で巨大な建物群であった。支倉はそれを正直に見たであろう。それを理想的と見る近代の日本人と違って、西欧コンプレックスはなかったと見るべきであるからだ。

彼はその力の誇示に、決して驚嘆一方

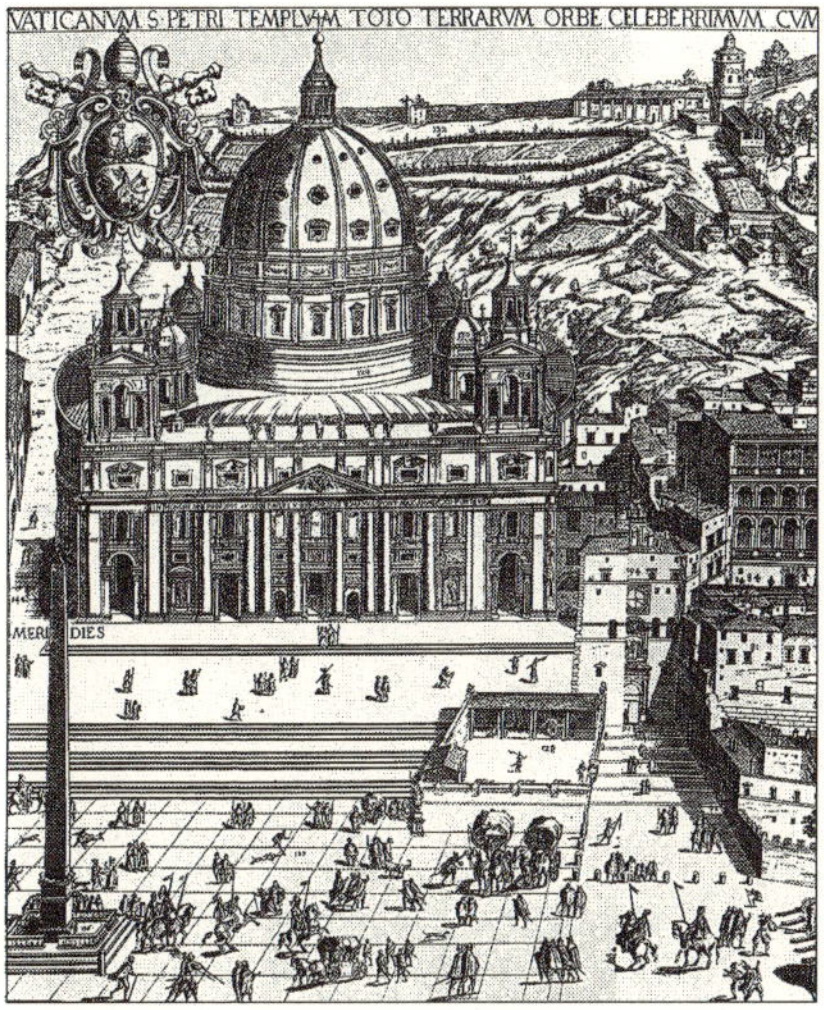

図5－7　1615年のサン・ピエトロ大聖堂
（マッジ・マスカルディ作「ヴァチカン鳥瞰図」部分，高橋由貴彦氏提供）

ではなかっただろう。織田信長の巨大な安土城も、豊臣秀吉の大坂城もやはり大きな威容を示していた。大きな権力はその力をもって宗教を支配し、酷い戦争も行なうことも知っていた。彼は戦線の一将兵としてすでに大規模な朝鮮出兵を体験していたし、天下分け目の関ケ原の戦いも知っていた。主君の伊達政宗もキリスト教の権力の部分を知って、彼にその交渉を依頼したのではなかったか。

ローマ七大寺巡り

話は少し遡るが、支倉一行は十一月二十三日にローマ七大寺巡りを行なったきものを観たり」（ローマ市ヴァチカン図書館文書／『大日本史料』第十二編之十二）とある。一行も詳しく説明を聞いたに違いないし、キリシタンになった今、七大寺にまつわる物語に、ローマの伝統の深さを印象づけられたに違いない。（図5-8）。「日本の大使は月曜日、七寺に参詣し、神聖なる遺物、その他珍し

まず、ローマの西南にあるサン・ジョヴァンニ・イン・ラテラノ教会である。これはキリスト教を公認したコンスタンティヌス帝が建てた最初の教会で「ローマ市及び全世界の教会の母および筆頭」という称号が与えられており、格の上でもサン・ピエトロ大聖堂よりも高かった。船の名が「サン・ファン・バウティスタ号」であったのは、まさにこの教会の名サン・ジョヴァンニと同じであると支倉は思ったであろう。現在はバロック様式の巨大なものだが、支倉が見たものはバジリカ式の単純なものので、さまざまな改修で変わっていく途中の教会堂であった。

サン・ピエトロ大聖堂についてはすでに述べたが、次はサン・パウロ・フォーリ・レ・ムーラ教会であった。これはペテロと並ぶキリストの使徒としてローマで殉教したパウロの埋葬されたところに

建てられたもので、当時は最も大きな教会堂であった。現在の教会堂は一八二三年に火災にあった後のものだが、支倉はそれ以前のバジリカを見、そして内陣の黄金に輝くキリストと諸聖人のモザイク画を見たことであろう。そこで歓待を受け、昼餐の席に列した。

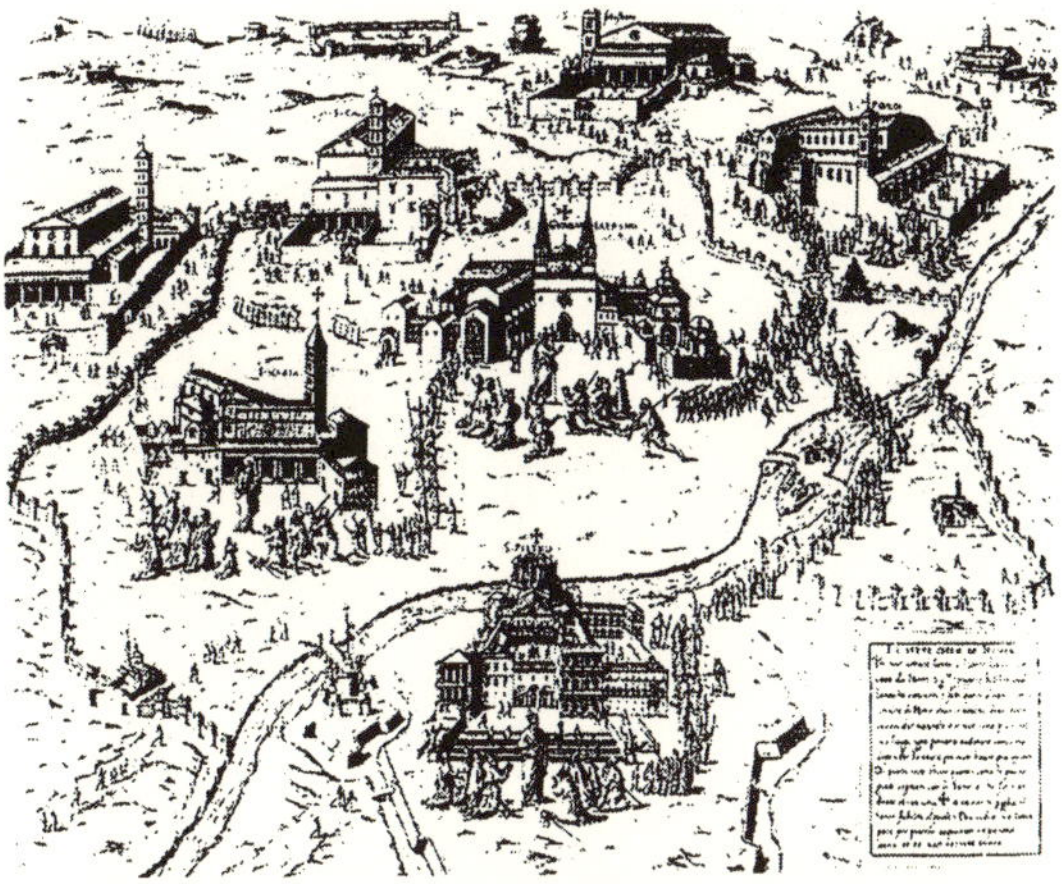

図5－8　ルネッサンス期の「ローマ七大寺巡礼図」
（『ライフ人間世界史5　ルネサンス』より）

次にサンタ・マリア・マジョーレ教会に訪れた。ここで次のような説明を聞いたはずである。三五二年の八月四日の夜、法王リベリウスとその父ジョヴァンニの夢の中に聖母マリアが現れ、翌朝、ローマの七つの丘の一つのエスクイリーノの丘に行けば雪に覆われた場所があるから、そこに教会を建てるようにとのお告げがあった。その翌日、丘に行って見ると、真夏にもかかわらず雪があり、早速そこに教会を建てたというものである。

支倉にはその説明がおかしなものに聞こえたであろう。夢といい、雪といい、そんなことで教会を建てる必要があるだろうか。それは聖母マリアをまつる教会堂でよいではないか。日本人にとってキリストよりもこのマリアの方がはるかに近づきやすいように見えた。「マリア観音」を作った日本人にとって、マリアはまさに観音のように光を発して衆生を救うのである。

これまでの四大教会堂は「バジリカ・マジョーレ」(大聖堂)と呼ばれ、次の三教会堂は「バジリカ・ミノーレ」(小聖堂)と呼ばれている巡礼地である。一行はローマの最南東にあるサンタ・クローチェ・イン・ジェルザレメ教会に向かった。もともとコンスタンティヌス帝の母ヘレナの死を記念して建てられたもので、キリスト教徒であったこのヘレナがキリストの磔《はりつけ》の時に使われた十字架を三二九年のローマに持ち帰ったことから、サンタ・クローチェ教会と呼ばれた。そこでイエスの十字架を見たし、その手足に打たれた釘を示された。自分以上に苦労した人に支倉は思いを馳せたろう。

次のサン・ロレンツォ・フォーリ・レ・ムーラ教会は城壁の外にあった。そこでは、スペイン人の聖ロレンツォ、つまり聖ラウレンティウスの話を聞いたに違いない。彼は三世紀のキリスト教徒として鉄格子の上で焼き殺されるという酷たらしい刑を受け、後にここに埋葬された。五世紀に先輩の最初の殉教者聖ステファヌスの遺体が彼の墓に移されると、なんと彼は自分の体を隅の方に動かし、その聖人を墓に迎え入れた。それで「礼儀正しいスペイン人」といわれるようになったという。死んでなお礼儀を守るこの聖人の話、死を超越したこの話は、支倉の胸を打ったことであろう。

最後に彼はサン・セバスティアーノ教会に向かった。この三世紀の聖人は、矢に射たれて殉教し、ペストや疫病の守護神になった。彼はここで無病息災を祈ったことであろう。

しかし支倉ほか十五人の日本人が、ここローマで見た壮麗な建築物は、キリスト教の中心地、ローマ法王庁が集めた富の集積でもあった。まさに西洋の繁栄を思わせるものであり、それはメキシコや南米、フィリピンといった植民地からの富が蓄積されたものでもあった。時期的にもこれらバロックの時代は、西洋の世界支配の上に立った力の誇示の時代であるといってもよい。なぜ私がこのような推測をするかといえば、支倉使節の帰国後、日本ではこのようなカトリック国の文化や商業がほとんど無視され、オランダを通じたプロテスタントの国々の文化のみが入ってくるからである。ラテン系の文化、つまり「イタリア・ルネッサンス」の影響が直接何もないようであるからだ。キリシタン弾圧が強まった背景には、彼らの文化が、その宗教の特殊性を越えるほど、日本人に普遍的なものとして好印象を与えなかったのではないか、と思われるのである。

支倉使節の旅行の感想についての唯一の史料である『伊達貞山治家記録』（二十八）には、「南蛮国ノ事物、六右衛門物語ノ趣《おもむき》、奇怪最多シ」と書かれ、それを語る支倉に対しては、奇怪さを感じていたようだ。むろん折からのキリシタン弾圧の嵐の中で、これを書く者が、聞く耳をもたなかったのかもしれないが、「南蛮ノ都へ到リ、国王（スペイン国王）波阿波（ローマ法王）ニ謁シテ、数年逗留ス」と書かれているから、支倉の語り口に多くの情報を期待することもできたはずなのである。

第六章　ローマでどう見られたか——支倉の肖像画群

1　着物姿の日本の武士

西欧で初めて描かれた日本人像

ここに十七世紀初めに、西洋で初めて油絵で描かれた日本人の武士像がある。ボルゲーゼ宮にあるドゥルエ作「支倉常長像」（口絵1頁）である。西洋美術史上初めて写実的に描かれた「極東」の黄色人種の肖像画である。何と忍耐強そうな、しかし気負ったところのない、正直な日本人の武士が描かれていることであろう。恐れも羞恥心もない、まさにありのままの日本人の表情といってよい。それに何と丹念に白い絹地と笹や鹿などの模様が描かれていることか。腰の刀の鍔《つば》にもまた、伊達家の九曜紋がきっちりと描かれている。写真がない時代の、日本人の姿の忠実な描写と言ってよい。

もう一つのフレスコ画を見てみよう。ローマの大統領官邸のコラツィエーリの間の「支倉使節図」

（口絵2頁左）である。これは何と生き生きと五人の日本人の表情を表していることか。何と的確にその知的な好奇心を表していることだろう。今日の外国に出ている日本人と同じく、積極的に見聞を広めようとしている様子が描写されている。

私は支倉の一行が描かれているこの壁画を見たとき、この人物の生き生きした表情に、これまでと異なった人柄を見出した。そこにはまさに、知的で尊敬される人物として描かれていたのである。これとローマで描かれた彼の見事な肖像画とを合わせると、支倉は、少なくとも西洋人にとっては、たいへん個性のある、すぐれた日本人であったことがうかがえる。彼が支倉六右衛門常長という個性を相手に印象づけて、使節の使命を遂行していったことがわかる。

無視されてきた肖像画

これらの絵画史料については、松田氏や五野井氏ら主要な研究者が全く無視してきたし、また最近では大泉氏が古い写真と比較してしきりに捏造だと否定的に述べている。絵画史料は当時の貴重な視覚史料といってよく、それを審美的な部分も含めて的確に観察することができれば、歴史判断の重要な鍵となる。文字史料しか史料にならないと信じている歴史家にとって、それはあたかも「恣意的」に判断していると見えるかもしれない。しかしこれらは現在における写真史料に近いものと言ってよく、「恣意的」に陥ることなく多くのことが判断できるものであり、宝の持ち腐れにならないように、歴史家は十分にこの証拠を活用しなければならないのである。

2　クロード・ドゥルエ作「支倉常長像」

人格・個性も描いた肖像画

この絵（口絵1頁）の歴史的な意義は、まず日本の大使が西洋で注目され、十七世紀初めという「近代」以前の古い時代に、初めて西洋人画家によって描かれたということである。これは単に外交史上特筆すべきことであるばかりでなく、西洋美術史上でも重要で、中国人を含めて極東のアジア人が人格とともに描かれた最初の例としても評価すべきである。

それまでの西洋人による異邦人描写といえば、類型化された集団的なものか、禿げて辮髪《べんぱつ》といったカリカチュア的な姿であった。またイスラムとの接触による、ターバンをつけた中東の人々、あるいはアフリカの黒人が、東方の三博士の一人として描かれたりすることはあっても、一人の個人として描かれたことはなかった。たしかにスレイマン一世のようなオスマン・トルコのスルタンが描かれたことがあったが、実際のモデルを前にしてリアルな肖像画として描かれた像ではなかった。ここでは、王でもなく、殉教者でもない、一人の東洋人が、個人の肖像として描かれているのである。その初めての肖像が日本人だったのである。

これよりおよそ三十年前の天正少年使節にはこのような肖像画が残されていない。わずかに四人の版画が残っているにすぎないが、それも皆同じ顔をした、記録性をほとんど持たないものだ。彼らはいつも襦袢《じゅばん》に半ズボンをはき、修道士風の長衣をまとっている、と書かれているのに、襞襟《ひだえり》のついた貴公子風の服装なのである。その着物姿と言えば、わずかに私が見出したフェデリコ・ツカーロがデッサンで残している後姿の着物姿だけである。このことから考えると、少年使節も大歓迎は受けたが、ローマ側にとっては、その肖像を残しておくほどの存在ではなかったということができる。ヴァチカンの図書館に、この少年使節の行進の図（前掲図5-5）があるが、一人ひとり個人的な区別をすることもできないものである。

このことからも、ドゥルエ作の肖像画は、支倉常長自身の人格・個性が、ローマ人たち、とくに法王とその周辺に、それを残す必要を感ぜしめたのだ、ということを表しているといえる。

日本についての情報

当時の日本に対する情報といえば、イエズス会による一方的なものであった。天正少年使節を送ったアレシャンドゥロ・ヴァリニャーノの『日本巡察記』（松田毅一・佐久間正編訳）によれば、「一般的に言って（日本の）不毛と貧困さは東洋全域で最もはなはだしい。というのは、ポルトガル人が支那から彼等に齎《もたら》し、彼等が衣類として用いる絹の外には、ほとんど商品らしいものは何もないからである。牧畜も行われず、土地を利用する何等の産業もなく、彼等の生活を保つ僅かの米があるのみである。したがって一般には庶民も貴族も極めて貧困である」と述べていた。またスペインの商人アビラ・ヒロンの『日本王国記』（佐久間正、会田由訳）でも、「この王国では百姓や臣民はひどく圧迫され、ひどく貧困なので、しばしば彼らに要求される年貢の不足を払うために、子供を売るほどである」などと書かれている。

これらは、十六世紀末当時の戦国時代であり、それによって疲弊した日本を誇張したものであろうが、しかし一六一五年のこの支倉一行とスペインから同行し、ソテロから日本の様子を聞いたアマチは次のように述べていた。日本は「東西諸国のすべての中でも、第一等の地位を保ち、われらと比べるに足る国である。そこは気候は温暖、土地は豊穣、人々には天性なる活発さが備わっている」と。いかに見る眼によって異なって記述されることか。ヴァリニャーノやヒロンには、植民地主義者の優越心が仄《ほの》めいており、日本人を最初に見たザビエルや、詳細な記述をしたフロイスなどの観察眼が欠けている。ザビエルやフロイスなどでは貧しさより、その活発な日本人の生活ぶりの方に関心が向かっている。むろんいずれもキリスト教第一主義の立場から書かれ、その信仰の強さが書かれているとはいえ、その中に日本の当時の様子をどう見ていたかは、それぞれの先入観によって全く異なるのである。まさにこの肖像画は、このアマチの言葉どおり、尊敬の眼をもって描かれているといってよいであろう。

豪華な着物

肖像画に描かれた着物はアマチが記す、支倉一行によるローマ行進の際の記述と一致する。第五章で述べたようにその服は美麗な細工の数多く施されたもので、白地に動物、鳥、花などが、絹、金、銀糸で織られている。

たしかに絹白地に鹿、孔雀を配した陣羽織に、単衣と袴には薄《すすき》を描き、金色を使っており、この言葉と同じである。この美麗な着物は決して架空のものではなく、現実に支倉が持って行ったものであり、これは多分、伊達政宗が彼に持たせたものである。いかにも伊達好みの華麗な着物であり、せいぜい今日では能の衣装でしか見られないような見事なものである。伊達政宗は和歌でも一流と言われたが、その造形的な感覚も相当なものだったことが、この着物ひとつ見ても推測される。このことは、彼の造営にかかる大崎八幡神社や瑞巌寺《ずいがんじ》の建築の妙にも反映されているところである。

ここで比較されるのは天正少年使節の場合である。彼らもその着物姿がローマ市民の驚きを誘った。「前面を開き、袖は長く、肘《ひじ》のところで切れて腕が露出し……」と書かれ、日本の着物を着ていたことがわかるが、感心された部分が灰色の羽毛でできた金色の総《ふさ》のついた帽子や、花模様の胸のところで交差させて帯のように結んだ一種の頸《くび》巻きだったりして、その着物自体ではない。この少年達がローマのミネルヴァ教会に行ったときにやはり着物を着ていたが、「嘲笑」さえされてそれ以後着物を着ることはなかったというから、支倉の方がいかに着物姿の見栄えがしたかが分かるのである。

この支倉の顔は、決して理想化もカリカチュア化もされていない（図6-1）。見たままの顔のように見える。しかしローマの報告では、日本人の一行の姿について、次のように言っている。

日本人の身長は一般的に並みよりも低く、皮膚の色はオリーヴ色を帯びている。しかし彼の地は北極に近く、寒帯に位置するから、もともと白くないはずはない。これは旅行中とくに熱帯を通って来たからだろう。眼は短く小さいし、鼻は中央が低く、末端では広がっている。頭は剃り、ただこめかみのところだけはできるだけ髪を長くし、その髪をまとめて後頭部において銀の紐で結っている。

（「日本奥州の王伊達政宗の大使ドン・フィリッポ・フランシスコ・ハセクラ及びパードレ・フライ・ルイス・

ソテロのローマ入市式の記」／『大日本史料』第十二編之十二）

この観察は使節が着いたばかりの時のものであるが、これがほかの十五人の姿の平均であっても、支倉の肖像では、必ずしもこの描写のような特徴は見られない。もうオリーヴ色の肌は褪せてきた頃か、やや浅黒いだけである。眼も一重目蓋でありながらそれほど小さいというわけでもないし、鼻も

図6－1　クロード・ドゥルエ作「支倉常長像」部分
（個人蔵，ローマ・ボルゲーゼ宮所在）

図6－2　ドゥルエ作「支倉常長像」部分
（個人蔵，ボルゲーゼ宮所在）

それほど低くはない。背丈もこの肖像画で見るかぎり、小さいという印象はあまり受けない。記述によると、その武器も「赤絹や金房で飾られた、柄のあるナイフのような武器」や「十字架のような棒状の武器」を携えてとあるが、この肖像画の二本の刀の方は、一本が鍔《つば》に伊達家の九曜紋がついた刀であり、他方は鍔のない脇差しで、より的確に描いている（図6-2）。

大使としての肖像画

ここで注目すべきは、前にも述べたようにこの肖像画全体が、法王庁の注文にもかかわらず、彼自身がキリスト教徒である印を何も持っていないことである。これはキリナーレ宮のフレスコ画の支倉らの姿と共通する点である。この点は仙台市博物館にある彼自身が持って帰った「支倉常長祈禱像」（口絵3頁右）と異なる点で、そこに描かれたロザリオ（数珠）をもって、十字架に祈る姿と対照的である。

その代わりに、この絵の右背景には「三位一体」の聖霊の鳩の下、三人のキリスト教的な聖人たちが空中に描かれている（図6-3）。十字架を持っている女性の寓意像「信仰」を中心に、右が錨をもち羽根をつけているやはり女性の寓意像「希望」であり、左は茶色の僧服を着た「聖フランシスコ」が跪いている。しかしこれはどうやら支倉がキリスト教徒であるという意味より、これら三聖者が船の上に描かれており、この大使を守ったことに意味があるように見える。

この船が月の浦から出発した「サン・ファン・バウティスタ号」であることは、小さく右端に描かれている見送りの人々が、日本人らしい着物を着た後姿であることからも、とくに船尾に伊達家の九曜紋が描かれており（図6-4）、マストの旗には「逆さ卍に違い矢」の支倉家の紋章が描かれていることからもわかるのである。画家はこの船が伊達家によって造られ、この船が太平洋を越えて来たことをよく知っていた。この東洋人の大使が成し遂げた初めての快挙を、画家はよく認識し、その航海を守った「信仰」と「希望」と「聖フランシスコ」を描いたのである。とくに「希望」の擬人像は船の錨を持っているのである。

右手前の可愛らしい犬の姿は、まさに主人の大使に忠実な「忠義」の犬の意味であるから、あまり

図6－3　ドゥルエ作「支倉常長像」部分
（個人蔵，ボルゲーゼ宮所在）

図6－4　ドゥルエ作「支倉常長像」部分
（個人蔵，ボルゲーゼ宮所在）

図6－5　クロード・ドゥルエ作「聖ロッシュ」
（ナンシー・ロレーヌ博物館蔵）

キリスト教的な意味を強調するものではない。この絵を描いたドゥルエは、流浪の身となった聖ロッシュを犬を伴った姿で描いている（図6－5）が、それも忠実と用心深さを示すもので、これと同じである。

作者について

さて、この肖像画を描いた作者は、一六一六年一月二十三日の法王庁の支払い記録でわかる。「法王のために描かれた日本大使達の二肖像画のため、フランス人クラウディオ氏に、会計主任の命で一二〇スクード支払われた」とあるからである。このフランス人のクラウディオ氏が、クロード・ドゥルエ（一五八八〜一六六〇）であることは、この画家が当時、法王の出身家族のボルゲーゼ家にいて、制作していたことからも明らかである。クラウディオとはフランス語のクロードのイタリア語名であり、一致する。ローマはほとんどすべてのヨーロッパの画家が修業を積みにやってくる芸術の都であったから、この前途有為のフランス・ロレーヌ地方の画家もボルゲーゼ家に寄宿しながら作品を描いていたのであった。現在もボルゲーゼ美術館に残る「聖母昇天」のフレスコ画も、彼の作である（図6−6）。

先の一二〇スクードという値段は、二点分としても大変高く、有名なカラヴァッジオのこれより大きい「蛇の聖母」に支払われた金額が一〇〇スクードであったし、この頃のローマで一点平均三〇から三五スクードとしても「驚くべき高い値段で、当時の名のある画家が期待できるよりはるかに高い」と、当時の絵の値段を考察したハスケル氏も言っている（*Patrons and Painters*, London, 1980）。ドゥルエは一六一九年にフランスへ帰り、すぐさまロレーヌの宮廷画家となり、また後にはフランスの宮廷画家になって、画家として当時は大変有名であった。

図6−6　クロード・ドゥルエ作「聖母昇天図」
（ボルゲーゼ美術館蔵）

法王庁の記録にある二点の「日本の大使像」がクロード・ドゥルエ作であるという説は、私が初めてではない。一九八〇年にフランスのJ・ブスケ氏、次いで一九八三年に十七世紀絵画研究の第一人者ともいうべきJ・チュイリエ氏（学士院会員）が、この一月二十三日の史料の「フランス人のクラウディオ」をクロード・ドゥルエと認めている。

図6－7　「ボルゲーゼ館の光景」（ボルゲーゼ美術館蔵）

ただし彼らは二点をドゥルエによる日本の大使像として認めたものの、支倉像を研究したわけでなかった。しかしこの肖像画がずっとボルゲーゼ家にあり（現在のカヴァッツァ家は嫁ぎ先である）、また「日本人像」とあるかぎり、これがその像であることは当然認められるであろう。私は“Le Pays Lorrain”というドゥルエの故郷の雑誌にそれを発表した（一九九二年）。

また、この文書の大使像が、支倉使節が日本に持って帰ったものではないことは、per dare all' Ambasciatori（大使達に贈るために）と書かれておらず、「法王のために描かれた」と書かれていることから推測される。他の贈り物には大使達に贈るために、とか日本人に贈られた、というような記述が必ずなされている。このことは、現在仙台市博物館にある支倉の肖像画のことではない、ということを示していることになる。これは法王のために描かれ、取っておかれたものである。これはアリキタ・リッチの作で、日本に持って帰った図がこの記録のドゥルエ作の大使像でないか、という説は、これでありえないことになる。

この図はその後ボルゲーゼ家に置かれ、今日までその宮殿に残されているが、一六二六年にこれを見たドイツ人の記録がある。フルテンバッハという建築家の『イタリア旅行記』の一節で、ボルゲーゼ枢機卿の建てたヴィラ・ボルゲーゼ宮について述べており、その中で「上階には沢山の素晴らしい絵画があった。そして他に日本の王の使節の肖像画があった」と書かれ、続けて括弧の中にわざわざ「この日本の王の使節が一六一六年に三十人ほどの随員とともにローマでキリスト教に改宗した。この使節にはたいへんな称賛が沸き上がった」と付け加えている。この称賛は単に彼らがキリスト教徒になったから、というだけではないだろう。先に述べたように、このドイツ人はそこで見た日本の漆の机をも絶賛している。

3　アリキタ・リッチ作説や改作説は誤り

踏襲されている誤謬

この肖像画の作者は、ボルゲーゼ美術館の前館長、パオラ・デラ・ペルゴラ女史によってアリキタ・リッチという画家に帰されたことがある。一六一三年の記録にこの画家が二人の日本大使の絵を描いたという記録があったからである。この記録はすでにL・ヴェントゥーリによって発表されていたものを、ペルゴラ女史が取り上げたものである。それをまた一九九〇年、ローマでのこの絵が出品された展覧会を機会に、館員であるフィオーレ女史が取り上げ、前記のクラウディオへの支払い記録から、現在仙台市博物館にある、支倉が持ち帰ったという「支倉常長祈禱像」と「パウロ五世像」だと推定した。

しかしアリキタ・リッチという画家は、画風もよくわからない埋もれた画家であるばかりでなく、一六一三年という年が、この使節が来た一六一五年以前の記録という奇妙さ、そして二大使の像というのに一方が法王の「パウロ五世像」であることなど、辻褄が合わないことが多すぎるのである。この論文を根拠に拙論を批判される向きもあるが、このペルゴラ女史の論文の欠点を再検討された上で述べてほしい。

大泉光一氏は近著で、これがアリキタ・リッチ作であるとするペルゴラ女史の論文やそれを踏襲したフィオーレ女史の説を繰り返しているが、肝心の一六一六年一月二十三日の法王庁の記録中の「法王のために描かれた日本大使達の二肖像画のため、フランス人クラウディオ氏に、会計主任の命で一二〇スクード支払われた」という記述、とくに「フランス人クラウディオ氏」という作家名を無視している。しかもこの二肖像画は、仙台市博物館にある「支倉常長祈禱像」がその一つではなく、ボルゲーゼ家にあった「支倉常長像」（現在はカヴァッツァ伯所蔵）と、やはり大使と認定されていたソテロ像であろう。これは私がローマ市の国立文書館で調べたものである。

またペルゴラ女史の取り上げた記録が、Nel 1612 e una seconda nota: Busta 4170 Conti Artigiani: Opere fatte me Archita all'ill. mo Card. le Borghese（一六一二年の二番目のメモ、四一七〇 職人の会計：私アリキタがボルゲーゼ枢機卿のために描いた作品）というものであることも無視している。ペルゴラ女史のアリキタ・リッチ説での支払い記録が、明らかに一六一二年の作品の支払い記録であることは明らかで、その最後のサインのところで、日付が一六一三年となっている。この年はまだ使節が訪れていない年なので、当然、私は疑問を呈したが、大泉氏はヴァチカン図書館に行って観察し、それが一六一三年ではなく一六一八年と読めたという。

しかし仮にそうだとしても（五十年前に女史が3としか読めなかったものを、近年大泉氏が読んではっきり8と見えたというのもおかしいが）、すぐあとにIl Tutto si e fatto a mio spesi eccetuando per li doi Telati che servirno per li sud. ti Ritratti delli Giapponesi（前記の日本人大使らの肖像画の制作のために使われた二枚のキャンバスに対する支払いを除き、すべて私に対する支払いであった）とあり、その二大使像はeccetuandoつまり「除かれて」、他のさまざまな絵の支払いがアリキタ・リッチになされた、という記録なのである。つまりこの二枚のキャンバスは除かれており、それらが彼が描いたものではない、という事実を示している。彼が描いたのであれば除く必要はないし、またすでに支払われたのなら、それが支払われたことが銘記されるであろう。それが同じボルゲーゼ家にいたドゥルエが描いたので、それで除いたと考えることさえできる。この記録だけを根拠にするアリキタ・リッチ説はここですでに崩れているのである。大泉氏はさらに一六一八年十月の記録のことも言っているが、これは支払い側の方の記録で、アリキタ・リッチが「除いた」ことは考慮されていない。

修復前の証拠写真の初公開

また大泉氏は、明治期の古い写真を根拠に、この写真の加筆・捏造説を出している。

しかし私はすでにこの肖像画の再考察を平成十三年（二〇〇一年、「日本におけるイタリア年」）に、ローマ大学と東北・早稲田大学の共同シンポジウムにおいて行なっている（I ritratti di Hasekura a Roma, Atti del Convegno Internazionale “Cinquecento Anni di Rapporti Culturali tra Italia e

Giappone" Sendai-Tokyo, 6-9 novembre 2001, pp. 17-46, 邦文二〇九〜二二四頁)。私は、この肖像画が日本にやって来るときに修復される直前の写真を初めて掲載した（口絵2頁右）。この写真で、氏の疑問も一気に氷解するであろう。これは一九八九年の仙台展の準備の際、修復家アンナ・マルコーニ女史によってローマで修復される際に私が撮ったものである。

これは修復の前に、三百八十年以上経っているこの傷んだ図そのものを示した写真である。ここで指摘できるのは、まず画面、左の背景がほぼ破れていた、ということである。したがって現在の絵の支倉の右手や、上の王冠の下の部分や、机の上の帽子、下のカーテンの垂れた部分はあらたに補筆されたものであることがわかる。また右の中程が色彩が剝げ落ちて白い状態になっており、先頭部分の大半は消えているが、船尾の伊達家の九曜紋と、マストの旗の支倉家の「逆さ卍《まんじ》に違い矢」紋の貴重な部分は、オリジナルの状態であることがわかる。またそれを見送っている日本人たちの後ろ姿の部分も残されていることがわかる。このように傷こそあれ、顔や着物の部分など主要な部分は原作そのままを伝えている。首のレースの襟の部分もオリジナルの部分として残されており、決して大泉氏の言うような「加筆」されたものではないことがわかる。

この肖像の真実らしい点は、この支倉の首から出た白いレースの襟である。これは西洋に来てから支倉自身が気に入って身につけたものであろう。これは祈っている姿の仙台市博物館の肖像画でも同じものを着ているから、祈禱用のガウンとともに着せられたあと、着物の時も下着としてつけていたものであろう。さらに面白いのは、この肖像画の左の机の上に帽子が乗っていることである。この帽子をかぶり行進したことが、文書に書かれている。

またイタリア風の襟飾りと帽子を付け、ときどき帽子を取り、喜びを顔に表し、笑みを浮かべながら、群衆の敬礼に対して答礼をした。随員もまた挨拶を返していた。

（「ローマ入市式の記」／『大日本史料』第十二編之十二）

支倉が、この肖像画に見られるやや無表情な態度ではなく、人々の尊敬の念に対し、大変好感の持てる態度で接していたことがわかる。

さらに、この袴の広がり、羽織の着方から、その姿がやや不自然であることから推測すると、支倉常長が着ているところを描写したのではなくて、後で誰かに着せて、その上に支倉の顔だけのデッサンをのせたものかもしれない。実際この着物はパウロ五世に贈呈されたらしく、「見事な細工の施された図柄の室内用の祭服を贈った。その祭服は装飾帯があり、金地が織り込まれている」と一六一五年十一月十四日付のヴァチカン文書にある。ことさら袴を大きく見せ、見事に織られた薄《すすき》を見せているのである。この日本の柄が、このように美しく西洋の絵の中に描かれた例は他にない。

明治のコピー画

大泉氏は、これを支倉像ではなく、明治期の観察文から「日本人武士像」としているが、これが実際、大使像とされていたことからも、船の伊達家や支倉家の家紋からも、これが「支倉常長像」であることは決定的である。これらの部分は傷んでいた部分ではなく、オリジナルの状態の部分である。とくに大泉氏が引用している大熊氏広の「精緻な」記録は、ほとんど内容がわからず記述している。こうした明治期のまだ西洋の知識が乏しい文章を、わざわざ取り上げる必要は全くない。

大熊は、「肖像ノ傍ニ四角ノ枠ヲ取リ、其中ニ小サク画ケル図ハ、上ニ日天、其ノ下ニ五光ヲ放テル鳩、其又下ニ神女三人ニテ十字架ヲ捧グル像アリ。最下段ニハ二三百年前ノ軍艦トモ覚シキ大船アリテ、左右ノ砲門ヨリ一度ニ発砲シ、白ノ渦巻キ上ル図アルハ、此等ノ人ヲ乗セテ帰リタル羅馬ノ軍艦ガ到着ニ対シテノ祝砲ナルベシ。是ハ傍ナル海岸ニ老若男女ノ群リ居テ之ヲ見物スル様ニテ察セラル。其船ハ二本檣《マスト》ニ五ツノ帆ヲ挙ゲ、又海岸ノ景色頗ル好シ」と書いているが、まず神の光と精霊の鳩、十字架のキリストは「三位一体」を示し、「神女三人」とは十字架をもっている「信仰」の寓意像、錨をもっている「希望」の寓意像、そして聖フランシスコであり、この使節が聖フランシスコ会であることをよく示している。大泉氏がこれが「改作されたものと推測される」などと言っているのも誤りである。

大熊の文で、この大船が砲門をもっていることは観察しているが、船尾に伊達家の九曜紋があることも見ていないし、「二本檣《マスト》ニ五ツノ帆」はいいものの、マストの旗に支倉家の家紋があることも気づいていない。この部分もオリジナルの部分として残されている。大熊の文にないから「加筆」されたと大泉氏は述べているが、これは誤りである。大熊は見物する人々の後ろ姿が着物姿であり、それが日本人であることも、観察していない。これらがわかれば、これが到着したのではなく、出発の場面であることがわかるのである。この文章のどこが「精緻」と言えるのだろうか。絵画史料を十分に読んでいない以上、この史料はほとんど価値がないのである。

大泉氏はこの支倉の肖像画が、大熊のいう「日本人武士像」とし、「なぜ『日本人武士像』を加筆・改作したか」などと説いているが、現在の作品では、指摘の部分は加筆も改作もしていないのである。明治時代の大熊氏広は、この像そのものをよく観察も、理解もしていなかったのであるから、この支倉像を単に「武士像」とするのも、また明治の論者（渡辺修二郎）の、これをたった十五歳の「伊東マンショ」とする説も、大泉氏の言うように「小寺外記」であるとするのも何の根拠もない。これを支倉像にするために、ローマに留学していた日本人画家が加筆・改作した、などと大泉氏が推測していることも、あまりにも実証性を欠いている。

4　支倉が持ち帰った肖像画と「パウロ五世像」

日本にある肖像画

これまで支倉像としてよく知られている図に、仙台市博物館にある「支倉常長祈禱像」（口絵3頁右）がある。キリストの磔刑《たっけい》像の前で、手を合わせて祈る像が宗教的であるために、彼がキリシタンであることを強調することになってしまったが、これが支倉使節に対する視点を曇らせてしまったと言える。この絵が巻かれたり四つ折にされたりして、長らく隠匿されていたことによる痛々しい現状は、ますますキリシタンの苦難を象徴するのである。

ただ、この肖像画は、その左手の指輪が共通するだけで、先述のローマに残った彼の肖像画とは異なるものである。というのも、ローマに残る作品はみな何らかの形で「大使」であることを示していた。ドゥルエの肖像画は船でやって来たことを、後述の版画は手紙を持っていることで「使節」であることを示していたし、後述のキリナーレ宮のものは一行六人の使節であることを表していた。

だがその眼の表現、唇の描写など写実性が見られ、とくに襟と袖口の白いレースは刺繍を一本一本書き上げているところや指輪のきらめきなど、丁寧な描写を行なっている。ロザリオの下がる祈る手の下には脇差しの柄が見え、その鐺《こじり》や目釘金具、鞘から下がった赤い紐などもよく観察されている。黒い上衣の質感がさらに明らかになれば、肖像画としては決して質の低いものではない。

とはいえ左に無造作に描かれた十字架と、角度のおかしいキリストの姿、右にいかにも形式的に描かれた赤いカーテンなど、一流画家によるものではない構成といってよいであろう。色彩も剥落のためか、黒、赤、褐色、白などに限られており、節約した感が否めない。しかし頭髪は後頭部で束ねられて丁髷《ちょんまげ》を示し、鬢《びん》も長く、当時の武士の様子もよく見て取られ、十六、七世紀の日本人の肖像の史料的な意味での重要性は大きい。決して知的でないにせよ、忍耐力と使命感をもって実行する堅い意志をもつその顔には、不安と頑《かたく》なさがよく描写されている。

この像の最初の記録は、元和六年（一六二〇）八月二十六日の『伊達貞山治家記録』（二十八）である。また享保九年（一七二四）、蜂屋可敬の『古談筆乗』にも触れられている。支倉像とパウロ五世像（口絵3頁左）とともに述べているが、いずれも作者を「国王の画家」とだけ述べてそれが誰であるか不明となっている。また大槻玄沢が文化九年（一八一二）に支倉史料と遺物を絵入りで、『金城秘韞《きんじょうひうん》』に載せている。明治維新後、宮城県に移管され明治九年に岩倉具視《ともみ》が平井希昌《きしょう》に調査させ、再び明治二十二年に伊達家に戻されたという（亀田孜「支倉六右衛門常長の肖像画と請来品」）。

この図は、キリスト教徒であること以外何も示していない。この点でもこの肖像画が、この使節の理解を狭くしていた。たしかにその顔の写実性は感じられるにしても、絵としては、これらの数々の絵と比べれば、生動感が乏しく、宗教画としても、このような祈禱者の姿は十五世紀の絵を思わせ、古様の印象を拭えない。この肖像画の作者は、イタリアの十五、六世紀の肖像画を知らない職人的な画家と考えられ、場合によってはイタリア以外の土地で描かれた可能性もある。

しかし現在のところ、これを描いたのは、法王庁周辺の誰かということ以外にはない。彼の肖像を描き与える可能性は法王庁以外にないと思われるからである。アリキタ・リッチという画家はよく研究されていないが、こうした肖像画を描く可能性があったかもしれない。ドゥルエ級の画家であったなら、例えばレースの襟や袖の襞《ひだ》をこのように機械的には描かない。

「パウロ五世像」と作者は違う

もうひとつ支倉が持ち帰った「パウロ五世像」（口絵3頁左）は、異教徒から見ると、それがキリスト教徒の最高の長であるとは分からない、帽子を被った西洋人の肖像にすぎない。巻かれた形跡はあるものの四つ折にされていないのは、こちらの方はキリシタンのものと思われず、時には取り出して見られることもあったからかもしれない。

不思議なことに、文化九年（一八一二）に大槻玄沢が著した『金城秘韞』中の支倉の「南蛮将来」

の諸道具の中には先の支倉の肖像画についての記述はあるが、こちらの肖像画についての記述はない。これが持ち出されていたことを示しているのかもしれない。この図は現在ヴァチカン図書館にある「パウロ五世像」を写したもので、この手の写しは、法王の記念写真代わりに使われたらしく、数多い。これもボルゲーゼ宮の「支倉常長像」と同じ画家とは思われないが、目鼻の表現はかなり巧みで、やはり法王庁周辺の画家のものであろう。

亀田氏は二作品が別の画家の手になると判断されているが、一方が実写画、他方が模写画という点を考慮しても、筆の特徴が異なることが分かる。おそらくこの法王像は、既成のものが贈呈されたのであろう。

5　キリナーレ宮の「支倉使節図」のフレスコ画

一六一七年一月七日、支倉一行がローマを去ってちょうど一年後のローマからの通信に次のように書かれた史料がある。

フレスコ画の同定

モンテ・カヴァルロの宮殿のなかに、法王が建造された新しい礼拝堂が完成した。壁画にはストュッコ（化粧漆喰）と金が施されている。隣の部屋には壁画があり、その上部には金の装飾が施され、絵画が描かれている、そこにはモーゼの物語の部分と、法王の許にやってきた四回の使節、すなわち二回はペルシャ王より、一回はコンゴ王より、四回目は日本の奥州の王の使節が描かれ、今公開されたところで、たくさんの人々が、その美しく壮麗な作品を見にやって来ている。

（イタリア・モデナ市国立文書館文書／『大日本史料』第十二編之十二）

この文書は『大日本史料』にすでに載せられていたものであったが、この「日本の奥州」の「王の使節」図がどれであるかは確認されていなかった。

平成二年（一九九〇）三月、ローマを訪れた際、私はこの壁画をキリナーレ宮で再発見した。というのも、これまで単に日本人の使節であることはわかっていたが、支倉支節であるとは確認できなかったのである。しかもボルゲーゼ宮の「支倉常長像」が平成元年に仙台市博物館で展示された際、その着物を詳細に研究したおかげで、キリナーレ宮の壁画に描かれているのが、それとほとんど同じ柄の着物であることが判明し、決定的な証拠となった。

メランコリーの図像

この絵画史料（口絵2頁左）を見てみよう。明らかにそれとわかる五人の日本人と聖フランシスコ会の僧侶が描かれている。肘《ひじ》を欄干にかけて、支倉はいかにも生き生きとした表情で、僧侶の指さす方を眺めている。その薬指には指輪がはめられ、それもまた「支倉常長像」と同一人物であることを示している。このことが、この図の正確さをよく示しているようだ。しかしなぜ支倉常長は頬に手をやっているのであろうか。長旅で疲れているからであろうか。そうではない。

図6－8　ラファエルロ作「ミケランジェロ像」（「アテネの学堂」部分，バティカン宮，書斎の間）

というのもこの頬に手をあてている姿は、ルネッサンス期の「メランコリー」像の姿として大変有名なのである。この時代の西洋では、人体は「血液」「胆汁」「粘液」「黒胆汁」の四つの体液で成り立っており、それぞれが多いと「多血質」「胆汁質」「粘液質」「憂鬱質」の人間になる、と考えられていた。「メランコリー」とはその四大気質のひとつ、憂鬱質で暗くて冷たい、最も悪い気質であったが、同時に「天才」的な創造性を持っていた。これは古代のアリストテレスの説であったのだが、この十五世紀にフィレンツェのフィチーノという哲学者により、あらたに再認識されたのである。「天才と気狂いは紙一重」という言葉どおり、傑出した才能をもつ者は、普段は孤独で憂鬱そうな格好をしている、ということが経験的にも正しいと信じられていた。これが美術でも、頬に手をやる姿が、創造的な人物として描かれるようになった理由である。十六世紀初め、ラファエルロによる「アテネの学堂」の中で、巨匠ミケランジェロが頬に手をやる姿で描かれている（図6－8）のをはじめとして、十七世紀にも盛んに描かれていたのであった。

ただ「メランコリー」の姿は、眼も伏し目がちで沈んでいるが、この文倉の眼は生き生きと輝いている。これはおそらく、支倉が「メランコリー」の傑出した人物であると同時に、「多血質」の若々しい好奇心を持っていることが注目されたからであろう。これは他の五人も同じである。

注目されるのは、僧服の宣教師である。支倉に説明するこの僧侶は、ルイス・ソテロに違いなく、得意の日本語で説明しているのであろう。たしかにソテロはもう一人の大使として使節にとって重要な位置を占め、研究者によっては、ソテロが主となってこの使節を導いた、ソテロは東北に聖フランシスコ会の司教区を作る野心を持っていたなどとしている。しかし少なくともローマ人の眼には、また法王庁の眼には、支倉に比べると、ソテロはその案内役、説明役と理解されている点に注目すべきである。彼は一心に支倉に説明をしており、むしろその引き立て役をしているのである。

五人は誰か

また生き生きとした表情と言えば、ほかの四人の日本人も同じであるが、彼らは一体誰だろうか。それは一六一五年十一月二十三日にローマ市公民権証を授与された四人、すなわち山城国の滝野嘉兵衛、摂津国の伊丹宗味、尾張国の野間半兵衛、そして支倉の書記、小寺外記だと思われる。この四人は十月二十九日のローマ入市行進でも名誉ある日本の騎士として評価され、支倉大使の前を一緒に進んでいる。これらは小寺外記を除くと、関西の大商人であることをこれまでの研究では忘れてきた。彼らの存在は、この使節が単なる伊達の仙台藩一国の使節ではなく、全国に知られた使節だったことを認識させるのである。

この中に唯一の白髪の人物がいる。後の右から二番目の正面を見ている人物である。彼は元亀二年（一五七一）生まれの支倉よりも明らかに年上である。彼はいったい誰であろう。どうやら先の人物のうちの、伊丹宗味ではあるまいか。伊丹宗味は伊丹宗不と同一人物で、摂津国、堺を代表する商家、伊丹一族の人物である。彼は永禄八年（一五六五）に生まれており、この年五十歳。この年齢であれば、ちょうどこの図の姿に合う。慶長九年（一六〇四）の朱印船貿易で大黒屋助左衛門、角倉了以《すみのくらりょうい》、島津忠恒らとともに、トンキン、シャム、カンボジアなどへの渡航を行ない、堺の糸割符年寄に任命されたその人と思われる。堺の商人にキリシタンは少なくなく、彼も洗礼を受けていることは使節にとっても有益なことであっただろう。このような人物が加わっていたことは、この使節の目的がスペインとの交易を目的としており、それが単に伊達藩との交易だけではなく、日本全体の交易にも関わっていたことを示していよう。

伊丹宗味は商人であるだけでなく、文人でもあり、沢庵《たくあん》や小堀遠州《こぼりえんしゅう》などとも付き合いがあったと言われる。彼のような教養人が、どのように西洋を見たか、この西洋行脚で何を経験したか、たいへん興味をそそられる。支倉常長の失われている十九冊の手記だけでなく、伊丹による手記がもしあれば、さらにこの使節の奥行きの深さがわかるであろう。この人物が文書だけでなく、この図に描かれていることは、堺の商人全体にとっても記念すべき名誉なことである。

もっとも重要な部屋の壁画

この図が描かれた大広間のあるキリナーレ宮は当時、法王パウロ五世（在位一六〇五〜一二）の居住していた所である。この大広間は今日「コラツィエーリの間」と呼ばれているが、当時は「サラ・レッジア」（王の部屋）と呼ばれ、最も大きく最も重要な部屋で、謁見や儀式に最もよく使われた（図6-9）。

すでに見た一六一七年の史料にあるように、壁にはモーゼの図像の他にコンゴ人やペルシャ人の使節が描かれているものの、これらの使節はそれぞれ一六〇八年と一六〇九年にローマを訪問していたもので、すでに七、八年経っている。したがって、一六一六年に描きはじめられたこの壁画は、同年一月に去った支倉使節がきっかけになったということができる。この図が、入口の上、ほぼ中央に描かれているのも、その証拠である。いずれにせよ、これらの外国人使節の図の中には、この支倉の姿のように「メランコリー」の姿はなく、特別な意味がこの図に賦与されたと考えられる。

図6－9　キリナーレ宮コラツィエーリの間

この広間の装飾は、アゴスティーノ・タッシ、ランフランコ、サラチェーニ、スパドリーノといった、この時代のローマの代表的な画家達の協力によるものである。タッシ（一五六六頃～一六四四）は装飾画家であったが、舞台画制作の第一人者でもあり、バルコニーから見ているというこのような構図も演劇の書き割りを思い起こさせる。この画家が、一行の図の作者であるとされているが、この壁画の協力者ランフランコ（一五八二～一六四七）は彼らのなかでも最も力のある画家で、その影響もあるだろう。ランフランコは、カララッチ兄弟の弟子で、ローマの聖アンドレア・デラ・ヴァレのクーポラを描いたりした当時の大家である。場面が明るいのは、彼がパルマでコレッジオの画風を学んでいたことによるものであろう。

いずれにせよ当時のローマで最も重要な場所において、法王の命で、ローマの名高い画家により描かれたということから、この使節が法王庁にとって、またヨーロッパにとって大きな意味をもっていたことが理解される。

実を言えばこのペルシャやコンゴの大使の法王謁見図は、ヴァチカン宮の回廊にも描かれている。これはパウロ五世の事績を讃えて描かれたものの一部だが、窓の上の円形のリュネットに描かれたコンゴ大使一行は病気になってしまった姿で目立たない。これらの壁画はフレスコ画で一六一三年に描かれたもので、支倉使節が来る三年前のものである。法王はこのような図に満足できず、キリナーレ宮の大広間に堂々と描かせることを改めて決定したのであろう。

東洋からの使者達のなかの、ほぼ中央に描かれていることは、当時いかにこの使節が評価されたかを如実に示している。西洋学者が言うように、布教の結果、東洋がすでにカトリックの支配下にあるということを宣伝する意図があるものと解してはならない。当時はそのようなキリスト教的植民地主義の前の時代であった。ここには東洋への尊敬が見られるし、東洋との交渉が彼らにとって大きな課題であったことを示している。このコラツィエーリの間全体の装飾が、東洋の使節と、聖書の場面の結合であり、あたかもキリスト教の東洋への布教の成果のように見られるが、実際ここに描かれたペルシャ人にせよ、コンゴ人にせよ、決して彼らに従って帰順した人々の姿ではない。

事実、「支倉支節図」の中にも、ほかの一行の中にも、キリスト教にまつわる持ち物が一切見えない。いずれも生き生きとした、異郷の人々として描かれている。彼らはおそらく西洋人にとって尋常ではない、はなはだ活発な人々として描かれている。そこには、まだ東洋を蔑視していなかった当時の、好奇心の固まりのような画家の眼があると言ってよいであろう。この支倉常長一行の姿自体も、いずれもが好奇心をもってローマを見ているように描かれているが、このような異文化の人々を目のあたりにしたことがなかった、画家たちの正直な観察があるように思われる。絵画というものは、文字で書かれたものよりも事実を如実に示すことがよくあるのだ。

大泉光一氏は、壁画の周囲に描かれているのは九曜紋であると私が言っているが、それは花模様である、と指摘されたが、実際に拙論ではそれに触れていない。しかし六人が集うバルコニーの前に掛けられた絨毯の柄に、九曜紋から派生した花模様が見出されると言っていいかもしれない。氏は、この図は使節が帰還した一六一六年一月七日から三カ月経った時期に描かれたから、この図に肖像性はなく、一般的な東洋人のイメージから描いたのではないかと述べている。こうした場合、版画やスケッチなどを史料にする可能性があり、実際これから検討する版画の支倉像と似ているのである。いずれにせよ、この壁画はこの使節に関する大きな史料であり、このことを考察していない支倉使節研究は大きな欠落をもっていると思われる。

6　西欧の六点の版画

使節に対して先に挙げたような大作だけが残されたのではない。少年使節はたった一点の、まったく写実性のない版画が作られただけだが、この支倉使節は現在知られているだけでも、六点の版画が作られている。それもローマだけでない。ラファエル・サドラーという版画家により北イタリア、さらにフランスまで及んでいるし、版画つきのアマチの『遣使録』などは、ローマでまだ一行がいる一六一五年に出版され、一六一七年にはドイツ語版が出版されているのである。これは単に日本というはるか遠い国から来た大使というだけではなく、「フィリプス・フランシスコ・ファシクラ」という人物そのものの存在が、ひとつのブームを起こした、と言ってよい。というのもどの版画にも、この名前が大きく下に書いてあるし、西洋ではこうした個人の名前によって、その国への親しみを具体性から獲得するのである。

写真同様の版画

立像の例はローマのアンジェリカ図書館のもの（図6－10）、パリ国立図書館のもの（図6－11）、さらにアマチ『遣使録』ドイツ語版の挿図（図6－12）があり、共通の源をもっている像である。この像が立像なので、ボルゲーゼ宮のものと似ているかと思うと、そうでもない。顔は仙台市博物館所蔵の肖像画に顔幅の広いところは似ている。しかし着物の方はドゥルエのものから取ったとは言えないようである。羽織や袴に柄模様がないだけでなく、羽織が長めで襟もなく袂も大きい。脇差が左から出て

図 6-11　「支倉常長像」
（パリ国立図書館蔵）

図 6-10　「支倉常長像」
（ローマ・アンジェリカ図書館蔵）

図 6-13　「支倉常長像」
マスカルディ『慶長遣欧使節ローマ行記』
（1615年，南蛮文化館蔵）

図 6-12　「支倉常長像」
アマチ『伊達政宗遣使録』
（ドイツ語版，1617年，仙台市博物館蔵）

いたり、刀を手で持っていたりする。このことから画家がうろ覚えのまま描いたのであろうと思われる。右手に手紙、左手にロザリオを持っているところを描き、この人物が日本から書簡を持って来た、キリスト教徒であることを示している。

ローマの版画（図6–10）では下に「ドン・フィリッポ・フランシスコ・ファシクラ、日本の奥州の王の大使、法王パウロ五世のもとに一六一五年十月二十六日到着」と書かれているが、パリのもの（図6–11）は十一月七日になっている。こちらは大きさも一回り大きく、サドラーという、当時名高い版画家によるものであり、彼の版が出たことは、この使節が広く喧伝されたことを意味する。

その他、アマチの『遣使録』ドイツ語版の扉絵に描かれた立像や、植物模様の図柄に囲まれた楕円の中の「支倉像」（図6–13、南蛮文化館蔵）も、この版画から発したものであろう。

『遣使録』の挿図

アマチの『遣使録』の挿図には、他に「支倉、ローマ法王に謁見の図」が含まれている（図6–14）。法王の前にひざまずく二人の人物のうち、ソテロが僧服を着ており手紙を差出している。片膝をつく支倉常長は左手に刀を持ち、右手は見えないが、彼もまた手紙を持っているようである。その背後には背の低い髭の男が手を組んでおり、その左には槍をもった背の高い髭の男、右には後姿だが、刀を腰につけた、頭髪を束ねた男がいる。すでに日本人の着物姿が想像しきれず、いい加減に描いているのである。

しかしその周囲に、ぎっしりとローマ人がいることに注目したい。丸い帽子を持っている人々は、法王の下の枢機卿たちである。手前には彼らを守る、鉄砲、槍、サーベルを持った兵士達がいる。背後には海の景色が描かれ、日本人がはるばる大海を越えてきたことを示し、さらに山々が見えるのは日本を思い浮かべたものであろう。この図は、使節の重要性と、その漠とした背景をとらえようとしたもので、前景の兵士の描写を見るとかなり達者な版画家で、T.B. というサインを左下に入れている。いずれにせよ、これはターバンをつけたペルシャ使節の図の、法王の足元に接吻する写実的なものとは異なるものである。

図 6-14 「支倉，ローマ法王に謁見の図」
（アマチ『伊達政宗遣使録』より）

版画は当時、美術というよりは写真の代わりとして、西欧に流布していた。支倉の版画がこれだけ存在することは、この使節が西欧で相当な評判を得たことを示している。侍の一行来る、の報が西欧を駆けめぐった、と言えるであろう。それは一六二六年、使節の去った十年後に、あるドイツ人が「日本の王の使節が一六一六年に三十人ほどの随員とともにローマでキリスト教に改宗した。この使節にはたいへんな称賛が沸き上がった」と書いている（フルテンバッハ『イタリア旅行記』）のも、そのことを示している。

以上の数々の肖像画、版画は、これまでの暗いイメージと全く異なる、ローマでの生き生きした支倉の存在を浮き彫りにするものである。目的地ローマでの支倉とその一行との存在そのものがどう評価されたかが、この使節の成功、不成功の鍵を握るのだから、これらの絵画史料からは、否定的なものは何もない、成功した使節として考えなければならない。西洋で描かれた最初の日本人という意味でも特記されなければならないはずである。むろんこれらは、天正少年使節のように宗教親善使節ではなく、外交使節としての成功の証としての版画である。そして、その交渉結果の方を考えてみても決してそれと矛盾しないのである。

第七章　日本に帰る使節の旅路

1　文化の都フィレンツェを訪れる

凱旋帰国の旅立ち

支倉常長は、ローマにおける使節への歓待をいち早く主君、伊達政宗に伝えたかったであろう。ここまで一行は、託された使命をすべてこなすことができたし、予期した以上の供応を受けた。一貫して日本武士としての行動をとることができたと思ったはずである。しかし自ら帰ることこそが、結果を主君に伝える最上の手段であった。彼は帰り支度を急いだ。

もっとも周囲では、この帰還に関しても、二通りの受け取られ方がされている。ひとつはむろん凱旋帰国の評価である。使節は十分な歓待を受けた後、旅費も金貨六千スクードを与えられ、伊達政宗宛ての書簡（小勅書）数通と帰途のキリスト教君主国宛ての紹介状をもって、感謝をもって出発することができた。これはローマ側、ヴァチカン側の記録に十分うかがえるものだ。法王はマドリードの法王大使に対し、その使命実現のために尽力することを命じている。ボルゲーゼ枢機卿も「日本の大使は敬虔で善良な人柄であり、厚遇されることを望む」と書いている。

しかし一方で、彼らは満足して出発したのではない、という説もささやかれた。スペイン大使やヴェネチア大使の手紙によると、使節に与えられた法王の回答が、スペイン国王への請願であり、決して保障されたものではなく、現地の大使の努力次第という内容のものだというのだ。そしてそれを裏付けるものとして、この使節に否定的なスペインのインド顧問会議の情報がある、と述べている。

これまで日本の研究者は、なぜか後者の史料に基づき、「苦渋に満ちた旅路」（五野井氏）、「使節一行はひどい困窮状態」（大泉氏）、あるいはその中間をとる説（浜田氏）など、この使節の成果を認めたがらない。これらの否定的な見解は、もともとソテロ主導の使節に対する、イエズス会側の批判から出たといってよく、日本の植民地化に失敗した恨みを、この使節への批判で多少とも晴らそうという意図が隠されている。しかし当面の通商的・宗教外交的な意図を優先した法王の使節への援助の気持ちは強く、旅路の困難はあっても、使節の成果は成功だったと言わなければならない。この段階でのローマ法王の支持と歓迎は明らかであり、この帰国の旅路も「失意の帰国」ではなく「凱旋帰国」と言った方がよいのである。

フィレンツェを訪れる

一六一六年一月七日、一行は二カ月あまり滞在したローマのアラコエリ修道院を出発し、ボルゲーゼ枢機卿の差し向けた馬車に乗ってチヴィタ・ヴェッキア港に向かった。一行はそこから海路で一月一八日リヴォルノに着いた。ここからローマでフィレ

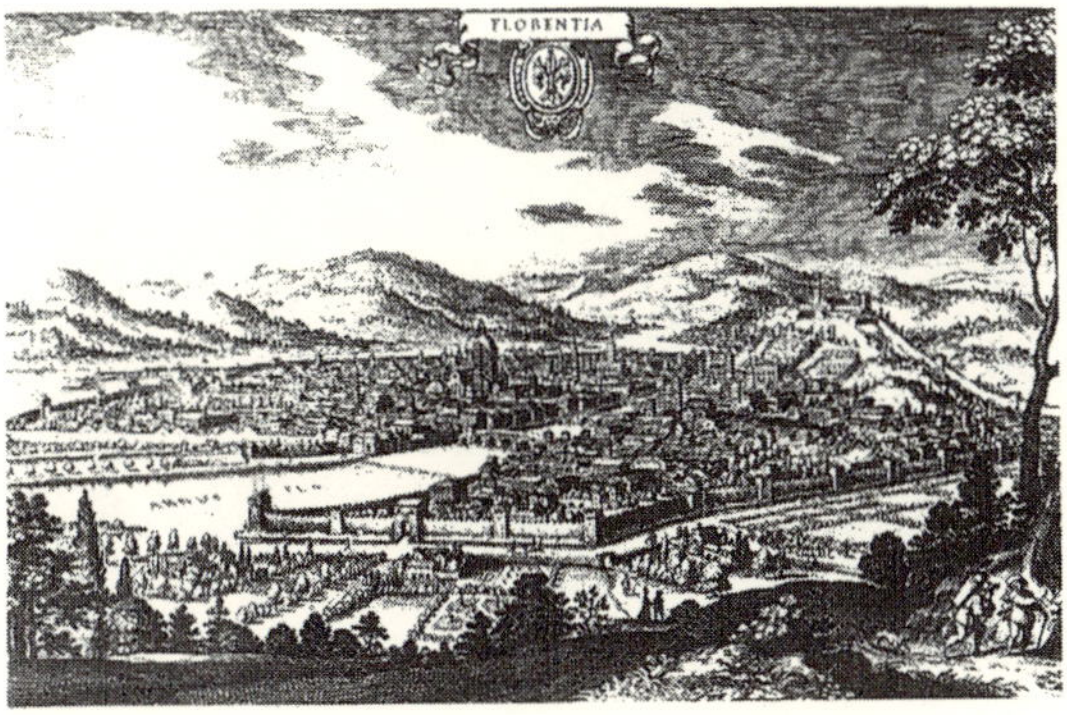

図7－1　フィレンツェ（17世紀の版画）

ンツェ大使に約束したフィレンツェ訪問を果たすためである。

フィレンツェは使節の目的にとっても、受け入れる側にとっても、訪れる必要のない都市であった。しかしフィレンツェは文化の都として知られていた。十七世紀のローマは、まさしくフィレンツェによって作られたものの接木《つぎき》にすぎないと言ってよい。ここには近代ヨーロッパ文化の淵源があったのである。支倉使節のこのフィレンツェ訪問こそ、この日本使節の見識の高さを示すものと言える。この訪問は伊達やソテロが当初から考えていたわけではない（フィレンツェ市宛ての書簡はむろん書かれなかった）から、支倉が判断してその招待を受け入れたと考えられる。

この文化の都で五日間滞在したことは、支倉一行にとって大きな思い出となったであろう。当時のフィレンツェはメディチ家の大公コジモ二世（在位一六〇九～二一）が統治しており、十五、六世紀の繁栄は続かなかったとはいえ、サンタ・マリア・デル・フィオーレ大教会堂をはじめ、シニョーリア広場、そしてサンタ・クローチェ教会堂などの威容を誇っていた。メディチ家の大公は一行を自分の費用で歓待し、彼らと会談した。使節は大公に日本刀を献上した。大公は金銀の記念牌を支倉に贈呈している。一行は聖フランシスコ会の修道院に宿泊した。

フィレンツェはイエズス会よりも聖フランシスコ会の影響が強く、ソテロが引率する一行に対する歓迎も熱烈だったに違いない。三十年前の天正少年使節のときも大歓迎をしたが、それは異国の信徒に対する関心が強かった。少年使節のときの記事をここに書き取ってみよう。それは少年使節の『使節行記』と『対話録』に見えるフィレンツェの中心のシニョーリア広場でのことである。

我らが宿っている大公の宮殿は、大いなる広場にある。その広場には青銅と大理石の様々な像が立つ驚くべき技術で造られた一大噴水があり、その中心には四頭立ての馬車と巨人像がある。四隅には青銅製のニンフとその足元に蹲《うずくま》るサティロス像があって、諸像のいたるところから快適この上なく水が噴出し、池を絶えず満たしている。宮殿の玄関から十歩のところに二本の円柱に一大巨人が起立し、いずれも足下の群像を威嚇し、（同じ大きさの）棍棒（または槌）を高く振り上げている。その次に玄関から三歩のところに向き合って互いに相手を見ている腕のない男女の二像があり、ひとつの像から他の像へ一筋の鎖がひかれて玄関を遮断している。（松田毅一『天正少年使節』）

宮殿とはヴェッキオ宮のことであり、広場は市庁舎前の広場である。支倉一行も同じものを見たはずである。

ここがフィレンツェの中心であることは言うまでもない。一大噴水とはネプチューンの像で飾られたもので、一五六三年から七五年の間に造られた。ネプチューン像は大理石であるが、ニンフとサチュロスはブロンズ製である。二本の円柱の一大巨人とは、言うまでもなくミケランジェロ作の「ダヴィデ像」のことで、その頃は柱のあるロッジア、雨天のときに屋根がある場所に置かれていたのである。これはフィレンツェ共和国の守護者として一五〇一年から三年かけて造られたものである。足下の群像を威嚇しているわけではないが、右方を厳しい目で見やっているので、そう思われたのであろう。棍棒を振り上げているのは、バンディネルリ作の「ヘラクレスとカクス」で一五三三年に制作された。これらも支倉使節の一行は見たに違いない。

少年使節の場合は、指導したヴァリニャーノから、少年たちに西洋では「教化的」なもの以外一切見せないように、という通達があった。しかし今度の使節は大人の使節である。フランスの文人モンテーニュがフィレンツェで遊女たちが住む区域にわざわざ足を運んでローマとヴェネチアの遊女たちを比較したほどの自由さはないにしても、さまざまな場所を見ることができたであろう。使節たちは公式の人々であり、キリスト教徒として監視もあったから、そうした場所に踏み入れたとは思われないが、一行の中には商人もいたから関心がなかったとは言えない。キリスト教国を完全な理想郷と見るようにと仕向けられた少年使節と異なって、支倉使節はより自由に見たはずである。四百年後の現在、日本人がまるで自分の街のようにイタリアを歩き回る時代になったとき、かつての日本の旅行者が何を思ったか考えることも無駄ではあるまい。正確に何を見、どう感じたかについては、今後その記録が出てくることを期待する以外にないが。

いずれにせよ支倉は、失われた十九冊の記録にこの芸術都市について何かを書いていたに違いない。彼は日本の京都を見ていたから、それとの比較をすることができたであろう。都市全体が、創造的な神社仏閣に満たされている点は、教会と宮殿で満たされているフィレンツェと同じである。日本からもって来た屛風を法王へ贈呈したことも、彼自身の中で比較する気持ちを掻き立てたであろう。美術品を持って来たことも、彼らの芸術への関心は決して浅いものではなかったことを示している。すでに室町時代から日本の家屋では「床の間」が作られ、そこに掛け軸をかけ絵画を鑑賞していたのである。六百石の中堅武士であった支倉がその美的な生活を知らなかったはずはない。今日の多くの日本知識人のように一方的に、フィレンツェ美術の方が石の美術で強大であるなどと信じ込んでいたとは思われない。ローマでもそうであったが、支倉らは絹の見事な刺繡が施された着物を着て旅をしていた。彼らは洋服に変えようなどとはしなかったのである。

ヴェネチア招待を断る

彼らはヴェネチアからも招かれていた。しかしいくらフィレンツェと並ぶ美術都市ヴェネチアであっても、冬の寒さを恐れ、帰国を急いで一行は敬遠した。ローマからすでにお詫びの手紙を書いていたが、たしかにヴェネチアは、イタリア北東に位置し、ジェノヴァとは反対方向で、さらに一週間以上はかかるであろう。そこで、日本から一緒について来ていたヴェネチア出身のグレゴリオ・マティアスに手紙と贈呈品の書物机を託したのであった。

ヴェネチアの元老院はこのマティアスにメダルのついた金鎖を贈り、さらに支倉に銀の十字架、聖杯を贈った。このときの手紙が、少年使節のそれとともに、明治六年（一八七三）の岩倉米欧使節団の目に止まることになり、岩倉具視をして、過去にもすでにこの地を訪れた日本人がいたことに驚嘆させたのである。

「支倉ハ、堂堂ト使節ヲ以テ殊遇サレ、終《つい》ニ此地ヲ発足シ、帰国ナシタルナリ、是其事跡タル、流逐ノ余糵《よげつ》ニアラサルカ如シ」（久米邦武編『米欧回覧実記』四）と書かれた記録からは、十九世紀でさえ苦労が多い海外の旅を、十七世紀初めに堂々と成し遂げたことに驚嘆の念を抱いたことが窺え、このことが歴史の一齣《こま》として流し去られてよいはずはない、と力説していることがわかる。私たちはこの使節の意義をこの二百五十年後の感慨以上に検討しなければならないのである。しかし最近の研究者はこのことさえ注目していない。日本という国家の世界史的な意義を考えるのに、格好な材料であるというのに。

マティアスはヴェネチアからの贈り物を携えて一行を追い、二月二十四日にジェノヴァで再会したが、その贈り物を渡すと一行に別れを告げて、ヴェネチアへ戻った。

他方、支倉一行は一月二十二日にリヴォルノ港からジェノヴァに向かった。そこで支倉はマティアスが来るのを待った。支倉はそこで間歇熱《かんけつねつ》に冒され病に臥した。ソテロは不安一杯の手紙をスペイン国王に出している。病気滞在が長引くと、費用もかかるので、援助をお願いするというものである。この手紙を受けてスペイン当局は、早く本国に帰すことが必要と判断し、マドリードに寄らず、セビリアへ直行すべしと述べた。しかし支倉は幸いに三週間もせずに快復した。

スペイン国王との会見は、法王からの書簡もあり、スペインの日本対策がどのようになったかを知る必要もあるし、この旅行のさまざまな点で有効だろうと考え、一行はマドリードに向かうことにしたに違いない。ジェノヴァ市は彼らに親切に対応し、ノンチァート・デル・グアスタート修道院に滞在させ、支倉の快復後、大統領との会見も行なわれた。

2　再びマドリードに到着

マドリードでの滞在

支倉は体力が消耗しているのを感じ続けたであろう。快復したとはいえ病気は尾をひいたと思われる。しかし彼らはそれ以上長く滞在するわけにはいかなかった。三月十日頃ジェノヴァを立ち、マドリードに向かい、四月十七日頃に到着した。この間の史料はないが、バルセローナ経由であっただろう。一行はセビリアへ直行すべしという妨害があったにもかかわらずマドリードに数週間は滞在した。スペイン国王は法王の書簡を読み、使節の果たした業績に対し祝辞を述べ、日本の改宗に助力する旨の暖かい申し出を行なった。「法王の書簡を手渡しますと、スペイン国王は成果に祝辞を述べられ、日本改宗のために親切な援助を申し出て下さいました」と、ソテロ神父は記している。

むろんこの到着に対し、イエズス会は快く思わなかった。彼らにとっては、イエズス会以外が日本に代表を置くことは我慢できないことだったのである。彼らには、国際親善よりも、日本での布教の成功とその後の侵攻と支配の可能性の問題が焦眉であった。聖フランシスコ会が日本で成功することは、これまでの自分たちの努力が無になることであったから、ローマで法王および枢機卿がこの使節にたいへん好意的だったことへの反発があったのである。

そこでイエズス会は、スペイン国王とインド顧問会議を味方につけて妨害しようとした。そのため、日本ではキリスト教徒迫害が強く行なわれ、教会が破壊され、宣教師が追放されているというメキシコからの使節の報告を利用して、聖フランシスコ会の司教を新たに任命することはできないという決議を出させた。ちょうどこのころイエズス会の日本の司教が死去し、後任を選んだところであった。二人の司教の任命は、かえって徳川幕府を刺激する、ということも彼らの口実であった。再び宣教師が渡来したことを幕府が知れば迫害が増すであろう、と述べた。こうしてイエズス会は、日本のキリスト教徒内部の小さな主導権争いにこだわることによって、この使節の目的である宣教と通商という主要な問題を忘れさせてしまったのである。

これらのイエズス会の横槍があったとしても、この使節のことを、孤立し、失意の帰路についたという必要はないであろう。事実ソテロはスペイン国王のもとに赴き、かえって迫害の中に日本へ行くことが、現在のキリスト教徒にとって義務であることを力説した。国王はそれに感銘を受けたが、インド顧問会議はその意志を受け入れなかった。ローマ法王はこの顧問会議の決定を不服とし、自分の与えた恩典の承認がなされることを願った。しかしイエズス会はこれを邪魔するだけでなく、ソテロが日本に再渡航することまで妨害しようとした。この反ソテロ運動によって、彼のマドリード滞在は長引いたのである。

というのも、使節の日本人二十名と神父二人はメキシコに向かう艦隊に六月二十二日に乗船することが決まったが、支倉はソテロとの信頼関係から、彼一人を残していくわけにいかず、自分と随者五名を伴い、マドリードに留まることを決意した。おそらくここには彼自身の健康状態への考慮も含まれていたであろう。これは二人のこれまでの連帯した行動を考えれば、ある意味で当然であろう。

国王の手紙

支倉に託された国王の手紙は次のとおりである。スペイン国王は単なるスペインだけの国王ではなく、世界中の王としても書いている。

神の恩寵により、イスパニヤ（スペイン）、ナポリ、シシリア、エルサレム、東西インド、大洋中の諸島および大陸の王、オーストリア大公、ブルゴーニュ、ブラバント、ミラノ等の公爵、ハプスブルグ、フランドル、チロル等の伯爵を兼務するドン・フェリペ。

支倉六右衛門およびその随行者、聖フランシスコ修道会跣《せん》足《そく》派ルイス・ソテロ師が来朝したので、これを引見し、貴国（奥州国）において、われらの主イエス・キリストの聖なる、誠の教えを信奉しようとする意図のあることを聞き、満足に思っております。この偉業は、貴国を平和のうちに統治し、その福祉安寧を願う貴国の王（伊達政宗）の才腕の賜物と考え、使節の申し出を喜び、その証拠として、あらゆる歓待をもって使節を迎え、使節のイスパニヤ滞在中、およびローマ法王領渡航の際には、その必要とするものを給与し、また帰国するまでの乗船の便を図るよう命じました。われらの主、神において、朕は使節のこの訪欧旅行が信仰の面で、大きな成果を収めることを期待し、かつ貴国民の霊魂の救われることを念じております。また宣教師その他キリスト教徒が、厚遇されるように希望しておりますが、この件については使節に口頭で伝え、かつ日本全国の君（家康）に、さきに書簡（一六一三年六月二十日付）をもって通告してもありますので、つねに感謝の念をもって、その実績を朕に示されたく存じます。神が奥州の王の身に加護を垂れ、その正しい目的のために、大いなる幸運をお授けになられますよう、祈っております。

一六一六年七月十二日　マドリードにおいて　国王親署

（スペイン・セビリア市インド文書館文書／『大日本史料』第十二編之十二）

この手紙からも、国王側が使節の偉業を讃え、マドリードでの万全の歓待を意図したことがわかる。この書簡が具体性を欠いているとか、あたりさわりのない冷淡な手紙だとこれまで解釈されてきたが、使節の申し出を喜び、歓待したことを伝えるこの内容は、イエズス会の支配するインド顧問会議の決定のことを考えると、最大のものと考えてよいであろう。この手紙がすぐ渡されず、顧問会議により日本のキリスト教の事情に応じて、フィリピンの長官によって渡されることになったのも、この国王の手紙が彼らの意図に反して、大変好意的だと判断されたからである。もしこれが冷淡なものと解釈されるのなら、すぐに渡されてよかったはずなのである。

顧問会議の文書によると、この手紙が手渡されなかったので、ソテロが他の者と一緒に帰ることを拒否したというのも奇妙なことである。彼ら一行には国王より帰国費用として三千三百ドゥカドが支給された。まず四百ドゥカドはマドリードにて、千ドゥカドはセビリアにて、千五百ドゥカドはメキシコ、最後の四百ドゥカドはマニラにおいて払われることになっていた。これによって彼らの旅行が保障されたことを考えると、この文書類の読み方は注意されなければならないのである。

二人の病気

だがソテロは足を骨折して療養をせざるをえなくなり、支倉もまた健康を害していたので、スペインに一年余計に滞在を余儀なくされた。インド顧問会議の思惑を絶対と考えているこれまでの研究者は、この滞在があたかも見捨てられた使節のそれであるかのように語るが、書かれた記録なら何でも証拠とする、という態度は歴史家のすることではない。史料はすべて吟味されなければならない。

大泉氏は、メキシコ出身のフランシスコ・マルティネス・モンターニョが一六一六年四月十五日に死去したことを、この旅行が窮乏の中で行なわれた結果のように述べている。しかし他の日本人の死は記録されていないことから、一概に使節が耐乏生活で栄養失調になっていたとは言えないであろう。またこのモンターニョの死もマドリード到着前後であり、マドリード滞在そのものが耐乏生活であったことにはならない。

ローマからスペイン駐在大使に宛てた、支倉使節の希望に沿ってできるだけのことをすべきだ、という手紙が二通も残っている。宣教師や司教の派遣の申し出を受諾することは、インド顧問会議にとって権威を侵されることだった。だが結局、ソテロが日本へ戻ることができるようになったことから、決して打ち棄てられたわけではなかったということができる。「法王大使、スペイン国王、国王顧問会議、聖フランシスコ会最高聖職者たちにとり、ソテロ師が日本に戻ることが適当と思われたので」、法王に相談して「時がたち新たなことが起こるまでの間、尊師の任務と権限をもって（日本に）戻り、その地の人々に精神的援助を授けるのを適当と思う」という判断がされたのである。

たしかにメキシコと日本の直接の通商については、メキシコ側のフィリピン無視の結果を恐れて、正式な許可を与えた形跡は見られなかったが、このことで使節の不成功を強調する必要はない。それは予想の範囲内であった。ねばり強く交渉を続ける以外にない。ここでスペイン側からの退去勧告が出されたようにこれまでの研究者は書いているが、当局は送り出すことには賛成しても、退去させるようなことはしていない。それを望んだのはインド顧問会議であったが、ソテロが足を骨折して長期滞在せざるをえなかったから、退去させるわけにもいかなかったのである。顧問会議は一六一七年四月二十日付の意見書で、彼らに国王から出航許可書を早く出すことを望んでいた。

ソテロはセビリアでレルマ公に書簡を送っており、この使節が帰国するにあたって、この使節を送った伊達政宗への二千から三千ドゥカドの贈り物を準備することと、伊達政宗へのスペイン国王の手紙を持たせるように要望している。レルマ公はこれをインド顧問会議に送り、会議はそれを国王に奏上しているのである。一六一七年四月二十日付のソテロによる国王への手紙は、国王の伊達への返書が届いたこと、そして一六一六年のうちに、国王から援助や救援物資が与えられ、それで大使以外の使節一行は先に帰国したことが語られている。

ただ支倉とソテロが残ったことについても、二人が健康を害し、ソテロ自身が足を骨折したことを記している。体調を崩した支倉は、セビリア近郊のロレート修道院で休養につとめた。このことを決して、スペインにおける不遇ととる必要はないのである。

支倉ら五名はソテロとともに一六一七年七月四日、セビリアからメキシコに向かった。前年の先発が十五名で、この後発が五名で計二十名であったことは、ローマでの十六名という数と矛盾するが、それはすでに述べたように、セビリアかコリアに四人ほど残っていた人物がここで加わったからであろう。大西洋の旅がいかなるものであったかは記録がないからわからないが、国王によって保障されたスペイン船による旅であった。

3　メキシコへ

「サン・ファン・バウティスタ号」が待つ

航海は天候にも恵まれて無事にメキシコに着いた。支倉はそこで嬉しい知らせを聞いた。かの「サン・ファン・バウティスタ号」が伊達政宗の配慮により、アカプルコで彼らを待っていたのである。そこには、伊達藩士横沢将監が乗っており、その船自身は、日本からの交易船として、ソテロと支倉が望んでいた日本とメキシコの通商を開始するものであったが、嵐に見舞われ、百五十人ほどの日本人のうち百人ほどが死亡していた。日本から追い返されたスペイン答礼大使のサンタ・カタリーナも乗っていたこの船は、今や修理されてアカプルコに停留されていたのである。

そしてこの船に胡椒や京都の漆器や磁器などが満載されていたのを知り、ソテロも支倉も、ローマとスペインで努力してきた通商の第一歩が始まったと思ったであろう。その喜びは、支倉使節の成果があがったと考えるのに十分である。マニラとの取引と異なり、課税についての裁判がなされたが、ソテロは勝訴した。

またソテロはメキシコ管区長のディエゴ・デ・オタローラ師から、日本遣外管区長の職の証明書を渡され、日本に渡る宣教師十二名を選択する権利を与えられた。こうして、宣教師派遣も通商も、この時点で使節の希望どおり可能になったのである。一六一八年四月の出発までの間、彼はその宣教師の選択を行なった。まず日本から連れて来たルイス・笹田・デ・サン・フランシスコを彼の秘書として選んだ。彼はメキシコに残って、そこで教師として勉学をしていた日本人の優秀な要員であった。また後継者としてディエゴ・デ・サン・フランシスコ師を選び、また協力者として巡察師サンタ・マリア・ラルエール師が参加し、さらにオタローラ師の推薦もあって十二人の宣教師を選ぶこともできた。

伊達の幕府への手紙にあるように、「サン・ファン・バウティスタ号」は日本―メキシコ間の最初の貿易船となった。「自今已後《じこんいご》は、季々渡海させ申すべく候条、万事然《しか》るべきやうに頼み奉《たてまつ》り候、明季はこの舟、帰朝仕《つかまつ》るべく候間、あんしん《（按針）》役者、こぐしゃ《（漕者）》仰付《おおせつけ》られ、御渡下さるべく候、この舟に商人荷物積み候て、相渡《あいわたり》申候間……」と書かれている（『大日本史料』第十二編之十二）。この手紙で、この年から毎年、船を送ることを述べており、来年この船が帰国するときに、按針（航海士）と漕者（水夫）を遣わすように要請している。すでにこの船には、メキシコで販売するための胡椒、京都で注文した漆器や磁器が積載されていた。たいへん数多くの商品であったために、乗船していた聖フランシスコ会の修道士は、彼らはメキシコの富をみな日本に持ち去ろうとしているようだ、とさえ語ったほどであったという。

仲間の消息を知る

またこの地で、支倉は彼らの前にスペインのセビリアから一足先に出発していた使節の一行十五人の消息を知ったことであろう。彼らは大変苦労してメキシコのベラクルスに着いたが、巨大なハリケーンにあったり、パンや水を欠いて五〜七人が航海中に死亡したりしたという。支倉は嘆き、生存者と会おうとしたであろう。しかし会ったという記録はない。

マニラでの買物のために、支倉には一万二千ペソ、横沢には八千ペソの金銀の持ち出しが認められた。伊達家家臣、横沢将監は、すでにメキシコで洗礼を受け、フィリピン総督を命じられていたスペイン人の名前をとって、ドン・アロンソ・ファハルドという洗礼名がつけられていた。ここで支倉は横沢から、主君伊達政宗の様子や、日本の情況について情報を得ることができたし、また嫡子勘三郎からの手紙をもらうこともできた。次節で述べるように、その返事を、マニラから書くことになる。

マニラに向かう

こうして、その使命を達成した支倉使節を乗せて、「サン・ファン・バウティスタ号」はアカプルコからマニラに向かったのである。はじめは日本に直行するつもりであったが、フィリピンのドン・アロンソ・ファハルド新任総督から、兵員輸送に「サン・ファン・バウティスタ号」を使わせてもらいたいという要請があり、他のガレオン船とともにマニラ経由にすれば、これからも何かと都合がよいと判断したためであろう。

むろん彼らが日本の情況を知らされなかったわけではない。徳川家康の死後、秀忠は国内のキリシタン迫害を強化していた。一六一六年八月十六日に浦賀に着いたサンタ・カタリーナ大使の追放もその結果であった。秀忠は完全にイギリス・オランダ側につき、スペイン国王の申し出も贈り物も受け取らなかったのである。このことから、スペインがもし一六一三年の段階で、好意的な返事を伝えることができたならば、徳川幕府も政宗もキリシタン迫害は行なわなかったのであって、キリシタン弾圧は、この数年の行き違いと、ウィリアム・アダムスらイギリス・オランダの運動が功を奏したことにより起こったといってよいであろう（事実、徳川の遣使ムニョスは一六一三年六月、スペイン国王の通商の同意を得ていたのである）。

船長であった伊達家家臣の横沢将監は、スペイン側からの問いに次のように答えている。すなわち、「この船は日本国王（徳川家）のものではなく、（伊達）政宗の船である。先にスペイン国王のもとに派遣した大使（支倉とソテロ）がマドリードから書状を寄せ、必ず使命を果たして帰るから、明年、船を派遣されたいと言ってきた。本船で貴宣教師らを送るのも、また派船の理由である」と。これは、キリシタン弾圧は徳川のなすところで、伊達藩ではまだ行なわれておらず、この使節を待っている、ということを意味している。この横沢の答えこそが、まだまだ流動的な情況を物語っているのである。

4　マニラへ——スペインの敗北

文倉一行は一六一八年四月二日にアカプルコを出発し、六月二十日にマニラに到着した。普通の航海より十日ばかり早く、約八十日の平穏な航海であった。

太平洋を越えマニラへ

そして支倉常長は、息子の勘三郎に急いで手紙を認《したた》めた。急いで書いたためにくずし文字で書かれているが、無事を伝えている。この自筆の手紙は、彼の人となりを知るのに興味深い。現代文で引用してみよう。

便りをもらって喜びました。一筆書きます。今年三月にメキシコを出発し、海の旅は何事もなく無事に六月二十日ルソンへ着きました。私たちも早く帰りたいのですが、ここで殿様のお買い物をしたいと思っています。また船の修理のこともあり、すぐには発てませんが、来年の六月には必ず必ず帰朝出来るでしょう。このことを聞いて満足してくれるでしょう。まずここでは無事で、足軽の三人衆や近しいものも皆無事に過ごしてきました。清八、一助、大助三人についてはメキシコから逃げてしまい、また日本から私たちを迎えに来た人が、船の中で死んでしまい、持ち物も皆無くなってしまいました。御祖母様や母上をよくよく懇《ねんご》ろにして、大事にしてあげて下さい。忠右衛

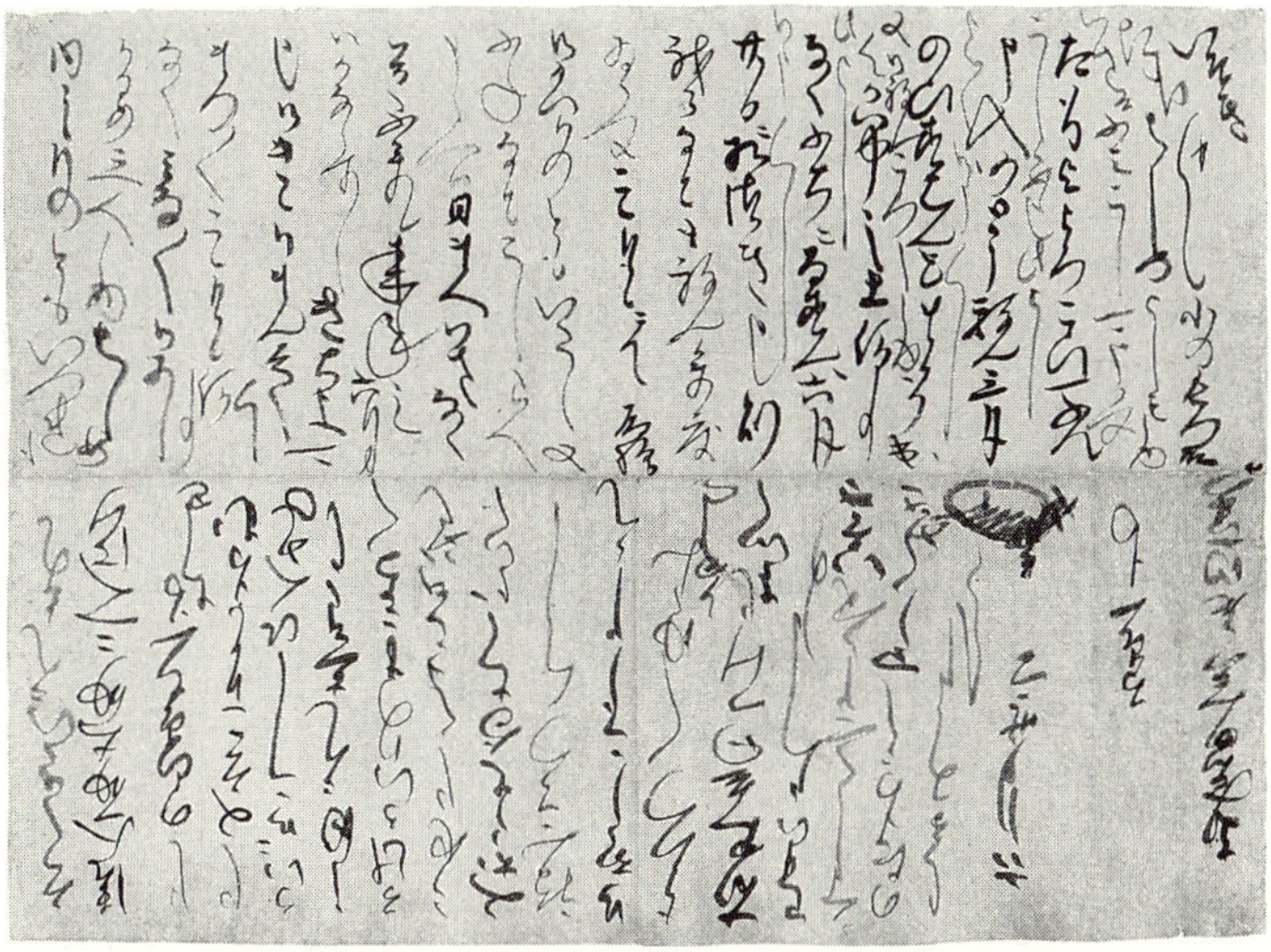

図7－2　支倉常長書状　勘三郎宛（東京大学史料編纂所蔵）

門をつけて何度も見舞って下さい。もっとくわしく述べたいのですが、急ぎの手紙なので、これだけでもやっと書いたのです。また書きます。かしこ

六月二十二日　　長経（花押）

ルソンより

支倉勘三郎殿　　同六右衛門

ここには家族を思う心情が溢れており、主君のこと、一行のこと、逃げた三人のこと、とくに母や妻のことなど、このような苦しい旅を行ないながら、なおかつ人々への配慮の心情が深いことには、使節の責任者としての心構えと楽天主義が見出せる。この何げない手紙からも、武士道を実践していた支倉の姿が見られる。またローマで評された、敬服すべき落ち着いて有能な人物の顔が見て取れると

言ってよい。ここには何ひとつ「キリシタン」であることを示す祈りの言葉も、形式もない。むろん故国での弾圧を意識したのかもしれないが、彼にはそれ以上の人間主義があるように見える。彼は逃げていった三人についても決して恨みの言葉を吐いていない。

六月二十三日に、この支倉の手紙をもってディエゴ・デ・サン・フランシスコ師だけが、ソテロの命で日本に向かった。折からの迫害にもかかわらず、宣教師の日本潜入が企てられたのである。ディエゴはこの潜入に成功し、八月十二日に長崎に着き、すでに前年から潜入していたフランシスコ・デ・ガルヴェスと会い、ソテロの書簡と贈り物を伊達政宗に届けさせている。ガルヴェスは一六一八年十月九日（元和四年八月二十一日）に青葉城（仙台城）の大広間で政宗に謁見し、その書状と贈り物を届けているのである。

このことからも、政宗は徳川と異なり、スペインとの交渉も、宣教師との会見も行ない、じっと支倉らの帰国を待っていたことがわかる。政宗は歓待し、必要な物を何でも与えるように家臣に命じ、師に安全な居場所さえ指定した、とディエゴ・デ・サン・フランシスコ師の報告（一六二五年）が伝えている（『ソテーロ伝』より）。そして幕府に対して「早飛脚」をルソンに差し向けたい旨の伺いを出している。

ソテロの活動

ソテロはマニラでフィリピン管区の参事会を召集し、北日本の布教区を新設して遣外管区長をもって任じ、法王の特命をもって、日本管区をフィリピン管区から独立させた。法王の威光はここまで十分に及んでいたのである。日本管区の根拠地としてディラオのサ

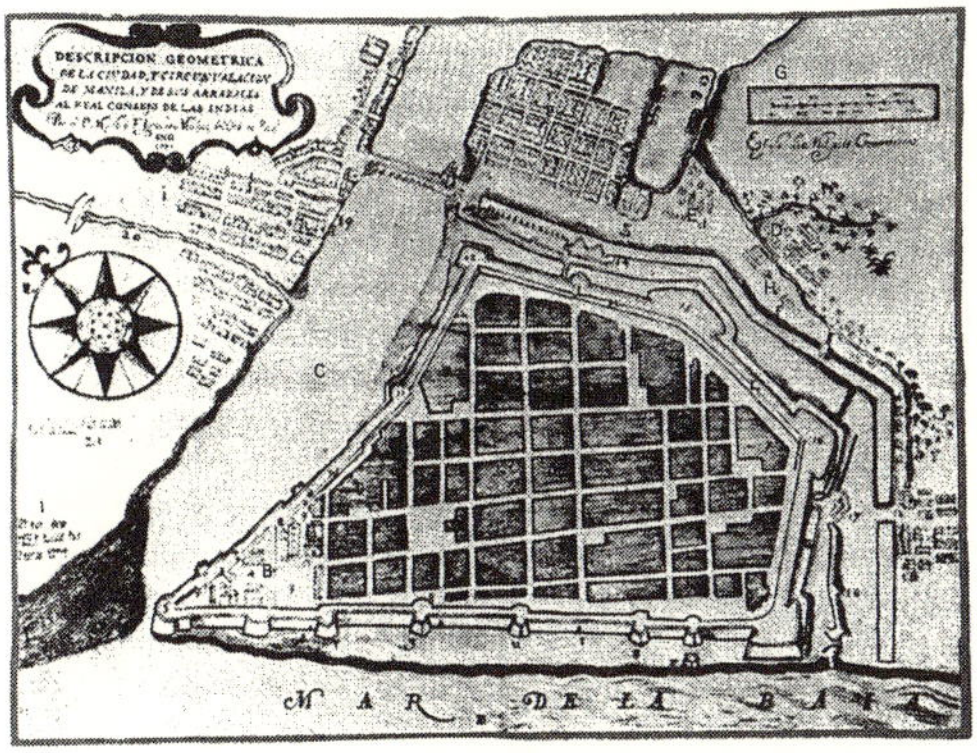

図7－3　マニラ市街図（1671年）
（岩生成一『南洋日本町の研究』より）

ン・フランシスコ・デル・モンテ修道院が選ばれ、ソテロのもとに置かれた。ルイス・笹田やファン・宮崎ら日本人を参加させ、ここで日本行きの宣教師を養成し、出発させることにしたのである。この時点の強引とでもいうべき再組織化は、既得権をもつイエズス会宣教師たちの反感を呼んだが、それだけ日本布教への情熱と、伊達政宗への信頼の念が大きかったと考えるべきであろう。それらを信じられたのはソテロと聖フランシスコ会だけだったのである。彼は翌六月に自ら北日本の仙台藩に向かおうと考えた。

船を手放す

支倉はマニラでフィリピン総督によって歓待され、ソテロとともにデル・モンテ修道院に滞在したと考えられる。当時この近くのディラオの街には三千人の日本人が住んでいたというから、支倉は決して孤独ではなかったはずである。

しかし当時オランダとの戦争の危険が迫っていたため、この歓待と引き替えに、「サン・ファン・バウティスタ号」を貸してもらい軍艦に改造したいという総督からの申し出を断るわけにいかなかった。これについては、ソテロがメキシコにいた一六一八年二月三日の手紙があり、その中でオランダとの戦いにこの船を使うことを申し出ている。さらにインド顧問会議議長に対し、前記フィリピンの新管区長が伊達政宗と親交を結び、政宗がオランダとの戦いを支持したので、「サン・ファン・バウティスタ号」をフィリピンに寄港させた、と述べている。これを引用して五野井氏は、この寄港はソテロのつくった筋書きで、自分が日本の管区長になるために、まずマニラに日本宣教のための根拠地をつくろうとしたためのようだと語っている。ここで日本人のための神学校設立と、日本人を司祭として叙階させる計画を立てたという。いずれにせよ、スペイン側としては、メキシコ—日本間の海路を「サン・ファン・バウティスタ号」の周航によって確立されることを恐れたし、オランダのフィリピン進出を抑えるために、この船の軍事的な装備は大きな力となると考えたのであろう。

オランダによる攻撃の報は急を告げており、支倉にとっても船に損害があれば弁償するとあれば、それを受け入れざるをえなかった。総督の国王宛ての手紙には「廉価で」買い上げたと書かれているが、この船によるフィリピンから日本への帰還の道を断ってしまっても、緊迫した情勢では致し方なかったことであろう。

しかし「ふさわしい代価で買い取られた」という他の手紙も残されている（一六一九年七月二十八日付フィリピン諸島司法長官の国王宛て書簡）。このことは、「サン・ファン・バウティスタ号」が修理後も、なお堅牢なものであったことを示している。

総督は日本人に対してとても良い関係をもっており、また彼らに対して大いに歓待していたので、日本人はついに船を貸与してくれました。その後すぐに戦闘用に準備がなされたのも、この船が大変に優れており、堅牢であることが分かったからです。船は不足しており、それを買い取りました。陛下にとっても適切な値段で取り引きされました。

（スペイン・セビリア市インド文書館文書／『大日本史料』第十二編之十二）

一六一九年五月、スペイン軍はオランダ軍によって攻撃され、マニラ港は包囲され、制海権を奪われた。

オランダ軍に敗れる

一六一九年八月十日以後、「サン・ファン・バウティスタ号」の記録はないから、オランダ艦隊によって撃沈されたと思われる。マニラの占領がなかっただけ救いであった。このフィリピンにおけるスペインの敗北こそ、支倉使節にとって初めての打撃であったと言える。プロテスタントはカトリックの宣教師を敵対視していたし、日本渡航のための船もなくなってしまったからである。

この打撃により、ソテロらの日本行きの構想は再考を迫られることになり、イエズス会に抗しての日本への再布教という大義名分も、基本的に潰えてしまった。この落胆は大きかったであろう。迫害下の日本への布教を放棄していたイエズス会側の反撃も始まった。一六二〇年八月にはソテロの構想は潰され、デル・モンテ修道院は元通りフィリピンの管区に戻された。日本管区の協定も破棄されてしまった。その実現性がなくなったからである。ソテロは法王特使の特権も喪失し、メキシコへ追放されることになった。

5　日本へ帰る

フィリピンでのスペインの敗北は、まさにスペインの植民地主義の挫折を示す象徴的な事件であり、徳川幕府のキリシタン弾圧に拍車をかけた。これまでスペインの植民地主義を恐れながらも、その商業的、外交的な面における力を利用しようとしていた政策が、これ以後、その実効性を失ったからである。また、伊達の仙台藩が幕府に呼応して本格的にキリシタン弾圧を始めたのも、一六二〇年以降のことである。ここに至って、スペインとの通商によってヨーロッパと結ぼうとした、支倉使節の壮大な意図は決定的に崩れることになった。これはイエズス会の布教への最後の打撃となったばかりでなく、聖フランシスコ会にとってもその後盾が失われたこととなる。幕府はオランダとのみ、外交・通商関係を取り結ぶ方向を定めた。

マニラを発つ

支倉はやむなくソテロと別れ、横沢将監およびその随者とともにマニラを発った。乗った船は、ルソンに渡航していた、幕府公認のマニラから長崎への朱印船であった。約一カ月弱の船旅で長崎に八月末に到着した。幕府の奉行土井大炊助《おおいのすけ》利勝から一切を調べられ、宣教をしないことを条件に帰国の許可が出た。藩籍を抜くこと、隠棲することを命じられたが、その具体的な処置は藩に委された。そして日本国内の旅の間、はげしい迫害の嵐が吹いていたと言われる長崎でも喚問に遭わず、八月十六日大坂に寄港し、京都の伊達屋敷に泊まっている。そして西日本を通過し、便船で無事、元和六年八月二十四日（一六二〇年九月二十日）に仙台に帰った。実に七年にもおよぶ長旅であった。

奇怪最多シ

『伊達貞山治家記録』（二十八）には、「六右衛門常長等、（中略）南蛮ノ都へ到リ、国王（スペイン国王）波阿波（ローマ法王）ニ謁シテ、数年逗留ス、今度呂宋《ルソン》ヨリノ便船ニ（テ）帰朝ス、南蛮国王ノ画像、幷《ならび》ニ其身ノ画像等持参ス、是《これ》南蛮人図画シテ授ル所ナリ、南蛮国ノ事物、六右衛門物語ノ趣《おもむき》、奇怪最多シ」（『大日本史料』第十二編之十二）と書かれ、支倉がヨーロッパの様子について語ったことが述べられている。「奇怪」だという形容詞も、それが強い関心をもたれたことを示しており、決してよくいわれる「想像できない世界」ではないはずである。

伊達政宗は厚く労をねぎらった。支倉が持って帰った品々をもって堂々と帰朝の報告をしたことは、『伊達貞山治家記録』からもうかがえる。そしてソテロの日本への帰還を促したに違いない。法王の手紙も、スペイン国王からの返書も、彼が持っていたからである。政宗は江戸幕府の土井大炊助に元和六年九月二十三日（一六二〇年十月十八日）、次のような手紙を書いている。

先年、南蛮へ、向井将監（と）申し談じ、舟を遣り申し候時分、江戸に数年逗留仕られ候ソテロと申す南蛮人渡り申され候。その刻、公方様（家康）よりも南蛮へ御音信として御具足、御屛風など遣はされ候。そのみぎり、拙者内の者（支倉）申し遣し候。奥南蛮（西洋）へ参るに付いて、七、八年逗留御座候て、漸《ようや》く当秋、ロソン（ルソン）よりの舟に（て）帰朝仕り候。ソテロことは、キリシタン堅く御法度の由、ロソンにて承り及ばれ、先々遠慮の旨にて彼の地に逗留の由、申し来り候。南蛮よりの御返事も御座候由申し来り候。御前苦しからず候はば、来年ロソンより帰朝仕り度《たく》候由、申し越され候。如何有るべく御座候や。御報らせにより返事仕り度候。そのためわざわざ申し入れ候。

（『伊達貞山治家記録』二十八／『大日本史料』第十二編之十二）

これを読むと政宗が幕府のキリシタン弾圧を知りながら、十分に支倉をかばい、名前の代わりに「拙者内の者」と書き、自分と同体であることを示していることがわかる。これは武士道における主君の配下に対する愛情ある態度ととれる。彼に責任を転嫁していないのである。ソテロに対しても、日本にぜひ帰国させたいという気持ちが示されている。その頃の幕府の宣教師追放政策を考えれば、このような申し入れは無謀とも思われるもので、それを「わざわざ」尋ねた政宗の心情を重視すべきであろう。家康の公認であったことを強調し、まだ幕府がスペインとの交渉をする意志があったことを忘れるべきでないことを暗に示している。

幕府からの回答は残っていないが、政宗が元和七年（一六二一）に二人の武士を送り、ソテロを迎えにやったことが知られているところからみても（ソテロ『陳状書』）、否定するものではなかったと思われる。ソテロに対する政宗の厚い信義は、幕府の禁圧の命を超えていたのである。政宗がやっと出した一六二〇年九月の、支倉帰国直前のキリシタン禁令でさえも、スペイン敗北により拍車がかかった幕府のキリシタン弾圧政策に呼応しているが、それは多分に形式的なものであったと考えられる。

たしかに十一月六日に水沢で六人の殉教者を出したが、これは信徒が「ころんだ」と役人が報告したことに、逆に信徒が抗議したことから発したものなのである（信徒のパウロ五世への奉書）。

一方、イエズス会関係の研究をした五野井氏は『支倉常長』で、東北地方の同会の活動を次のように述べている。

> イエズス会ではアンジェリスに続いて、一六一七年にディオゴ《ママ》・デ・カルヴァリョ神父が仙台に来て出羽地方をも担当した。仙台藩の奉行が宣教師に退去を求めたため、ガルベスとバラハスは一時仙台を離れたが、アンジェリスは仙台に潜伏して宣教を続けた。（中略）
>
> ガブリエル・デ・マトス神父が一六二二年四月三十日付でマカオから発信した日本報告によると、奥州にはイエズス会の宣教師が二人おり、彼らを通じて成人九六六人がキリスト教に改宗した。これは、一六二一年の奥州仙台領における宣教の成果であったと見ることができる。同地方における迫害は始まったばかりであって、まだ厳しくなかった。
>
> （五野井隆史『支倉常長』）

イエズス会は、支倉使節を送った伊達政宗のキリスト教に対する寛容さを利用して、日本で最後の布教を東北地方で行なったのである。しかし政宗は、彼らに対してソテロに対する以上に同情したわけではなかった。

ソテロが元和八年（一六二二）に長崎に潜入後、逮捕されて大村牢に入れられてからの手紙を受け取った伊達政宗が、同情して幕府に働きかけ、何とか仙台藩に帰らせる工作をしたことも、その部下の石母田大膳《いしもだだいぜん》の手紙からわかっている。政宗が本格的に弾圧に乗り出すのは、元和九年(一六二三)十二月七日に、江戸城の茶会において徳川家光から叱責されてからのことである。翌元和十年二月十八日に前記のディエゴ・デ・カルヴァリオらを広瀬川河畔で水漬けの刑に処したことも知られている。しかし一方、ソテロが酷い待遇を受けた末に刑死する寛永元年七月十二日(一六二四年八月二十五日)の寸前まで、政宗が彼を救出しようとしていたことも、十分にうかがえるのである。しかしイエズス会の活動を許していたわけではなかった。

死去までの一年間

後述するように、支倉の死はソテロの死の二年前の、元和八年七月一日(一六二二年八月七日)と従来考えられてきたが、それまで彼が何をしていたかは史料にはない。しかし彼がその後キリスト教をどう思ったかについて二つの史料がある。一つはイエズス会側のもので、それは支倉の棄教を伝えている。もう一つはソテロのもので、支倉は最後まで信仰を棄てなかったとする。この二つの史料については、いずれの研究者も史料を掲げて検討している。

前者『一六二一年度イエズス会年報』は、ジェロニモ・マヨリカ師のマカオからの報告中のジェロニモ・ロドリゲス師の書簡に記されているものである。その内容は、支倉大使が帰着して十日になっても、政宗は謁見を許さなかったので、支倉は悩み続けた。支倉がもしキリスト教を棄てるならば謁見を許そうという言葉があり、支倉自身も、もし信仰を棄てれば政宗側が抱いた嫌疑も晴れようと考えたというものであるが、これまで述べてきたような政宗の態度からすれば、このように棄教を条件に政宗と会うなどということは、おそらくなかったと考えてよい。それに肝心の、棄教して会ったかという点では、「大使はぐずぐずしてあいまいな答えをしたと人々に広く言われている」などと言っているにすぎない。『伊達貞山治家記録』（二十八）では、将来した品々を持参して政宗に帰朝報告をしたことが記されているから、そんな条件をつけたとは思われない。これはやはりジロラモ・デ・アンジェリス師の一六一九年の支倉に対する非難と同じく、ソテロに代表される聖フランシスコ会の行為への批判として考えるべきであろう。

一方、ソテロは次のように書いている。

フィリッポ支倉が帰国すると、その王（伊達政宗）は支倉を大層讃え、長途の旅の疲れをいやすために家に帰しました。支倉は自分の家で妻子、家来及び多くの下僕をキリスト信者にし、また、親戚の高貴な人々や近隣の人々に入信を勧めて、信徒にさせました。このように善業を行なっておりましたが、帰国後一年もたたないうちに、大きな教訓と模範を示し、また万端の準備をととのえて、子供たちに大切な遺産として、信仰の弘布と修道士たちの保護を依頼し残しながら、敬虔な生涯を終えました。（ソテロ「教皇宛て書簡」／ロレンソ・ペレス『ベアト・ルイス・ソテーロ伝』野間一正訳）

寛永十七年（一六四〇）になって、キリシタンをかくまった嫡男勘三郎常頼は斬罪に遭っている。キリシタンであるその弟権四郎常道も逐電したか、同じように斬首されたという。これは常長の死後、その一家や部下の中からキリシタンが多数あらわれていることからも真実に近いと思われる。

支倉の死とその信仰については、一六二二年三月五日（元和八年一月二十三日）のイエズス会の日本管区長であるフランシスコ・パチェコのローマ総会長宛ての書簡で、「奥州の神父達から一六二一年十一月四日に受け取った手紙によれば、彼らは平安に過ごしており、シモ（九州）ほど迫害を受けていません。フライ・ルイス・ソテロとともに、スペインとローマに行った、政宗殿の大使（支倉）は、すでに病死しています。ある人は彼は棄教したと言っており、他の者たちは棄教していない、と言っています」と語っている。

ここでパチェコは一六二一年十一月四日までに支倉が病死したことを記している。したがって『家譜』によって元和八年七月一日（一六二二年八月七日）とされていた支倉死去の年月日は、おそらく元和七年七月一日（一六二一年八月十八日）の誤りであろう。このことはソテロも帰朝後一年に満たないうちに死んだと述べていることからも正しいであろう。

また、死にあたっての支倉の信仰の態度がわからなかったと言っているが、支倉がキリスト教を棄てたかどうかはさほど問題ではない。たしかにキリスト教徒の側からすれば、棄教したかそうでないかは大きな問題であろう。一度洗礼を受け、キリスト教徒として歓待を受け、それを曖昧にしたままにすること、あるいはそれを棄ててしまうことは神への冒瀆であり、背教者として断罪されるべきだと言うかもしれない。しかし支倉自身は、キリスト教徒であることによって大使の役割を与えられたのではなかった。出発前にソテロから洗礼を受けたという記録は一切ないし、事実スペインで洗礼を受けるまではキリスト教徒ではなかったと言える。

西洋で描かれた彼の肖像画も、仙台市博物館のものはキリスト教徒としてのものだが、ボルゲーゼ家に残る油彩画はそのことを示していない。彼の十九冊の記録が残っていれば明らかになろうが、そこに信仰のことが書かれていたとは思われない。教義などについては、ソテロや、参加したキリシタン商人から教えられたであろうが、唯一現存する彼のフィリピンからの私信には、そのことを示す記述は一切見られない。そこには主君を想い、家族を慈しむ武士道の精神が何げなく書かれているにすぎない。むろん、そのことを書けば断罪される可能性もあっただろうが、しかし彼にとって信仰を保つことが一義的な問題であったとは思われない。

この問題は、日本人のメンタリティに関わることであるが、支倉の場合は、もともとは武士としての生き方が基本にあり、また神仏習合の考え方があったことは伊達政宗がそうであったのと同じであろう。政宗が仙台藩でのキリスト教の布教を望みながら、自らはキリスト教徒とならなかったのは、決してカムフラージュではなかったはずである。それだけ宗教に対する無礙《むげ》なところが日本人のメンタリティにはある。

どこで死んだか

さて、支倉常長がどこで死んだかであるが、死去までの一年足らずを過ごしたところは、支倉がルソンから手紙を送った嫡男勘三郎常頼のところのはずである。そこに常頼の祖母も母も、つまり常長の母も妻もいたからである。それは「黒川郡落合邑」であろう。また子孫の支倉哲男氏の話では、支倉家の一人が常長の書いた九冊の冊子をもっていたが、太平洋戦争の折、朝鮮に滞在していたときに戦災で焼いてしまったという。これは『金城秘韞』のいう十九冊とは異なるもので、晩年の支倉はこれを書いていたのではないかと推測される。支倉が、主君の伊達政宗の鷹狩に参加していたという記録もあることだから、彼が蟄居状態にあったとは思われない。また息子の常頼も常長の死から十三年経った寛永十年（一六三四）まで、キリシタン神父を匿っており、政宗は支倉家を保護していたと思われるから、決してキリスト教徒を忘れたわけではなく接触を続けていたと考えられる。

支倉の墓地

最後に支倉の墓地であるが、その可能性があるのは現在三カ所である。

まず柴田郡川崎村支倉の円福寺である。この寺は常長の実父、常成の知行地の寺である。ここにはその墓ばかりでなく、多くの錨《いかり》のマークのついた墓が三基ある。錨の印は大航海時代において、キリスト教徒の船であることを舳先に示すシンボルであり、「希望」を表す。「希望」を錨に結びつけるのは、航海がそれを象徴しているからである。このことは一五九三年初版の『イコノロギア』にも示されており、その解釈は十分成り立つ。ドゥルエの「支倉常長像」の右側の三人の聖者のうち、右端の天使も錨を携えている。すなわちキリシタンとなって最後まで支倉常長と行動を共にした従者たちが、ここで共に永眠したことを示していると考えられる。

この錨の印は、以前は梵語であると思われていたが、梵語としては読みとれなかった。しかし平成三年（一九九一）、コリアからハポン姓のスペイン人がこの墓を訪れた時に指摘がなされ、この解釈の可能性が生まれた。またここには「マリア観音」があり、それは乳を与えるマリアで「謙遜の聖母」

を示しており、慈母観音と共通している。さらに翌平成四年十一月の調査では、近くの支倉金田の周岸寺の墓地で、やはり錨マークの墓を二基見出すことができたが、これも支倉の従者のものと思われる。これは高さがいずれも一メートル以上あり、他の墓石よりも一際大きく、決して秘密のものとは思われないところから、考えられていたほどに弾圧されていたとはさほど思われない。このような墓の存在からも、先の円福寺のそれが支倉の墓であったと推測される。

しかし他の二カ所も関連がないとはいえない。一つは黒川郡大郷町東成田の山地に孤立してある墓で、碑名には「梅安清公禅定門　承応三年二月十七日支倉氏」とある。ひそかにこの地で支倉は隠遁し、八十四歳で死んだと言われている。承応三年とは一六五三年のことで、嫡男常頼の寛永十七年（一六四〇）の斬首以後十三年も生きていたことになるのはおかしいから、これは否定できる。ただ、支倉の地から三十三回忌の折にこちらに移された、という可能性も成り立つ。承応三年が支倉の死んだ年ではなく、キリシタン弾圧により墓が移された年と考えることにより、ここも支倉の墓であったということもできるのである。

もう一つの仙台市北山光明寺の墓は、明治時代になってここに移されたと考えることができる。というのも、江戸時代のキリシタン弾圧の時代に、このような大きな寺に支倉の墓が公認されていたように建っていたとは考えられないからである。したがって支倉家の子孫が禁教が解かれた明治になってその墓をこの寺に再興し、それを明治二十六年（一八九三）に大槻文彦が発見したと考えてよい。

終章　使節忘却の意味

忘却の背景

明治六年（一八七三）に岩倉具視《ともみ》を長とする政府の渡欧使節団がヴェネチアを訪れた際、支倉関係の文書を発見した。しかし彼らは、当の支倉使節が、二百五十年以上前にすでにヨーロッパに訪れていたことを全く知らなかった。これは大坂夏の陣で豊臣秀頼が敗北した時、その残党がここに来たのであろうとか、支倉は伊達の臣であるというが、しかし伊達家は西洋と交通したとは考えられない、などと言っている。また明治九年（一八七六）に明治天皇が東北巡幸した際の博覧会では、使節の遺品が展示されたが、一体それが何であるか、地元の人も説明できなかったといわれる。これらの忘却により、支倉使節はキリシタン使節としてキリスト教禁圧下の江戸時代に全く忘却に付された使節である、という証拠にされている。

しかし私には、そのことにより、逆にこの支倉使節の重要性が浮かんでくるように思える。本書で詳述したとおり、この使節は単に伊達家の使節ではなく、徳川幕府の使節でもあった。それはその後の徳川幕府による「鎖国」と言われる時代が、周知のとおりオランダ以外のヨーロッパの国々を受け入れなかったという事実にある。オランダだけを受け入れたのは、彼らが布教に無関心だったからと言われる。しかしこの「鎖国」という処置は、もしそこに十六世紀までのスペインのような存在があれば、いつでもこじ開けられるものであった。事実、ポルトガル、スペインによって植民地化された国々は、もともと「鎖国」同様な国々だったのである。しかしこの支倉使節以後、このスペイン・ポルトガルのことを心配することはなくなった。

それはこの使節によって、スペインおよびイタリア、とくにローマ法王庁の実態をつかむことができ、スペイン衰退に伴うローマ法王庁の力の縮小を見ることができたということである。この使節による報告（十九冊の支倉の報告が読まれたか、またはある程度、口頭でなされたかはわからないが）から得た、ヨーロッパではオランダ・イギリスなどのプロテスタント系の台頭、カトリック系の衰退があり、それに伴い、スペイン・ポルトガルの脅威が減ったという認識である。カトリック系のキリスト教に無関心となり、その文化は、日本にとってさほど必要がない、とする見極めができたと推測できる。十六世紀にはスペイン・ポルトガルのいわゆる南蛮文化へあれほど関心が高かったにもかかわらず、十七世紀になると急速に減退していく。そしてその後、スペイン系のみならずイタリア・フランスの文化もほとんど日本に入って来なくなるのである。

また軍事関係についていえば、ポルトガルの旅行者メンデス・ピントの『巡遊記』（一六一四年）には、日本にはすでに弘治二年（一五五六）、豊後地方の首府に三万挺以上の銃があり、日本全国には三十万挺以上あると伝え、さらに琉球にも二万五千挺輸出していると述べた、驚くべき話がある。数字はともかく、種子島伝来以降十三年で、日本が小銃の輸出国になっていたのは確かである。

実際、織田信長の鉄砲隊は世界一だった、とよく言われる。『国友鉄砲記』によれば、天文十八年（一五四九）に信長は国友の鉄砲鍛冶たちに火縄銃五百挺を注文した。天文十八年といえば、ザビエルが鹿児島に到着した年である。以後、信長は、この鉄砲の威力に注目し、その製作地の堺、国友、根来《ねごろ》などをつぎつぎに領地として支配し、天下統一のために十二分に鉄砲隊を活用した。それは豊臣秀吉にも受け継がれ、朝鮮戦役でも活用されていた。むろん朝鮮戦役にも参加した伊達政宗も人後に落ちなかった。支倉はまさにその鉄砲隊の一員だったのである。支倉使節で、メキシコ・スペインなどの新兵器の開発を観察していたことは、十分に考えられることである。おそらく支倉らは、これらの国々の兵器は恐るるに足らず、という認識をしたと思える。

こうした認識は、日本人がヨーロッパに対して関心を失ったことを意味しない。江戸幕府は、寛永十六年（一六三九）のいわゆる「鎖国」令完成の後、早くも四年目に、オランダ商館人に海外情報を求め、「オランダ風説書」を毎年提出させて、世界の情勢に油断なく注目していたのである。この「鎖国」時代は決して閉ざされた時代ではなく、むしろ日本人の対外的意識は鎖国以前より以上に研《と》ぎすまされており、それは新井白石の『西洋紀聞』『采覧異言《さいらんいげん》』などでもよく示されている。

貿易量も減ってはいない。「鎖国」後、オランダ人、中国人を媒介とした長崎の貿易量は、かえって増大し、オランダがアジア各地で開いていた商館のうち最大の収益をあげていたのである。また、たしかに南蛮系（ラテン、カトリック系）の文化は減ったが、「鎖国」期間中に日本に移入されたヨーロッパ文化の要素は意外に多く、新しい科学知識、天文学・地理学・医学などが、長崎の狭い出島から日本国内に伝えられ、社会の発展に大きく貢献している。よく、「鎖国」という体制は一種の海禁政策であり、似たようなことは明でも、清でも、李氏朝鮮でも行なわれている、といわれているが、しかし日本の「鎖国」は、イエズス会の布教を受け入れていた清とは違い、カトリック系の布教を禁じ、そこからもたらされる危険性を完全に封じようとしていた。

太平洋への無関心

そして江戸時代の外交で、さらに大きな特徴は、太平洋に対して全くといってよいほど無関心になったということである。すなわち、スペイン人によってもたらされた、メキシコとフィリピンをむすぶ太平洋航路が開拓され、巨大なガレオン船が、日本列島の眼と鼻の先を通ってマニラからアカプルコに向かうようになっていたことに対して、ほとんど無関心となっていた。そして太平洋の存在を意識しないようになった。これにも支倉使節の経験が大いに作用していると思われる。

日本人が造ったガレオン船「サン・ファン・バウティスタ号」によって、太平洋はある意味で日本人のものとなった。この船でメキシコに二度も往復した。最後はフィリピンでスペイン側に事実上取り上げられ、軍艦として海の藻屑《もくず》と化したが、しかしそれをもう一度造ろうと思えば可能だったはずである。しかし日本人は、支倉使節の経験により、メキシコや当主国スペインとの交易を諦めて以降は、太平洋には関心を持たなくなったのである。太平洋からの海の幸は得ていても、太平洋という大海を忘却に付してしまった。

それゆえに、嘉永六年（一八五三）にアメリカ東インド艦隊のペリーが太平洋を越えて浦賀に来航したことは日本人を驚かせた。日本人の認識の中にアメリカはなく、スペインの占領したメキシコだけが存在していた。支倉使節がもたらした知識で止まっていたのである。日本はヨーロッパからの脅迫だけを考えており、まさに油断であった。ポルトガル、スペイン、そしてイギリス、オランダをはじめ、十九世紀まではまさにヨーロッパ諸国による植民地主義の時代に、ひとり日本はその圏外にあるという認識が日本にはあった。十九世紀には、インドも清も、イギリスによって侵略されていた。阿片戦争は日本を脅かせた。だがオランダを知り、スペイン、ポルトガルなどのカトリック系の国々との断絶さえ行なっておけば、日本は植民地にはならないだろうという認識（それも支倉使節の結果だと言える）は、二世紀を経てすでに様変わりをしていた。アメリカとロシアが、新興の植民地国家を目指していたのである。すでにフィリピンはスペイン支配からアメリカ支配の国に変わっていた。

キリスト教はたしかに禁圧された（隠れキリシタンは各地で多少残ったが）。しかし鉄砲、ズボン、ビロード、テンプラ、カステラ、茶道（カトリックの儀式から来たという）等々、南蛮船載の品々や文化、幾何学・天文学・地理学・航海術・造船術・冶金《やきん》術等などは、決して忘れられたわけではないだろう。フロイスは、一五七七年八月十日付の書簡で日本の諸侯に喜ばれる品目を列挙しているが、その中には、琥珀《こはく》色の帽子、砂時計、ビードロ、ビロード、フラスコ、ベグー、カンバヤ、ベンガル産の箱、フランドル織、絨毯を挙げている。また天正十八年（一五九〇）にヴァリニャーノが秀吉に謁見したとき、その絢爛たる衣裳が京都の人々を驚嘆させ、それ以後「国都に於てはポルトガルの衣服若《も》しくは（他の）何物かを所有せざれば人とは思はれざるなり」と述べている（岡本良知『十六世紀日欧交通史の研究』）。これは天正十五年（一五八七）のバテレン追放令が出た後のことで、秀吉までがポルトガル風の衣服を着たという。舶来品歓迎の日本人の好奇心は、その後の、キリシタン禁圧の時代でも、そう簡単に忘却に付されたわけではないだろう。キリスト教的な主題抜きの南蛮画は多数描かれ、それらは多数残されている。

しかし一方では驚くべき忘却がある。世界半周してローマまで行った日本人十六人の使節の物語はすっかり忘れられた。あのガレオン船を造った情熱は、いったいどこにいったのか。いや十六世紀後半、多くの日本人をとらえた「西洋文化」は、どこに消えたのか。これほど異国の人々がやって来、彼らが日本に闊歩《かっぽ》し教会をつくり、また日本人が西洋まで乗り込み、彼らと堂々と外交折衝をした。それがこのように忘却の彼方に打ち棄てられた、ということ自体、驚異的な忘却といってよいだろう。それは何故であろうか。

異常な体験

それは未だに西洋の宗教、キリスト教の信徒が、新旧合わせても日本人口の二パーセントにも達していない、という事実と関連するかもしれない。しかし十六世紀後半のキリスト教はそうではなかった。「島原の乱」は単なる年貢強制に対する一揆ではなかった。そこにキリスト教の信仰が入ったことにより恐ろしい力を発揮したのである。それは日本の伝統文化を破壊するものであった。徳川幕府がすべての未練を断ち切って「鎖国」に踏み切ったのも、そのためであったろう。この時代のキリスト教文化というものは、日本にとってある種、異常な体験だったことにしたかったのである。

たしかに日本人は、それまでシナから儒教や仏教など、外国のものを多く取り込んだ。しかしそこには教典や仏像はあっても、異国の人間が多数来たわけではない。しかし、キリスト教はその到来とともに、日本で初めて異質な西洋人がじかにやって来たのである。日本人はその南蛮語を話す西洋人と直接やり合わなくてはならない、という事態になったのである。この物と人とが一体となって入ってくるという異常な事態の体験こそが、早く忘れたいと思う原因だったのではないか。つまり、彼らの思想やもたらした物品は魅力的だが、その異質な彼ら「南蛮人」自身とはなかなか友人にはなれないというのである。

それは決して人種差別ではないだろう。南蛮画にあるように、彼らは背が高く、派手な着物を着て魅力的であった。多くの知識人たちがキリスト教に改宗した。豊臣秀吉の側近の茶道の第一人者、千利休がキリシタンであったとさえ言われている。しかし一般の日本人にとっては、この異質な人間は、帰化して日本人に馴染まないかぎり、別世界の人間ととらえられ、彼らの信仰も理解できなかったのである。またローマまで行った支倉一行が見た華やかな西洋の建造物も、その意味で異様なものに見え、受け入れられなかった。それを見てきた日本人たちの体験は共有されなかったのである。

しかし現在はそうではない。日本人の大半は何らかの外国体験があり、西洋的なものは何もヨーロッパまで行かなくとも知られるようになった。異質な人々との直接の接触も普通に行なわれるようになり、支倉使節のような体験は珍しいことではなくなった。その体験を共有する時がやって来たのである。西洋からの外来文化は、美しい憧れの「舶来品」ではなくなり、そこに存在する人間的な試行錯誤や矛盾が、苦悩や喜び、美しさ、醜さとともに知られはじめた。

そうした比較検討の中で、日本文化の伝統が蘇生するとき、そこに現れるものこそが本質的な日本文化なのである。その意味でも、十七世紀初めのこの先駆的な日本人の行動を、私たちは再検討しなくてはならない。本書がその一助となることを願っている。

参考文献

『伊達治家記録』一〜四（仙台藩史料大成）宝文堂、一九七二〜七四年。

『政宗君記録引証記』宮城県図書館。

『伊達史料集』下（小林清治校訂）（戦国史料叢書）人物往来社、一九六七年。

『支倉家譜』（伊達世臣家譜　一四）東京大学史料編纂所。

「支倉六右衛門家譜」一八七七年四月書き出し、東京大学史料編纂所。

『支倉家家譜について』（支倉哲男編）私家版、一九八五年。

『伊達世臣家譜』四八、東京大学史料編纂所。

『仙台市史　資料編一〇　伊達政宗文書』仙台市。

『宮城県史』十二、宮城県。

『大日本史料』第十二編之十二（村上直次郎訳）東京大学史料編纂所、一九〇九年。

　訳者村上氏はヴァチカン、スペインなどの公文書館の、支倉関係文書を丹念に翻訳し、その原文と両方掲げている。近年の絵画史料の発見を除くと、文書研究ではいまだにこの史料集が研究の基本となっている。この顕著な貢献は、明治という時代のこの国際的な使節評価への国家的な使命感がそうさせたと思えてならない。

大槻玄沢「帰朝常長道具考略」『金城秘韞』一八一二年。

平井希昌『伊達政宗欧南遣使考』博聞本社、一八七六年。

Schipione Amati, *Histona dell' Ambasciata Idate Masamune ha invista al Papa Paolo V*, 1615, Roma, 坪井九馬三訳『日本奥州国伊達政宗記、使節紀行』（ガリ版刷）一九〇一年、（再版・宮城県史編纂委員会、一九五一年）

大槻文彦『伊達政宗南蛮通信事略』作並清亮、一九〇一年。

『大日本古文書』家わけ第三、東京大学史料編纂所、一九一〇年。

大隈重信『開国大勢史』早稲田大学出版部、一九一三年。

徳富蘇峰『近世日本国民史』民友社、一九一八年。

木下杢太郎『羅馬に使したる支倉六右衛門』大阪朝日新聞社、一九二六年。

『ドン・ロドリゴ日本見聞録／ビスカイノ金銀島探検報告』村上直次郎訳註、駿南社、一九二九年。

姉崎正治「切支丹迫害史の人物事蹟」『切支丹伝道の興廃』同文館、一九三〇年。

岡本良知『十六世紀日欧交通史の研究』弘文荘、一九三六年。

小林清治『伊達政宗』吉川弘文館、一九五九年。

フーベルト・チーリスク「元和三年における奥州のキリシタン」『キリシタン研究』第六輯、一九六一年。

ヴァリニャーノ『日本巡察記』松田毅一・佐久間正訳、桃源社、一九六五年。

アビラ・ヒロン『日本王国記』佐久間正・会田由訳、岩波書店、一九六五年。

松田毅一『天正少年使節』角川書店、一九六五年。

高橋邦太郎「支倉六右衛門滞仏考」『成城文芸』四二号、一九六六年。

モルガ『フィリピン諸島誌』神吉敬三・箭内健次訳、岩波書店、一九六六年。

石井謙治「伊達政宗の遣欧使節船の船型などについて」『海軍史研究』Ⅷ、一九六七年。

マイケル・クーパー、会田雄次編『南蛮人戦国見聞録』泰山哲之訳注、人物往来社、一九六七年。

ロレンソ・ペレス『ベアト・ルイス・ソテーロ伝』野間一正訳、東海大学出版会、一九六八年。

『イエズス会士日本通信』上、柳谷武夫編、村上直次郎訳、雄松堂書店、一九六八年。

松田毅一『慶長使節』新人物往来社、一九六九年。

支倉研究の基本的文献で、この研究以後、同氏によるこの使節に関する本はさらに二冊出されている（『伊達政宗の遣欧使節』『慶長遣欧使節』）。いずれも氏自身の広範な南蛮、キリシタン研究によるものであるが、この使節を布教と貿易を目的としたもので、いずれも失敗したとする悲劇の使節説であることは一貫している。

佐々木和博「宮城県大和町西嵐所在の五輪塔――支倉常成・常長との関わりの可能性」『仙台市博物館調査研究報告』第十三号、一九七二年。

ペドゥロ・モレホン『続日本殉教録』野間一正・佐久間正訳、キリシタン文化研究会、一九七三年。

支倉常長顕彰会編『支倉常長伝』宝文堂、一九七五年。

仙台の学者によるはじめての支倉研究の集大成で、それ以後の研究の基礎となった。この中の亀田孜氏の絵画史料研究は、この面の研究が少ない中で注目に値する。

林屋永吉「アステカ貴族の青年が見た支倉使節」『図書』一九七五年八月。

ラス・カサス『インディアスの破壊についての簡潔な報告』染田秀藤訳、岩波文庫、一九七六年。

高瀬弘一郎『キリシタン時代の研究』岩波書店、一九七七年。

岸野久「金銀島を求めて」杉山博編『探訪大航海時代の日本4　黄金の国を求めて』小学館、一九七八年。

村松剛『醒めた炎　木戸孝允』中央公論社、一九八七年。

只野淳一『みちのく切支丹』一九七八年（再版『みちのくキリシタン物語』春秋社、一九九〇年）。

鵜飼幸子「長い旅路の果てに――支倉常長の栄光と失意と」『日本の博物館　五』講談社、一九八一年。

司東真雄『奥羽古キリシタン探訪――後藤壽庵の軌跡』八重岳書房、一九八一年。

高橋由貴彦『ローマへの遠い旅――慶長使節支倉常長の足跡』講談社、一九八一年。

支倉の旅程をたどった労作である。とくに写真家である著者の各地の映像が興味深く、支倉自身がどのように世界を見てこの旅をしたのか想像することができる。

ルイス・フロイス『日本史』4・5、松田毅一・川崎桃太訳、中央公論社、一九八一年。

高橋富雄「慶長遣欧使節」『伊達政宗のすべて』新人物往来社、一九八四年。

小林清治「悲運の人、支倉六右衛門」『伊達政宗――文化とその遺産』里文出版、一九八七年。

佐藤憲一「『支倉常長追放文書』の年代について」『仙台市博物館調査研究報告』第八号、一九八七年。

高橋富雄ほか『シンポジウム伊達政宗』新人物往来社、一九八七年。

田中英道「ローマ、ボルゲーゼ宮『支倉常長』像の作者について」『仙台市博物館調査研究報告』第八号、一九八七年。

土生慶子『伊達政宗娘いろは姫』(自家版) 一九八七年。

浜田直嗣「伊達政宗と支倉常長」『小さな蕾』二二四、創樹社、一九八七年。

松田毅一『伊達政宗の遣欧使節』新人物往来社、一九八七年。

田中英道「ローマの支倉常長」『ローマの支倉常長と南蛮文化』仙台市博物館、一九八九年。
H. Tanaka, Le portrait du Samurai Hasekura Tsunenaga par Claude Deruet, Pays Lorroir, 3, 1989.
渡辺信夫「遣欧使節」『仙台の歴史』一九八九年。

逸見英夫「支倉常長と慶長遣欧使節団」『伊達政宗　歴史群像シリーズ一九』学習研究社、一九九〇年。

田中英道「大統領邸の常長一行」・「もう一人の主役、サン・ファン・バプティスタ号」・「文化大使常長への歓待」『宮城県政だより』「ひとの執務」一九九〇年四、五、六月号。
H. Tanaka, La Missione di Hasekura a Roma e La Coltara di Date, *Da Sendai a Roma, Un' Amboscerìa*

Giapponese a Paolo V, Roma, 1990.

ピエロ・コラディーニ「支倉常長の法王使節団に関する諸問題」『仙台市博物館調査研究報告』第九号、一九九〇年。

渡辺信夫「慶長遣欧使節の意味するもの」『歴史にみる東北の方位』河北新報社、一九九一年。

H. Fiore, Tertimonianze Storiche sull' Ebangellozazione dell' Oriente attraverso i ritratti nella sala Regia del Quirinale, *Da sendai a Roma, Un' Ambascaria Giaponese a Paolo V, Roma*, 1990.（「東洋におけるキリスト教伝道の歴史的証言」邦訳『仙台市博物館調査研究報告』第一二号、一九九二年。

松田毅一『慶長遣欧使節——徳川家康と南蛮人』朝文社、一九九二年。

樫山巖『支倉常長の総て』金港堂出版部、一九九三年。

高橋由貴彦「シピオーネ・アマーティ著『伊達遣欧使節記』の訳述と考察」『SPAZIO』第二三号、一九九三年。

田中英道『支倉六右衛門と西欧使節』（丸善ライブラリー）丸善、一九九三年。

大泉光一『慶長遣欧使節の研究』文眞社、一九九四年。

高橋あけみ「ローマ市公民権証書の修理について」『仙台市博物館調査研究報告』第一四号、一九九四年。

濱田直嗣「『支倉六右衛門遺物』と写真」『仙台市博物館調査研究報告書』第一五号、一九九六年。

ホセ・コンーレラス・ロドリゲス・フラード「伊達政宗の使節団」『仙台市博物館調査研究報告』第一六号、一九九七年。

大泉光一『支倉六右衛門常長』文眞社、一九九八年。

大泉氏は支倉に関する本を他に三冊出されており（『慶長遣欧使節の研究』『支倉常長』『支倉常長　慶長遣欧使節の真相』）、いずれもメキシコ滞在の研究は詳しい。ただ、この使節が失敗したことを強調し、それを史実や資料により実証しようとしている。

大泉光一『支倉常長——慶長遣欧使節の悲劇』（中公新書）中央公論社、一九九九年。

脇田晴子「石見銀山と大航海時代」『季刊文化遺産』第十二号、二〇〇一年。

慶長遣欧使節船協会編『支倉遣欧使節のキューバにおける足跡調査』二〇〇二年。
H. Tanaka I Ritratti di Hasekura a Roma, Atti Convegno Internazionale, "Cinguecento Anni de Rapporti Culturali tra Italia e Giappone", Sendai-Kawasaki-Tokyo, 6-9 novembre 2001, Roma, 2003, Universita di Roma.（邦訳「ローマの支倉の肖像について」）
五野井隆史『支倉常長』（人物叢書）吉川弘文館、二〇〇三年。

若桑みどり『クワトロ・ラガッツィ——天正少年使節と世界帝国』集英社、二〇〇三年。

大泉光一『支倉常長　慶長遣欧使節の真相——肖像画に秘められた実像』雄山閣、二〇〇五年。

あとがき

本文でも触れたが、十六世紀の日本にやって来たキリシタンがどのような経済的問題に対処していたかを詳しく調べた書物に、高瀬弘一郎氏の『キリシタン時代の研究』（岩波書店、一九七七年）がある。これまでのキリシタン研究でもっとも評価される労作の一冊だが、その中で氏は、「キリシタン宣教師の軍事計画」という章をもうけ、宣教師がいかに軍事的に日本を支配下に置こうとしたかを明確に論じている。これまでのキリシタン研究の中でも、日本へのキリスト教布教の侵略性を衝いたもので、「大航海時代イベリア両国の世界二分割征服論と日本」から発して、両国の世界征服の野望の中での宣教計画だったと論じているのである。

残念ながら支倉使節には触れていないが、天正少年使節については恐ろしい指摘を行なっている。すなわち、日本のイエズス会の最高責任者コエリョは、「帰国途上の天正少年使節の一行を伴って日本に再渡来する時機を待っていたマカオのヴァリニャーノに対し、日本に渡来する時には二〇〇人の兵隊と食糧・弾薬を伴って来てほしいということ、さらにヴァリニャーノからスペイン国王、インド副王及びフィリピン総督に働きかけて日本教界に対する軍事援助を要請してもらいたいという二点を求め」たという。

天正少年使節については、松田毅一氏の『天正少年使節』（角川書店、一九六五年）や、最近の若桑みどり氏の『クワトロ・ラガッツィ』（集英社、二〇〇三年）なども知られているが、これらの書は、背景にある恐ろしい侵略性のことなど忘れている。少年たちがキリシタン宣教のために（高瀬氏の本では、法王庁からの日本布教の予算をもっと獲得するために）使われていたことなど念頭に置いていない。松田氏は少年使節の「壮挙」を賞め、若桑氏は四人の少年に自らのローマ留学を重ね、その「運命は日本の運命にほかならない」と語っている。十六世紀の西洋文化に触れた最初の日本人であることだけで、評価に値すると考えているらしい。日本人の侵略や征服に反対する人々が、西洋のそれには盲目であるのは、そこにいかんともしがたい西洋コンプレックスがある、とさえ思わせる。そうした「壮挙」も「日本の運命」も避けようとしたのが当時の豊臣秀吉をはじめとする日本人の総意であったのだ。

本書で述べた支倉使節は、表向きの貿易と布教の交渉団とは異なり、西洋による侵略の実態の調査に向かった面が強い、と私は見ている。キリスト教化を意図するヴァリニャーノらのイエズス会と対立する聖フランシスコ会のソテロを利用して、逆にキリシタンの本拠であるスペインとローマを偵察に行った、と考えるのである。惜しむらくはそれを明確にしているはずの支倉常長による十九冊の記録が発見できないことだが、これは明治になって、その意図を読んだ者が、どこかに秘匿してしまった、とさえ想像している。天正少年使節とは異なって、日本人自らつくった五〇〇トンの黒船「サン・ファン・バウティスタ号」による航海は、まさに西洋植民地支配者にとって大きな脅威と映ったものであったに違いない。この主旨は西尾幹二氏の編集する『地球日本史』（産経新聞社、一九九八年）や拙著『国民の芸術』（産経新聞社、二〇〇二年）でも論じたが、本書ではさらに具体的に書いた。高橋裕史氏は『イエズス会の世界戦略』（講談社、二〇〇六年）で高瀬氏の意向と同じくイエズス会の軍事活動に注目し、彼らのつくった長崎植民地を豊臣秀吉が破壊したことを述べたうえで、ヴァリニャーノによる天皇についての分析を引用している。ヴァリニャーノの『東インド巡察記』によると、

日本は、その全域が様々な島嶼《とうしょ》からなっている地域で、三つの地方もしくは主要な島々に分かれており、以上の全域を合わせると国内には六六の小国がある。最も重要な地方は一つの巨大な島で、五三の王国がある。その島の中央には日本全土で最も重要な都市があり、日本全体の「支配者」であった国王が居を定めている。この都市はミヤコと呼ばれている。この国王は、かつて、日本全土の唯一にして真の王であり、上述の諸国に自分の総督たちを置いていた。ところが今や、国王は日本全土に一つとして（自らの）領国をもってはいない。その理由は、国王の総督たちが謀反を起こし、その誰もが自分のために手に入れられるものは悉く手に入れてしまったからである。国王には、一切のものの上に立つ威厳と優越性、それも現実的なものというよりはむしろ形だけのものしか残らなかったのである。

（高橋裕史訳、平凡社東洋文庫、二〇〇五年）

ここでは、イエズス会巡察吏のヴァリニャーノが、日本での宣教に失敗し、その征服などおぼつかないほどの判断ミスを行なっているのがよくわかる。天皇という名を知らず「かつての真の王」と言っているが、日本においては「万世一系」の精神的な存在であることを理解出来ていない。その時の「総督」たち、織田信長や豊臣秀吉のような「天下」を取ったはずの人たちも、この天皇の「領国」を「手に入れる」ことのみならず、その「一切のものの上に立つ威厳と優越性」の「支配者」を転覆することも殺害することも及びもつかなかったのである。そのことをヴァリニャーノはわからなかった。表面的には、何もかも奪われた哀れな「国王」に見えたのである。ここに日本におけるキリシタン宣教の失敗の基本的な原因があったと思われる。これは今日でも日本におけるキリスト教徒が先進国で最も少ない理由の一つである（一・五パーセントほどしかいない）。

さて、私の支倉常長研究のきっかけといえば、ローマでミケランジェロのシスティナ礼拝堂天井画の調査をしていたときに、かつての法王庁であったキリナーレ宮で、日本人の一行の図を支倉使節のものと認定してからであった（その記事は当時の新聞の一面を賑わした）。その頃、ボルゲーゼ家の末裔であるカヴァッツァ侯爵の宮殿にある「支倉常長像」を日本に持って来ることを交渉したことや、その作者の認定で、ローマの学者と論争をしたことも思い出す。論争相手のドイツ人の女性学者は、ボルゲーゼ美術館の館員であっただけに面子があったのだろう。古い館長の説を金科玉条のように繰り返していたが、たまたま出会ったヴァチカンの一室で激しい口論になったのを思い出す。本書に書いたように、私はこれは明らかにドゥルエのものと考えている。

いずれにせよ、そのために、ヴァチカンだけでなく、キリナーレ宮やローマ公文書館にも訪れた。新しい文書を発見したわけではなかったが、ローマでの調査をしていたとき、あたかも四世紀前の日本人の武士たちが、ローマの古い街路を行進しているのに出会ったような気持ちになった。実際、一六一五年の十月二十九日（元和元年九月七日）、彼らは堂々とローマの主要道路を、二十人ほどで行進し、ローマ市民の大歓迎を受けたのであった。その印象から「武士、ローマを行進す」という副題をつけた。偏見に満ちた歴史に埋もれてしまった印象のある彼らを、もう一度甦らせようと思ったのだ。平成二年（一九九〇）にローマの聖天使城（カステルロ・サンタンジェロ）で「仙台からローマへ」という展覧会を開くことができたのも、まさにその実現の一端であった。

むろんこの出会い以前、彼らのことを知らなかったわけではない。仙台の東北大学に赴任する前、神田の古本屋でペレスの『ソテーロ伝』を見つけ、興味がふくらんでいた。いつかその本に書かれた日本人について調べようと思っていたのであった。その武士のいた仙台に赴任したのも不思議な縁であった。仙台では支倉家子孫である常男氏や、伊達家子孫である篤郎氏らとの交友も忘れられない。また東北大学では国史の渡辺信夫教授らに史料を貸していただいたりした。

ローマでもいろいろな方にお世話になった。まずローマの公文書館で史料の確認のために、年長の友人であったローマ大学のコラディーニ教授と同行し、文書調べにつきあっていただいた。仙台市博物館での支倉の展覧会（平成元年）の折、同教授を仙台に招き、一緒に講演をしたのも思い出に残っている。またボルゲーゼ宮の「支倉常長像」を、快く研究させていただき、郊外の大邸宅にも招待して下さったカヴァッツァ侯爵夫妻にも感謝する。歴史というと、文書しか信じない歴史家に対して、この本でも絵画史料の重要性を強く認識させることが出来たと思っている。展覧会を組織された仙台市博物館の浜田直嗣氏や佐藤憲一氏らにも厚くお礼を申し上げる。同館の支倉の史料が国宝に指定されたのも喜ばしいことである。

これが縁で、石巻市とチヴィタ・ヴェッキア市と姉妹関係が再開されたのも嬉しいことであった。何度かそのために同市を訪れ、市長や助役にお会いしたのを思い出す。また現在、石巻の「サン・ファン館」には復元された「サン・ファン・バウティスタ号」の雄姿が見られるが、そのアイディアは本書でも触れたように支倉の肖像画中の船の姿からであった。この復元は、本間俊太郎・元宮城県知事が「文化の波起こし・風起こし」委員会に、私を委員として加えられたことが発端だったといってもいい。現在の「サン・ファン館」の由来書には、このことが一切触れられていないが（それはこの知事が汚職で失脚したからであるにせよ）、本間氏による推進がなければ実現されなかったことである。その功績まで消してしまっているのは正当なことではない。

現在支倉村の近くの川崎町の円福寺に、支倉の墓が残されている。この近辺には、錨のマークをつけた一行の随員と思われる人々の墓もあり、ここが支倉の最初の墓であったと考えられる。現在、墓の後に石碑があり、そこに支倉使節の意義を述べた碑文を書かせていただいたのもこの確信があったからである。むろん大郷町の墓も、仙台の北山光明寺の墓も後に移されたものと推定され、それぞれ由緒があるものだ。

本書は拙著『支倉六右衛門と西欧使節』（丸善、一九九三年）の内容を大幅に書きあらため、新たな知見を入れたものである。旧著については各方面から励ましとご叱正のお言葉を頂いたことを思い出す。とくに最近では大泉光一・日本大学教授がご批判の論考を書かれており、その労に感謝している。歴史の具体的研究に史料の遺漏や誤解はつきものだが、それらを指摘して下さった。本書ではできるだけご指摘を取り入れたが、同教授とは支倉使節に関しても、史料解釈にしても認識が大きく異なっており、そのことは本文で述べたとおりである。

今回、執筆の機会を与えられたミネルヴァ書房と、編集部の田引勝二氏の労にお礼を申し上げる。この書により、ながらく否定的に見られてきたこの使節が、今後は肯定的に語られ、また高い意義を有していることがさらに認められれば、これ以上嬉しいことはない。それはまた戦後、否定的に見られた日本の歴史の、新しい再建のためになることである。

平成十九年三月

田中英道

支倉常長略年譜

和暦	西暦	齢	関係事項	一般事項
元亀 二	一五七一	1	山口常成の子として出生、五郎と命名される。	スペイン、マニラ市を設置。
天正 五	一五七七	7	5・3支倉時正の養子となる。	
一〇	一五八二	12		2月天正少年使節、ヨーロッパ訪問へ出発。
一二	一五八四	14		12・10伊達政宗、家督を相続。
一五	一五八七	17		6・19豊臣秀吉、バテレン追放令発布。
一六	一五八八	18	6・20常長初陣、相馬軍と戦う。	
一七	一五八九	19	4・20常長、米沢に行く。	
一八	一五九〇	20		6・5政宗、小田原に到着。秀吉より奥州出羽仕置を命じられる。7月天正少年使節、帰国。
一九	一五九一	21	6・5常長、政宗の使者となる。政宗の宮崎攻めに参加。7月常長、南部領九戸を調査。山口常成、黒	6・14政宗、大崎葛西攻め。8月秀吉、政宗の所領を没収。政

			川郡大森村に住む。	宗、岩出山城に居住。
文禄元	一五九二	22	1月常長、朝鮮出陣を命じられる。	1月政宗軍、朝鮮出陣。京都を経て博多へ。
二	一五九三	23	3・15常長、六右衛門与市の名で出兵。	3月政宗、名護屋を出帆、釜山へ。9月京都へ引き返す。
四	一五九五	25	先陣とともに帰国。	
慶長元	一五九六	26	時正に実子生まれる。常長、分家され支倉に土地を分与される。	8月サン・フェリペ号事件。
三	一五九八	28	10月常長、二度目の朝鮮出陣。	10月政宗、博多浦に出陣。
五	一六〇〇	30		9・15関ケ原の戦い。
八	一六〇三	33		2・12徳川家康、征夷大将軍に任命される。
一三	一六〇八	38	12・22常長、六〇〇石下付される。	
一五	一六一〇	40		1・21ソテロ、駿府で家康に謁見す。
一六	一六一一	41		5・24ビスカイーノ一行、江戸で徳川秀忠に謁見。10・4家康に謁見。
一七	一六一二	42	9・12支倉時正没す（七四歳）。	3・21ビスカイーノとソテロ、仙台の政宗を訪問。9・10幕府

一八	一六一三	43	8・21支倉常長、ソテロと共に仙台城に呼び出される。9・10支倉、仙台城の饗宴で諸品を賜わる。9・15月の浦より一八〇人の一行を乗せた「サン・ファン・バウティスタ号」出発。（これより帰国まで西洋暦。和暦より約一カ月半遅い）12・26カリフォルニアのメンドシノ岬通過。1・25メキシコ（ヌエーヴァ・エスパーニャ）のアカプルコ到着。	遣欧使節船「サン・セバスチャン号」の難破。4月政宗、新船の建造に着手。幕府船手奉行向井将監も参加。6月ソテロ、江戸で捕われ政宗の請願で出獄。8月ソテロ、仙台に至る。8・15京坂のキリスト教徒、ローマ法王に請願書を認める。9・6政宗、ローマ法王に書状を認める。12・23（和暦）幕府、キリシタン禁教令を出す。
一九	一六一四	44	3・24メキシコ市に到着。5・8メキシコ市出発。6・10サン・ファン・デ・ウルワから大西洋に向かう。7・23キューバ、ハバナに着く。8・7ハバナを出帆。10・5スペインのサン・ルカル港に到着。10・21セビリア到着、大歓迎を受ける。11・25セビリア出発。12・20マドリードに到着。	11・19（和暦）大坂冬の陣始まる。
元和元	一六一五	45	1・30スペイン国王フェリペ三世に謁見する。2・17支倉、スペイン国王臨席のもと洗礼を受ける。	5・7（和暦）大坂城落城。

二	一六一六	46	8・22マドリード出発。イタリア人アマチ同行、『遣使録』を書く。10月フランス・サントロペに寄港。10・11イタリア・ジェノヴァ市到着。10・18チヴィタ・ヴェッキアに到着。10・25ローマ到着。10・29ローマ入市式。一行、着物を着て行進す。11・3ヴァチカン宮で法王に正式謁見。11・15小寺外記、ラテラノ教会で洗礼。11・19支倉他四名、ローマ市から貴族に列せらる。11・23支倉一行、ローマ七大寺巡礼す。12・30支倉使節、ローマ法王に告別す、盛大な宴。政宗に親書と進物を託される。 1・4再度ローマ法王に謁して帰国許可を得る。 1・7ローマ出発。1・8チヴィタ・ヴェッキア出帆。1・18リヴォルノ到着、フィレンツェで五日間滞在。1月ジェノヴァに着く。2・3支倉、二週間ほど熱で病床に伏す。3月ジェノヴァからスペインに向かう。4月マドリードに到着。5月支倉、マドリードを発ちセビリアへ。6・22支倉、セビリアに残り、一行一五名セビリアからメキシコに向かう。 9・30伊達政宗、支倉出迎えのために「サン・ファン・バウティスタ号」とともに横沢将監をメキシコ	4・17（和暦）家康没す。

			に送る。	
三	一六一七	47	3・15セビリア市、支倉の請願を国王に伝える決議。7・4支倉、随員五名、ソテロとセビリアを発ちメキシコへ。10月メキシコへ到着。11・28支倉、課税免除の請願書をメキシコ市に提出。12・19メキシコ市課税免除を許可。	
四	一六一八	48	(これより再び和暦) 3・7支倉、ソテロ「サン・ファン・バウティスタ号」でアカプルコを出帆し、フィリピンに向かう。6・20一行マニラ湾のカピテに入港。6・22支倉、嫡子勘三郎宛の手紙を書く。8・21ソテロの手紙、政宗に届く。8・23政宗、幕府船手奉行向井将監に書簡を送り、マニラへの早飛脚について打診する。支倉、マラリヤに罹り病床の身となる。翌年もマニラに滞在。	
六	一六二〇	50	7・1フィリピン総督の要請に従い、「サン・ファン・バウティスタ号」を手放す。7月支倉、マニラを出帆、長崎に着く。ソテロは残る。幕府より奉行として土井大炊助が、支倉に関し一切を調べ、幕府は支倉に対し、藩籍を抜くこと、宣教をしないこと、	8・26伊達政宗、領内に禁教令。9・23伊達、幕府に支倉帰国の旨伝え、ソテロについて、土井大炊助の指示を仰ぐ。

			隠棲をすることを条件に（ただし待遇は藩に委せる）、帰国の許可を与えた。支倉、幕府への贈呈品を納める。8・16大坂港に寄港、京都の伊達屋敷に泊まる。8・24支倉、仙台に帰る。	
七	一六二一	51	7・1支倉死去（これまで元和八年とされていたが、一年早い日付が妥当である）。	1・28（西暦）パウロ五世死去。3・31（西暦）フェリペ三世死去。
八	一六二二			10月末ソテロ、薩摩に潜入。逮捕される。
寛永元年	一六二四			7・12ソテロ、大村で火あぶりの刑に処される。

人名索引

あ　行

か　行

さ　行

た・な行

は　行

ま　行

や・ら行

事項索引

あ 行

か 行

さ 行

た・な行

は　行

ま 行

ら 行

《著者紹介》

田中英道（たなか・ひでみち）

1942年　東京都生まれ。
1963年　東京大学文学部仏文学科卒業。
1965年　東京大学文学部美術史学科卒業。
1969年　ストラスブール大学 Ph. D.
1990年　ローマ大学客員教授。
現　在　東北大学文学部名誉教授。
著　書　『レオナルド・ダ・ヴィンチ』新潮社，1978年。（講談社学術文庫所収）
『ミケランジェロ』講談社，1979年。（講談社学術文庫所収）
『ルネッサンス像の転換』講談社，1981年。
『画家と自画像』日本経済新聞社，1983年。（講談社学術文庫所収）
『光は東方より』河出書房新社，1986年。
『イタリア美術史』岩崎美術社，1990年。
『支倉六右衛門と西欧使節』丸善ライブラリー，1993年。
『日本美術全史』講談社，1995年。（講談社学術文庫所収）
『天平のミケランジェロ』弓立社，1995年。
『国民の芸術』産経新聞社，2002年。
『新しい日本史観の確立』文芸館，2006年，他多数。

ミネルヴァ日本評伝選
支《はせ》倉《くら》常《つね》長《なが》
――武士、ローマを行進す――

2007年5月10日　初版第1刷発行　〈検印省略〉
2019年6月10日　初版第2刷発行

定価はカバーに
表示しています

著　者　田　中　英　道
発行者　杉　田　啓　三
印刷者　江　戸　孝　典

発行所　株式会社　ミネルヴァ書房
607-8494 京都市山科区日ノ岡堤谷町1
電話（075）581-5191（代表）
振替口座 01020-0-8076番

共同印刷工業・新生製本

ISBN978-4-623-04877-9
Printed in Japan

刊行のことば

歴史を動かすものは人間であり、興趣に富んだ人間の動きを通じて、世の移り変わりを考えるのは、歴史に接する醍醐味である。

しかし過去の歴史学を顧みるとき、人間不在という批判さえ見られたように、歴史における人間のすがたが、必ずしも十分に描かれてきたとはいえない。二十一世紀を迎えた今、歴史の中の人物像を蘇生させようとの要請はいよいよ強く、またそのための条件もしだいに熟してきている。

この「ミネルヴァ日本評伝選」は、正確な史実に基づいて書かれるのはいうまでもないが、単に経歴の羅列にとどまらず、歴史を動かしてきたすぐれた個性をいきいきとよみがえらせたいと考える。そのためには、対象とした人物とじっくりと対話し、ときにはきびしく対決していくことも必要になるだろう。

今日の歴史学が直面している困難の一つに、研究の過度の細分化、瑣末化が挙げられる。それは緻密さを求めるが故に陥った弊害といえるが、その結果として、歴史の大きな見通しが失われ、歴史学を通しての社会への働きかけの途が閉ざされ、人々の歴史への関心を弱める危険性がある。今こそ歴史が何のためにあるのかという、基本的な課題に応える必要があろう。評伝という興味ある方法を通じて、解決の手がかりを見出せないだろうかというのも、この企画の一つのねらいである。

狭義の歴史学の研究者だけでなく、多くの分野ですぐれた業績をあげている著者たちを迎えて、従来見られなかった規模の大きな人物史の叢書として、「ミネルヴァ日本評伝選」の刊行を開始したい。

平成十五年（二〇〇三）九月

ミネルヴァ書房

ミネルヴァ日本評伝選

上代

*俾弥呼　古田武彦
*日本武尊　西宮秀紀
*仁徳天皇　若井敏明
雄略天皇　吉村武彦
継体天皇　若井敏明
*蘇我氏四代　遠山美都男
推古天皇　義江明子
聖徳太子　仁藤敦史
*斉明天皇　武田佐知子
*小野妹子・毛人・毛野　大橋信弥
*額田王　梶川信行
弘文天皇　遠山美都男
天武天皇　新川登亀男
持統天皇　丸山裕美子
阿倍比羅夫　熊田亮介
*藤原四子　木本好信
*柿本人麿　古橋信孝
*元明天皇・元正天皇　渡部育子
聖武天皇　本郷真紹
光明皇后　寺崎保広
*孝謙・称徳天皇　勝浦令子
藤原不比等　荒木敏夫
橘諸兄・奈良麻呂　遠山美都男
吉備真備　今津勝紀
*藤原仲麻呂　木本好信
道鏡　吉川真司
*藤原種継　木本好信
*行基　吉田靖雄

平安

*桓武天皇　井上満郎
嵯峨天皇　西別府元日
宇多天皇　古藤真平
醍醐天皇　石上英一
村上天皇　京樂真帆子
花山天皇　上島　享
*三条天皇　倉本一宏
藤原薬子　中野渡俊治
*藤原良房・基経　瀧浪貞子
*紀貫之　神田龍身
源高明　所　功
*安倍晴明　斎藤英喜
*藤原道長　朧谷　寿
*藤原伊周・隆家　倉本一宏
藤原定子　山本淳子
*藤原彰子　朧谷　寿
清少納言　三田村雅子
和泉式部　ツベタナ・クリステワ
大江匡房　小峯和明
*阿弖流為　樋口知志
坂上田村麻呂　熊谷公男
*源満仲・頼光　元木泰雄
平将門　西山良平
藤原純友　寺内　浩
最澄　吉田一彦
円珍　岡野浩二
*空也　石井義長
奝然　上川通夫
*源信　小原　仁
慶滋保胤　吉原浩人
*後白河天皇　美川　圭
*式子内親王　奥野陽子
建礼門院　生形貴重
*藤原秀衡　入間田宣夫
平時子・時忠　元木泰雄
平維盛　根井　浄
守覚法親王　阿部泰郎
藤原隆信・信実　山本陽子

鎌倉

源頼朝　川合　康
*源義経　近藤好和
源実朝　神田龍身
*九条兼実　加納重文
九条道家　上横手雅敬
北条時政　野口　実
熊谷直実　佐伯真一
*北条政子　関　幸彦
*北条義時　岡田清一
曾我十郎・五郎　杉橋隆夫
北条時頼　山本隆志
北条時宗　近藤成一
平頼綱　細川重男
竹崎季長　堀本一繁
西行　光田和伸
鴨長明　浅見和彦
藤原定家　赤瀬信吾
*京極為兼　今谷　明
*兼好　島内裕子
重源　横内裕人
*運慶　根立研介
快慶　井上一稔
法然　今堀太逸
栄西　中尾良信
明恵　西山　厚
*親鸞　末木文美士
恵信尼・覚信尼　西口順子
覚如　今井雅晴
*道元　船岡　誠
叡尊　細川涼一
*忍性　松尾剛次
*日蓮　佐藤弘夫
一遍　蒲池勢至
夢窓疎石　原田正俊
*宗峰妙超　竹貫元勝

南北朝・室町

後醍醐天皇　上横手雅敬

*護良親王　新井孝重
*懐良親王　森　茂暁
*赤松氏五代　渡邊大門
*北畠親房　岡野友彦
楠正成　兵藤裕己
楠木正行・正儀　生駒孝臣
*新田義貞　山本隆志
*光厳天皇　深津睦夫
足利尊氏　市沢　哲
*足利直義　亀田俊和
佐々木道誉　下坂　守
細川頼之　亀田俊和
円観・文観　田中貴子
足利義詮　早島大祐
足利義満　川嶋將生
*足利義持　吉田賢司
足利義政　木下昌規
*大内義弘　平瀬直樹
伏見宮貞成親王　松薗　斉
*山名宗全　山本隆志
細川勝元・政元　古野　貢
畠山義就　呉座勇一
足利成氏　阿部能久
世阿弥　西野春雄
雪舟等楊　河合正朝
宗祇　鶴崎裕雄
*満済　森　茂暁
一休宗純　原田正俊
蓮如　岡村喜史

戦国・織豊

北条早雲　家永遵嗣
*北条氏政　黒田基樹
大内義隆　藤井　崇
斎藤氏三代　木下　聡
*毛利元就　岸田裕之
*毛利輝元　光成準治
*小早川隆景・秀秋　光成準治
*六角定頼　村井祐樹
*今川義元　小和田哲男
*武田信玄　笹本正治
*武田勝頼　笹本正治
*真田氏三代　笹本正治
*三好長慶　天野忠幸
*松永久秀　天野忠幸
*宇喜多直家・秀家　渡邊大門
*上杉謙信　矢田俊文
大友宗麟　鹿毛敏夫
島津義久・義弘　福島金治
*長宗我部元親・盛親　平井上総
浅井長政　長谷川裕子
吉田兼倶　西山　克
山科言継　松薗　斉
*雪村周継　赤澤英二
正親町天皇・後陽成天皇　神田裕理
足利義輝・義昭　山田康弘
織田信長　三鬼清一郎
織田長益　八尾嘉男
*明智光秀・秀満　小和田哲男
豊臣秀吉　藤井讓治
豊臣秀次　矢部健太郎
*北政所おね　田端泰子
*淀殿　福田千鶴
蜂須賀正勝・家政　三宅正浩
前田利家　東四柳史明
山内一豊・忠義　長屋隆幸
*黒田如水　小和田哲男
*蒲生氏郷　藤田達生
石田三成　堀越祐一
*細川ガラシャ　田端泰子
*支倉常長　田中英道
千利休　熊倉功夫
*長谷川等伯　宮島新一
顕如　神田千里
教如　安藤　弥

江戸

*徳川家康　笠谷和比古
本多忠勝　柴　裕之
*徳川家光　野村　玄
徳川吉宗　横田冬彦
*後水尾天皇　久保貴子
後桜町天皇　所　京子
*光格天皇　藤田　覚
崇伝　杣田善雄
*春日局　福田千鶴
宮本武蔵　渡邊大門
*池田光政　倉地克直
保科正之　八木清治
シャクシャイン　岩崎奈緒子
*田沼意次　藤田　覚
細川重賢　安高啓明
*二宮尊徳　小林惟司
末次平蔵　岡美穂子
*高田屋嘉兵衛　生田美智子
*林羅山　鈴木健一
吉野太夫　渡辺憲司
熊沢蕃山　川口　浩
*山崎闇斎　澤井啓一
山鹿素行　前田　勉
*北村季吟　島内景二
伊藤仁斎　澤井啓一
貝原益軒　辻本雅史
*ケンペル　B・M・ボダルト＝ベイリー
新井白石　大川　真
荻生徂徠　柴田　純
*雨森芳洲　上田正昭
石田梅岩　高野秀晴
白隠慧鶴　芳澤勝弘
前野良沢　松田　清
平賀源内　石上　敏
本居宣長　田尻祐一郎
杉田玄白　吉田　忠
木村蒹葭堂　有坂道子
*大田南畝　沓掛良彦
菅江真澄　赤坂憲雄
*鶴屋南北　諏訪春雄
良寛　阿部龍一
*山東京伝　佐藤至子
*滝沢馬琴　高田　衛
平田篤胤　山下久夫
国友一貫斎　太田浩司
シーボルト　宮坂正英
本阿弥光悦　岡　佳子
小堀遠州　中村利則
狩野探幽・山雪　山下善也
尾形光琳・乾山　河野元昭
*二代目市川團十郎　田口章子
伊藤若冲　狩野博幸
浦上玉堂　高橋博巳
*佐竹曙山　成瀬不二雄
葛飾北斎　岸　文和
酒井抱一　玉蟲敏子
孝明天皇　青山忠正
*和宮　辻ミチ子
徳川慶喜　大庭邦彦
島津斉彬　原口　泉
横井小楠　沖田行司
*古賀謹一郎　小野寺龍太
*永井尚志　高村直助
*岩瀬忠震　小野寺龍太
*栗本鋤雲　小野寺龍太
大村益次郎　竹本知行
河井継之助　小川和也

*西郷隆盛　家近良樹
*由利公正　角鹿尚計
*塚本明毅　塚本学
*月性　海原徹
*吉田松陰　海原徹
*高杉晋作　海原徹
*久坂玄瑞　一坂太郎
ペリー　遠藤泰生
ハリス　福岡万里子
オールコック　佐野真由子
アーネスト・サトウ　奈良岡聰智

近代

*明治天皇　伊藤之雄
*大正天皇　F・R・ディキンソン
*昭憲皇太后・貞明皇后　小田部雄次
大久保利通　三谷太一郎
山県有朋　鳥海靖
木戸孝允　落合弘樹
井上馨　伊藤之雄
*松方正義　室山義正
北垣国道　小林丈広
板垣退助　小川原正道
長与専斎　笠原英彦
大隈重信　五百旗頭薫
伊藤博文　坂本一登
井上毅　大石眞
*井上勝　老川慶喜

*桂太郎　小林道彦
*渡邉洪基　瀧井一博
*乃木希典　佐々木英昭
星亨　小林道彦
林董　奈良岡聰智
*児玉源太郎　小林道彦
*高宗・閔妃　木村幹
山本権兵衛　室山義正
*金子堅太郎　松村正義
高橋是清　鈴木俊夫
小村寿太郎　簑原俊洋
*犬養毅　小林惟司
原敬　季武嘉也
*加藤高明　櫻井良樹
牧野伸顕　小宮一夫
田中義一　黒沢文貴
内田康哉　高橋勝浩
平沼騏一郎　堀田慎一郎
*鈴木貫太郎　小堀桂一郎
宇垣一成　北岡伸一
*宮崎滔天　榎本泰子
*浜口雄幸　川田稔
幣原喜重郎　西田敏宏
関一　玉井金五
水野広徳　片山慶隆
広田弘毅　井上寿一
安重根　上垣外憲一
*グルー　廣部泉
*永田鉄山　森靖夫
東條英機　牛村圭
今村均　前田雅之

蔣介石　劉岸偉
石原莞爾　山室信一
近衛文麿　庄司潤一郎
*岩崎弥太郎　武田晴人
伊藤忠兵衛　末永國紀
*五代友厚　田付茉莉子
*大倉喜八郎　村上勝彦
*安田善次郎　由井常彦
渋沢栄一　武田晴人
中野武営　佐賀香織
益田孝　鈴木邦夫
山辺丈夫　宮本又郎
武藤山治　阿部武司・桑原哲也
池田成彬　松浦正孝
西原亀三　森川正則
小林一三　橋爪紳也
大倉恒吉　石川健次郎
大原孫三郎　猪木武徳
*河竹黙阿弥　今尾哲也
イザベラ・バード　加納孝代
*林忠正　木々康子
*森鷗外　小堀桂一郎
*二葉亭四迷　ヨコタ村上孝之
*夏目漱石　佐々木英昭
徳冨蘆花　半藤英明
巌谷小波　千葉信胤
樋口一葉　佐伯順子
*島崎藤村　十川信介
泉鏡花　東郷克美
上田敏　小林茂

*有島武郎　亀井俊介
北原白秋　平石典子
菊池寛　山本芳明
芥川龍之介　髙橋龍夫
*宮沢賢治　千葉一幹
高浜虚子　坪内稔典
与謝野晶子　佐伯順子
*種田山頭火　村上護
*斎藤茂吉　品田悦一
*高村光太郎　湯原かの子
石川啄木　先崎彰容
萩原朔太郎　エリス俊子・栗原飛宇馬
*原阿佐緒　秋山佐和子
*狩野芳崖・高橋由一　古田亮
川村清雄　落合則子
*小堀鞆音　小堀桂一郎
竹内栖鳳　北澤憲昭
黒田清輝　高階秀爾
中村不折　石川九楊
横山大観　高階秀爾
*橋本関雪　西原大輔
小出楢重　芳賀徹
土田麦僊　天野一夫
岸田劉生　北澤憲昭
濱田庄司　濱田琢司
*山田耕筰　後藤暢子
松旭斎天勝　川添裕
中山みき　鎌田東二
佐田介石　谷川穣
*ニコライ　中村健之介

*出口なお・王仁三郎　川村邦光
*新島襄　太田雄三
新島八重　佐伯順子
木下広次　冨岡勝
海老名弾正　西田毅
嘉納治五郎　クリストファー・スピルマン
柏木義円　片野真佐子
津田梅子　田中智子
*澤柳政太郎　新田義之
河口慧海　高山龍三
山室軍平　室田保夫
大谷光瑞　白須淨眞
*久米邦武　髙田誠二
フェノロサ　伊藤豊
井上哲次郎　井ノ口哲也
三宅雪嶺　長妻三佐雄
*岡倉天心　木下長宏
志賀重昂　中野目徹
徳富蘇峰　杉原志啓
*竹越与三郎　西田毅
内藤湖南・桑原隲蔵　礪波護
*廣池千九郎　橋本富太郎
岩村透　今橋映子
*西田幾多郎　大橋良介
*金沢庄三郎　石川遼子
柳田国男　鶴見太郎
厨川白村　張競
*村岡典嗣　水野雄司

大川周明　山内昌之
西田直二郎　林　淳
*折口信夫　斎藤英喜
シュタイン　瀧井一博
*西　周　清水多吉
*福澤諭吉　平山　洋
成島柳北　山田俊治
福地桜痴　山田俊治
*村山龍平　早房長治
島田三郎　武藤秀太郎
田口卯吉　鈴木栄樹
*陸　羯南　松田宏一郎
黒岩涙香　奥　武則
長谷川如是閑　織田健志
*吉野作造　田澤晴子
山川　均　米原　謙
*岩波茂雄　十重田裕一
*北　一輝　岡本幸治
*穂積重遠　大村敦志
中野正剛　吉田則昭
*満川亀太郎　福家崇洋
*エドモンド・モレル　林田治男
*北里柴三郎　福田眞人
高峰譲吉　木村昌人
田辺朔郎　秋元せき
*南方熊楠　飯倉照平
石原　純　金子　務
*辰野金吾　河上眞理・清水重敦
*七代目小川治兵衛　尼崎博正

本多静六　岡本貴久子
ブルーノ・タウト　北村昌史

現代

昭和天皇　御厨　貴
高松宮宣仁親王　後藤致人
*李方子　小田部雄次
吉田　茂　中西　寛
マッカーサー　柴山　太
鳩山一郎　楠　綾子
*石橋湛山　増田　弘
重光　葵　武田知己
市川房枝　村井良太
*池田勇人　藤井信幸
高野　実　篠田　徹
和田博雄　庄司俊作
朴正熙　木村　幹
*田中角栄　新川敏光
宮沢喜一　村上友章
竹下　登　真渕　勝
*松永安左エ門　橘川武郎
鮎川義介　井口治夫
*出光佐三　橘川武郎
*松下幸之助　米倉誠一郎
渋沢敬三　井上　潤
*本田宗一郎　伊丹敬之
*井深　大　武田　徹
*佐治敬三　小玉　武

幸田家の人々　金井景子
*正宗白鳥　大嶋　仁
*大佛次郎　福島行一
*川端康成　大久保喬樹
*薩摩治郎八　小林　茂
坂口安吾　千葉一幹
太宰　治　安藤　宏
松本清張　杉原志啓
安部公房　鳥羽耕史
*三島由紀夫　島内景二
井上ひさし　成田龍一
R・H・ブライス　菅原克也
柳　宗悦　熊倉功夫
バーナード・リーチ　鈴木禎宏
熊谷守一　古川秀昭
川端龍子　岡部昌幸
藤田嗣治　林　洋子
*井上有一　海上雅臣
*手塚治虫　竹内オサム
*古賀政男　藍川由美
*吉田　正　金子　勇
*武満　徹　船山　隆
*八代目坂東三津五郎　田口章子
*力道山　岡村正史
*西田天香　宮田昌明
安倍能成　中根隆行
サンソム夫妻　平川祐弘・牧野陽子
*天野貞祐　貝塚茂樹

和辻哲郎　小坂国継
矢代幸雄　稲賀繁美
石田幹之助　岡本さえ
*平泉　澄　若井敏明
*早川孝太郎　須藤　功
安岡正篤　片山杜秀
青山二郎　田野　勲
島田謹二　小林信行
田中美知太郎　川久保剛
前嶋信次　杉田英明
*唐木順三　澤村修治
亀井勝一郎　山本直人
知里真志保　北原治郎太
*保田與重郎　谷崎昭男
石母田正　磯前順一
*福田恆存　川久保剛
井筒俊彦　安藤礼二
佐々木惣一　伊藤孝夫
小泉信三　都倉武之
*瀧川幸辰　伊藤孝夫
式場隆三郎　服部　正
大宅壮一　有馬　学
清水幾太郎　庄司武史
*フランク・ロイド・ライト　大久保美春
*中谷宇吉郎　杉山滋郎
今西錦司　山極寿一

*は既刊
二〇一九年六月現在